Es gibt...
There is...

Reflexionen aus einem beschädigten Leben?
Reflections from a damaged Life?

KERBER ART

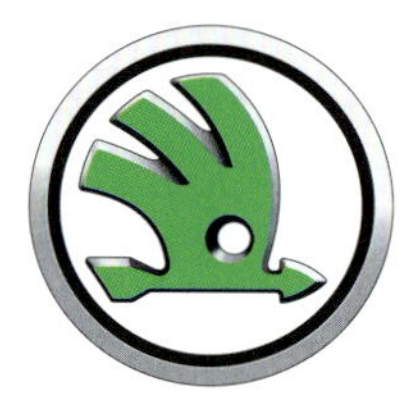

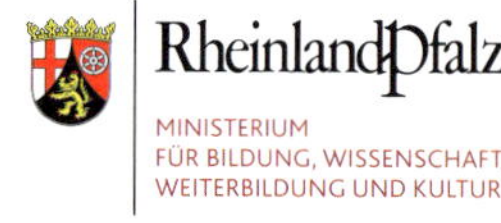

Mobilität und Innovationsfähigkeit sind Kernthemen unserer Arbeit. Auch die Künste sind permanent in Bewegung: technische Möglichkeiten wandeln sich, neue Arbeitsformen entstehen, etablierte ästhetische Gesetze verlieren ihre Gültigkeit.

Seit sieben Jahren unterstützt ŠKODA AUTO Deutschland mit voller Überzeugung das außerordentliche Projekt b-05. Wir tragen dazu bei, Kultur in Deutschland zu (be)fördern und übernehmen Verantwortung in der Gesellschaft. Für uns heißt das, aktive Partnerschaften mit kreativen Kulturköpfen wie den Machern von b-05 zu suchen und mit Ihnen langfristig und nachhaltig zusammenzuarbeiten. Die Ausstellung **Es gibt …** *There is …* zu unterstützen, die ganz aktuell danach fragt, »wie wir leben wollen«, wie wir alle die Welt gestalten und verbessern können, liegt uns verständlicherweise sehr am Herzen. Sind Kunst und Ästhetik beim Aufspüren neuer Bedürfnisse und Wirklichkeitsentwürfe doch unerlässliche Erkenntnismittel.

Die Fahrzeuge von ŠKODA beweisen dies als Sinnbild für herausragendes tschechisches Design jeden Tag auf der Straße und nicht nur dort: Praktische Autos können auch formschön sein. Eine der Haupttugenden der Marke ŠKODA: attraktives Design und hohe Funktionalität vereinen. Wie Prof. Dr. Peter Zec, Initiator des renommierten Red Dot Design Awards und Präsident des internationalen Designverbandes Icsid jüngst in seiner Laudation auf ŠKODA betonte, reicht »Kreativität allein […] jedoch nicht aus, die Produkte müssen auch qualitativ sehr hochwertig sein. Und es ist nicht zuletzt Aufgabe des Designs, diese Qualität zu kommunizieren.«

Da wir vor allem Wert darauf legen, junge Menschen in Kontakt mit etablierten Künstlern zu bringen, freuen wir uns sehr auf die diesjährige Ausstellung **Es gibt …** *There is …* Ein weiteres Mal wird das b-05 unsere Sinne für die Welt, in der wir leben, schärfen und Stars der internationalen Kunstwelt gemeinsam mit der jüngsten Generation zeigen, um Vergangenheit und Gegenwart für die Zukunft miteinander zu verbinden.

ŠKODA
Nikolaus Reichert
Leiter Unternehmenskommunikation *Head of Corporate Communications*
ŠKODA AUTO Deutschland GmbH

Mobility and the capacity toward innovation constitute the core themes of our work. Art, as well, is permanently in motion: technical possibilities change, new forms of work emerge, and established laws lose their validity.

For seven years now, ŠKODA AUTO Deutschland has supported the extraordinary b-05 project with complete conviction. We are proud to contribute toward promoting culture in Germany and taking on our responsibilities within society. For us, this means actively searching for partnerships with creative cultural minds like those of the b-05's initiators, with the aim of long-term and lasting cooperation.

*Supporting the exhibition **Es gibt …** **There is …** , which so topically asks 'how […] we want to live', how we can all reshape and improve the world, is something that, understandably, we feel very passionate about. After all, art and aesthetics are essential means of revelation in the hunt for new wants and needs, and for proposals toward new realities.*

The vehicles made by ŠKODA attest to this as emblems of technical design every day out on the streets, and yet not only there: practical automobiles can also have a beautiful form. One of the prime virtues of the ŠKODA name: attractive design and high functionality in one. As Prof. Dr. Peter Zec, initiator of the prestigious Red Dot Design Awards and president of the international Icsid association for design, recently emphasised in his laudation of ŠKODA, 'Creativity alone […], however, is not enough; the products must also adhere to the highest standards of quality.'

*Because we place so much value in bringing, above all, young people into contact with established artists, we are truly looking forward to this year's exhibition **Es gibt …** **There is …** Once again, b-05 is sure to sharpen our senses concerning the world in which we live; stars from the international art world, together with the youngest generation of artists, will show how the past and the present can be combined for facing the future.*

Es gibt … im Westerwald bemerkenswerte Aktivitäten, die sich in den vergangenen Jahren gerade im Bereich der Bildenden Kunst entwickelt haben, die sich unter dem Motto »In der Provinz etwas Antiprovinzielles« zusammenfassen lassen.

Hierzu gehört auch das b-05 Kunst- und Kulturzentrum in Montabaur, das sich innerhalb kürzester Zeit auf dem Gelände des ehemaligen NATO-Munitionsdepots auf internationalem Niveau eingerichtet hat.

Dieses »Sicheinrichten« verfolgt das Land Rheinland-Pfalz mit großem Interesse und unterstützt das b-05 bei der Realisierung dieses ungewöhnlichen Gesamtkonzeptes und der damit verbundenen Vision von Anfang an.

Dass der Kunstverein b-05, insbesondere Jan Nebgen und Leisa Brubaker, mit seinem Ausstellungsprogramm den Anschluss an die bundesweite Kunstszene geschafft hat, ist eine respektable Leistung, zu der ich gratuliere.

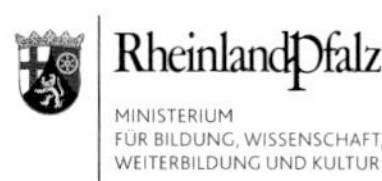
Ariane Fellbach-Stein
Referentin für Bildende Kunst *Head of the Visual Arts division*
Ministerium für Bildung, Wissenschaft, Weiterbildung und Kultur

There is … some remarkable activity taking place in Westerwald, which has, especially in the area of the visual arts, developed over the past few years and is well summarized by the motto 'something anti-provincial in the province'.

Certainly, part of this is the b-05 art and cultural center in Montabaur, which established itself with international standing, in almost in no time at all, upon the compound that used to be a NATO munitions depository.

The state of Rhineland-Palatinate has followed this kind of establishing or 'arranging' oneself with great enthusiasm and has supported b-05 in its realisation of this process and the vision that belongs to it from the very beginning.

That b-05 and, particularly, Jan Nebgen and Leisa Brubaker have managed to develop an exhibition program that has meanwhile been integrated into the nationwide art scene is a respectable achievement, for which I would like to extend my congratulations.

Das b-05 beeindruckt mich immer wieder! Mitten in einem eindrucksvollen Waldstück bei Montabaur ist ein Kunst- und Kulturzentrum entstanden, das wahrlich kein Geheimtip mehr ist.

Was Jan Nebgen und Leisa Brubaker mit Ihren Mitstreitern leisten und bisher geleistet haben, hätte ich nicht für möglich gehalten. Ich muss gestehen, dass ich das b-05 zunächst für eine ›spinnerte Idee‹ hielt. Den großen Erfolg konnte ich nicht abschätzen.

Deshalb: Großes Kompliment, großen Respekt und herzlichen Glückwunsch!

Edmund Schaaf
Bürgermeister der Verbandsgemeinde *Mayor of the Associated municipalities* Montabaur

I am continually impressed by the b-05! In the middle of an arresting piece of woodlands near Montabaur, an art and cultural center has emerged that is truly no longer an insider tip!

What Jan Nebgen and Leisa Brubaker have so far achieved, together with their colleagues, is something that I would never have thought to be possible. In fact, I must admit that I even viewed the b-05 as a rather 'nutty idea' at first. The great success was something I simply had not been able to gauge.

For that reason: my compliments, respect and warm congratulations!

Wir freuen uns sehr über unsere fünfte internationale Sommerausstellung!

Es gibt … *There is …* stellt in diesem Jahr grundsätzliche Fragen, die uns alle betreffen und angehen: »Wie leben wir?«, »Wie wollen wir leben?« und »Denken wir überhaupt darüber nach, wie wir leben?«

Mehr denn je findet sich heute ein jeder in einer zersplitterten, orientierungslosen Welt wieder. Im Affekt darauf zieht man sich unweigerlich ins Private zurück. Oder doch nicht ganz?

Resigniert man also oder ist noch ein kleiner Rest an utopischem Potential übriggeblieben, der es ermöglicht, die ›eigenen vier Wände‹ und damit vielleicht sogar die Welt im Ganzen umzugestalten? Ein ernster Gedanke, der bereits bei Nietzsche anklingt, nämlich dass die Lebensführung der Kunst entspringt: »Man soll nicht mit künstlerischen Formen spielen, man soll das Leben umschaffen, daß es sich nachher formulieren muß.«

Es gibt … *There is …* fragt nach der Einrichtung von Welt.

Fragt, wie ›die Welt‹ uns einrichtet, wie wir die Welt einrichten und wie wir uns in der Welt einrichten. Und die Ausstellung fragt, ob nicht besonders eine Kunst, die Wirklichkeit und Alltagsdinge als Material aufnimmt, ein erster Erkenntnisschritt ist, um ein uniformes, hingenommenes ›Leben von der Stange‹ aufzubrechen und zu hinterfragen, es artistisch zu verwandeln und umzugestalten.

Zwei konträre Sätze markieren hierfür den Ausgangspunkt.

Zum einen Theodor Adornos berüchtigte Aussage »**Es gibt kein richtiges Leben im Falschen.**« Kaum bekannt ist, dass dieser Satz ursprünglich als beißende Kritik an der Inneneinrichtung der Nachkriegszeit intendiert war. Erst in den späten 1960ern wird Adornos pessimistische Diagnose einer unveränderlichen Gegenwart von der Studentenbewegung politisch vereinnahmt und zu einer ihrer bekanntesten Kampfparolen umgeprägt.

Zum anderen »**Es gibt immer was zu tun.**«, das zupackend affirmative, das schöpferische Potential des Menschen betonende Motto der Baumarktkette Hornbach.

Leisa Brubaker, Jan Nebgen, Christian Malycha Es gibt … *There is …*

We are exceedingly pleased to present our fifth international summer exhibition!

This year, **Es gibt … *There is …*** *poses fundamental questions that affect and concern us all: 'How do we live?', 'How do we want to live?' and 'Do we think at all about how we live?'*

More than ever before, people find themselves today residing within a fragmented, disorienting world. In response, many people inevitably retreat into the realm of private life. Or is this, in fact, untrue?

Have we indeed resigned altogether, or is there still something of a utopian potential remaining, which would make it possible to rearrange one's 'own four walls' and therewith perhaps the world as a whole? This, of course, recalls a notion that was already present in the work of Nietzsche: 'One should not play with artistic formulas: one should reshape life so that it has to formulate itself thereafter.'

Es gibt … *There is …* *inquires as to how the things of the world are arranged.*

It asks, how 'the world' arranges us, how we arrange it, and how we ought to arrange ourselves within the world. The exhibition itself asks whether the existence of a particular art form that were capable of accommodating reality and the things of everyday life as material might constitute a first revelatory step in the pursuit toward questioning and finally breaking forth from a uniform, ready-made life of acquiescence—toward transforming, or even recreating it.

To this end, there are two statements that demarcate the point of departure.

On the one hand, there is Theodor Adorno's infamous assertion that **'there is no way of living right when in the wrong.'** *Hardly known, however, is the fact that this statement was originally intended as a biting critique on interior design in the post-war period. It was not until the late 1960s that Adorno's pessimistic diagnosis of an unchangeable present was adopted and politicized by the student movement to finally become one of its most renowned battle slogans.*

On the other hand, there is the notion that **'there is always something to be done'**—*the hands-on, affirmative motto, with its emphasis on the creative potential of humankind, of the Hornbach home improvement chain. As far-fetched as the comparison between Adorno and the DIY shop, or the handicraft culture for which Hornbach*

So abwegig die Gegenüberstellung von Adorno und der Baumarkt- oder Heimwerkerkultur auch scheinen mag, für die Hornbach exemplarisch steht, gibt es doch eine erstaunliche Koinzidenz:
1968, in jenem historischen Moment als Adorno wegen seiner abgründigen Resignation bei den nach Veränderung der Welt verlangenden Studenten in Ungnade fällt, eröffnet Otmar Hornbach – erstmalig in Europa – seinen »kombinierten Bau- und Gartenmarkt«.
Es lässt sich also festhalten, dass die Studentenrevolution mit einer ›Revolution‹ des Heimwerkerwesens einhergeht. Beide zielen auf die grundlegende Neugestaltung einer erstarrten und verkrusteten Lebenswelt. Salopper gesagt, zielen beide auf ›Tapetenwechsel‹.

Für Montabaur ist **Es gibt … *There is …*** eine besondere Ausstellung allein durch die Geschichte des Ortes – von der NATO-Mittelstreckenraketenbunkeranlage aus dem Kalten Krieg zum b-05. Die Ausstellungsräume haben selbst bereits einige geschichtliche Brüche, Umgestaltungen und Umwidmungen erfahren. Somit sind sie bestens geeignet für die Frage, wie sich überkommene Strukturen und brachliegende Möglichkeiten wiedererschließen, umbauen und für die Zukunft herrichten lassen.
Die Ausstellung beschränkt sich dabei ebenfalls nicht nur auf die Gegenwart. Ausdrücklich geschichtlich angelegt, reicht sie von der frühen Moderne bis in die heutige Zeit und umfasst nahezu alle Gattungen von Malerei, Skulptur, Plastik und Installation, über Fotografie und Video hin zu performativen Werken.

Es gibt … *There is …* geht aus von dem, was da ist: Lampen, Tapeten, Tische, Stühle, Teppiche, Zimmerpflanzen, das obligatorische bürgerliche Klavier und alle anderen Arten von Möbeln.
Denn, ob als gnadenlose, sozialdiagnostische Gegenwartskritik oder als ganz alltägliche und manchmal eben geschmacklose Sehnsucht nach einer ›schönen Welt‹, Einrichten ist immer auch ein *Sich*einrichten und in jedem Fall immer ein ästhetisches Problem. (Beizeiten ist es auch ein erotisches Problem, denkt man etwa an

Reflexionen aus einem beschädigten Leben? *Reflections from a damaged Life?*

stands, may seem to be, there is an astonishing coincidence:
1968—that particular historical moment in which Adorno, due to his abysmal calls toward resignation, fell into disfavour with student movements and their cry for world change—was also the very year that Otmar Hornbach opened Europe's first ever 'combined hardware and garden store'.
It can thus be concluded that the student revolution was likely to have spent some time hanging out with the 'revolution' in home improvement. Both of them aimed toward a fundamental reshaping of a congealed and crusty living environment. In more lackadaisical terms, they were both ready for a change of wallpaper.

*For Montabaur, **Es gibt … There is …** is a particularly special exhibition—if for nothing other than the history of the location: what is now the b-05 was used by NATO during the Cold War as an intermediate-range missile bunker facility. The exhibition spaces themselves have undergone a whole series of ruptures, restructuring and rededications. In this regard, they are certainly well-suited for examining the extent to which obsolete structures and latent possibilities can be redeveloped, reconverted and finally renovated to withstand the future.*
That being the case, the exhibition itself resists any limitation to the present. Expressly conceived of to reflect a historical context, its spectrum spans from modernism all the way up to the present time and encompasses nearly every thinkable medium from these periods, including painting, sculpture, objects and installation, as well as photography and video, then moving onward toward performance art.

***Es gibt … There is …** proceeds from what is already there: lamps, wallpaper, tables, chairs, carpets, potted plants, the obligatory bourgeois piano and all other imaginable types of furniture.*
After all, arrangement is—whether through merciless socially-diagnostic critique of the present, or as an altogether, and at times simply tasteless, yearning toward a 'pleasant world'—always an arranging oneself and, in any given case, always an aesthetic problem. (Occasionally, it is also an erotic problem—if one imagined, for example, two chairs placed opposite one another).
The exhibition adopts the arrangement of the world—the cultivation, furnishing, decoration and, finally, inhabitancy

zwei sich gegenüber stehende Stühle.)

Die Ausstellung nimmt das Einrichten der Welt, das Bebauen, Möblieren, Ausschmücken und schließlich das Bewohnen der Welt zum Ausgang, um zu untersuchen, inwieweit sich am Umgang mit solch vermeintlich banalen Dingen und Einrichtungsgegenständen die Mentalität einer Zeit ablesen lässt: *Bauhaus* oder Baumarkt, Innenarchitektur oder Heimwerken, Wohnen oder Hausen?

Die Moderne war noch vom Elan getragen, mit einer als rational und funktionalistisch erhofften Welt zugleich eine menschlichere Umwelt und den »Neuen Menschen« zu schaffen.

Ein utopisch-kindliches Vertrauen auf den technischen Fortschritt, das ausgehend von den Schrecken von Holocaust und Atombombe bis in die 1980er Jahre mehr und mehr Risse bekommt und schließlich ins Absurde kippt.

Und heute finden wir uns in einer entrückt virtuellen Wirklichkeit, in einer trotz aller globalen Nähe unüberschaubaren und undurchschaubaren Welt, in Städten, deren »Unwirtlichkeit« Alexander Mitscherlich in seinen schlimmsten Albträumen nicht fantasieren hätte können.

Ein Rückzug ins Private ist folglich kein Wunder. Jedoch … ist dieser resignative Privatismus wirklich nur privat?

Schafft sich nicht ein jeder ›daheim‹ seine eigene Welt und das ganz offenkundig nach ästhetischen Maßstäben?

Die Welt draußen mag tosen, doch drinnen ist alles an seinem Platz – selbst die Duftkerzen.

Ob nun bewusst oder unbewusst, im Ästhetischen liegt mitunter umstürzlerisches Potential. Man macht sich die eigene Umgebung gemäß, nimmt die Verfassung der Wirklichkeit eben nicht nur hin, sondern ordnet die Dinge neu und gestaltet so im Kleinen die Welt durchaus um.

Zudem stellt das ästhetisch-künstlerische Tätigsein gegenüber der industriellen oder bürokratischen Arbeit

of the world—as its point of departure, in order to examine the extent to which our ways of dealing with such purportedly banal things, fixtures and furnishings reveal the mentality of the time at hand: Bauhaus *or DIY stores, interior design or home improvement crafts, living or dwelling?*

Modernism was still carried by the élan toward creating—alongside the anticipated rationality and functionalism of the world to come—a more humane environment and the 'new man'.

It was a childishly utopian faith in technological progress, through which the initial signs of cracks continued to spread, following the terrors of the Holocaust and the atom bomb, eventually running all the way into the 1980s before finally collapsing into absurdity altogether.

Today, we find ourselves in a disconnected, virtual reality, in an unreckonable and inscrutable world, in cities whose 'inhospirreality' Alexander Mitscherlich would not, in his worst nightmares, have been able to envision.

A tendency toward retreating into the private sphere is thus hardly surprising. Nevertheless … is this resigned acceptance of privatism really only private?

Does not each person create their own world 'back at home', and this plainly according to aesthetic standards? The world outside may rage, yet, back inside, everything is in its proper place—even the scented candles.

Thus, whether consciously or unconsciously, there is a subversive potential that lies within the realm of the aesthetic. One tailors the things of one's own environment to suit their own needs, doing more thereby, after all, than simply accepting the conditions posed by reality, instead reordering things and thus by all means reshaping the world in small ways.

Moreover, aesthetic-artistic activity—in contrast to the perpetually repeated procedures of industrial or bureaucratic work, which never arrives at any final result—presents, even today, a still more notable exception.

As it is, artistic undertaking—as Gottfried Benn so tirelessly emphasised ('in the stillness of form he is beheld by perfection')—is the only mode of activity that can ever manage to be done with anything. Consummate perfection would thus exist solely in the form of the work of art, which always is an unrepeatable, singular occurrence. In contrast

mit ihren ewig sich wiederholenden Abläufen, die niemals zu einem Ende kommen, auch heute noch eine gravierende Ausnahme dar.

Schließlich ist die künstlerische Tätigkeit, wie Gottfried Benn unermüdlich betont hat (»formstill sieht ihn die Vollendung an«), die einzige Tätigkeit, die jemals mit etwas fertig wird. Vollendung gibt es demnach überhaupt nur in Form des Kunstwerks, das stets ein unwiederholbarer Einzelfall ist.

Gegenüber der Mittel-Zweckdienlichkeit jedes anderen Produktes ist ein Kunstwerk dieser Funktionalität von Vornherein entzogen. Ästhetisches Einrichten, das zerstreute Dinge ausrichtet, einrenkt und ins Lot bringt, ist stets *Aus*renken der Alltagswelt.

Gerade durch diesen fundamentalen Ausnahmezustand, aus dem ein Kunstwerk entsteht und den es entfesselt, gelingt es, aus der alltäglichen Orientierungslosigkeit und Entfremdung herauszutreten.

Von De Stijl über den Minimalismus und die 1980er Jahre bis in die Gegenwart steht zu Beginn bei den in **Es gibt … *There is …*** gezeigten Kunstwerken oft ein zufällig gefundenes Objekt oder ein industriell vorfabriziertes *ready made*, das allerdings grundlegend umgestaltet, verwandelt und damit vor jeder herkömmlichen gesellschaftlichen Verwertungskette bewahrt wird.

In solchen vollendeten Werken bündeln sich bisweilen Zeitkritik und sentimentale Weltflucht zu einem ästhetischen Gegenentwurf, der aus dem alltäglichen Getriebe ausschert und kritisch in dieses eingreift:

als ästhetischer Imperativ »Du mußt dein Leben ändern.« (Rainer Maria Rilke), als »Bastelei« (Claude Lévi-Strauss), als durch Handarbeit wieder bewusstgemachter ›unschuldiger Urzustand‹ (Richard Sennett), als lebenstechnische, fortwährend einzuübende Selbst- und Wirklichkeitsüberprüfung (Peter Sloterdijk), als wirkliches dem-Raum-Einwohnen und nicht bloß als sich-im-Raum-Befinden (Maurice Merleau-Ponty) oder als »Freigeben von Orten«, das Zugehörigkeit, Offenheit und den Dingen ihre Möglichkeit ›einräumt‹. (Martin Heidegger).

Und selbst der Betrachter wird vor einem Kunstwerk vom alltäglichen Funktionieren freigestellt und auf sich

to the pragmatically utilitarian expediency inherent to commodities, works of art circumvent this kind of functionality from the outset. Aesthetic arrangement, which relocates, readjusts, and straightens out scattered things, always involves a disjointing of the everyday. It is indeed precisely through this fundamentally exceptional state from which a work of art emerges—and which the latter, in turn, unleashes—that it becomes possible to step outside of the everyday disorientation and alienation.

Moving from De Stijl to Minimalism and the 1980s up into the present, the points of departure for the works shown in **Es gibt … *There is …*** *are often comprised of found objects or industrially produced ready mades which, however, have been fundamentally reshaped, transformed and thus withdrawn from any conventional, societal chains of utilisation. In these consummate works, critique of the times is occasionally bundled together with sentimental flight from the world into an aesthetic counter-draft, which veers away from the tumultuous mechanisms of the everyday in order to critically intercede: as an aesthetic imperative revealing how 'You must change your life' (Rainer Maria Rilke), as a 'Tinkering' (Claude Lévi-Strauss) as an unformed 'innocent original state' generated through highly skilled handwork (Richard Sennett), as a life-saving inspection of reality and the self to be perpetually put into practice (Peter Sloterdijk), as a real inhabiting of space as opposed to simply occupying it (Maurice Merleau-Ponty) or as the 'release of places', which 'makes room' for the possibility of belongingness, openness and the things (Martin Heidegger). And even the beholder is released, before a given work of art, from everyday functioning, and is reflected back upon themselves.*

Our greatest gratitude must therefore be extended to the artists as well as to all of the contributing private collections and galleries, whose participation, generous loans and support have at all made possible **Es gibt … *There is …*** *We would also like to express our equally sincere thanks to the authors of the contributions to this catalogue. As the question of arrangement pertains to more than visual art, and because, alongside the exhibited artists and works, the catalogue considers a cultural phenomenon, the written contributions stem, for the sake of the 'big picture', from the widest diversity of disciplines and perspectives: many thanks, therefore, to the Suhrkamp Verlag for the text by Theodor*

zurückgeworfen. Momente der Betrachtung werden zu Momenten der Selbstbetrachtung, in denen ein anderer, vielleicht selbstbestimmterer und selbstgemäßerer Umgang mit der Welt aufscheint.

Größter Dank gilt deshalb zuvorderst den Künstlerinnen und Künstlern sowie allen beteiligten Privatsammlungen und Galerien, deren Teilnahme, großzügige Leihgaben und Unterstützung **Es gibt … *There is …*** überhaupt erst möglich gemacht haben.

Ebenso herzlich sei den Autoren des Kataloges gedankt. Da die Einrichtungsfrage nicht allein die bildende Kunst betrifft und der Katalog neben Künstlern und Werken ein kulturelles Phänomen betrachtet, stammen die Textbeiträge des ›größeren Bildes‹ wegen aus unterschiedlichsten Disziplinen: Dank also an den Suhrkamp Verlag für den Text von Theodor W. Adorno, an Bruno Hillebrand für seine Betrachtungen zu künstlerischer Form und Theorie sowie für die Forderung nach einer »Ästhetik des Sensuellen«, an Robert Kudielka für die Problematisierung von Ort, Interieur und Da-sein »von dort hinten her«, an Hendrik Lakeberg und Albrecht Hornbach für ihr Gespräch über Heimwerken und schöpferisches Tätigsein, an Volker Pietsch für die Vorführung der Auflösung der Objektwelt und »evil people in modernist homes in popular films«, an Andi Schoon für den musikhistorischen Bogen von Erik Saties Möbelmusik über die *Stijlkunst*-Versuche Jakob van Domselaers hin zu heutigen Klangräumen sowie an Klaus Theweleit für seine unvergleichliche Würdigung der Kreuzschlitzschraube.

Ohne Christof Kerber und sein Team gäbe es diesen Katalog nicht. Ihnen sei für ihren außerordentlichen Einsatz gedankt.

Q.H.S.O.I.Q.O.C.M.S. Berlin oblag die Gestaltung des Kataloges, mit der wir sehr glücklich sind.

Dorothee Heine gebührt großer Dank für ihre kuratorische Mitarbeit.

Stellvertretend für sämtliche b-05-Unterstützer und -Helfer danken wir Verena Au von ganzem Herzen für ihr unermüdliches Engagement.

Und abschließend gilt unser aller Dank Škoda Auto Deutschland und dem Land Rheinland-Pfalz, die beide

W. Adorno, to Bruno Hillebrand for his considerations of artistic form and theory and his call for an 'Aesthetic of the Sensuous', to Robert Kudielka for his problematization of place, interior and space in painting and sculpture, to Hendrik Lakeberg and Albrecht Hornbach for their clear-sighted conversation, to Volker Pietsch for the representation of the dissolution of the world of objects and 'evil people in modernist homes in popular films', to Andi Schoon for the musical progression from Erik Satie's Furniture Music through the Stijlkunst *experiments of Jakob van Domselaers and into contemporary sound spaces, as well as to Klaus Theweleit for his unparalleled evaluation of the cross-slotted screw.*

Without Christof Kerber and his co-workers, this catalogue would not exist. Warm thanks are extended to them for their extraordinary dedication.

Q.H.S.O.I.Q.O.C.M.S. Berlin was responsible for the catalogue's design, with which we are greatly pleased.

Dorothee Heine also deserves cordial thanks for her curatorial assistance.

Our dear thanks also go, for her untiring commitment, to Verena Au as representing all of b-05's backers and supporters.

Finally, we would like to thank Škoda Auto Deutschland and the state of Rhineland-Palatinate, both of which have contributed substantially and with a great deal of trust toward allowing this exhibition and b-05 to actually come about.

All of the artists in **Es gibt … *There is …*** *are united by the resistive, aesthetic response to the world of the living, which, in all of its manifestations, is not merely accepted but perpetually dismantled, examined and newly reassembled.*

With a wink of the eye, they offer up counter-drafts which—between folk art, kitsch, and cutting societal analyses, with striking wit and deep empathy, between Hornbach and Adorno—reveal the world as being something changeable and make it, thereby, all the more understandable.

For beholders of the work, this creates the possibility of encountering the most inconspicuous, most everyday furnishings and objects from entirely unexpected angles in order, with avid curiosity and a relish toward looking, comparing and (re)discovering, to cause the criteria for their previous views of the world and things in it to properly begin to sway,

maßgeblich und voller Vertrauen dazu beitragen, diese Ausstellung und b-05 im Ganzen Wirklichkeit werden zu lassen.

Alle Künstlerinnen und Künstler in **Es gibt ...** *There is ...* vereint die widerständige, ästhetische Erwiderung auf die Lebenswelt, die in all ihren Ausformungen nicht einfach hingenommen, sondern fortwährend zerlegt, auseinandergenommen und neu montiert wird.
Augenzwinkernd bieten sie zwischen Volkskunst, Kitsch und schneidender Gesellschaftsanalyse, mit Witz und Empathie zwischen Hornbach und Adorno vielgestaltige Gegenentwürfe, enthüllen die Welt als veränderbar und machen sie derart umso verständlicher.
Für den Betrachter eröffnet dies die Möglichkeit, den unscheinbarsten und alltäglichsten Einrichtungsgegenständen aus unerwarteten Blickwinkeln zu begegnen, um mit Neugierde in lustvollem Schauen, Vergleichen und (Wieder)Entdecken die Kriterien seiner bisherigen Ding- und Weltsicht gehörig ins Wanken zu bringen und mitunter sogar tätig zu verändern.
Denn hoffentlich ist unser Leben nicht so beschädigt, wie es aussieht. Wenn allerdings doch, gibt's halt noch was zu tun ...

Daran teilzunehmen, laden wir Sie herzlich ein!

and even to actively change.
For hopefully, our lives are not as damaged as they seem to be. If they are though after all—well, there is still always something to be done ...

It is thus in all of this that we cordially invite you to take part!

aufschließen
a) durch Betätigen eines Schlosses öffnen, zugänglich machen
b) weit öffnen, aufreißen, offenbaren; mitteilen
c) öffnen, um an den Inhalt zu gelangen

unlock
a) release the lock of a door, box, etc.
b) release or disclose by unlocking
c) release thoughts, feelings, etc. from one's mind etc.

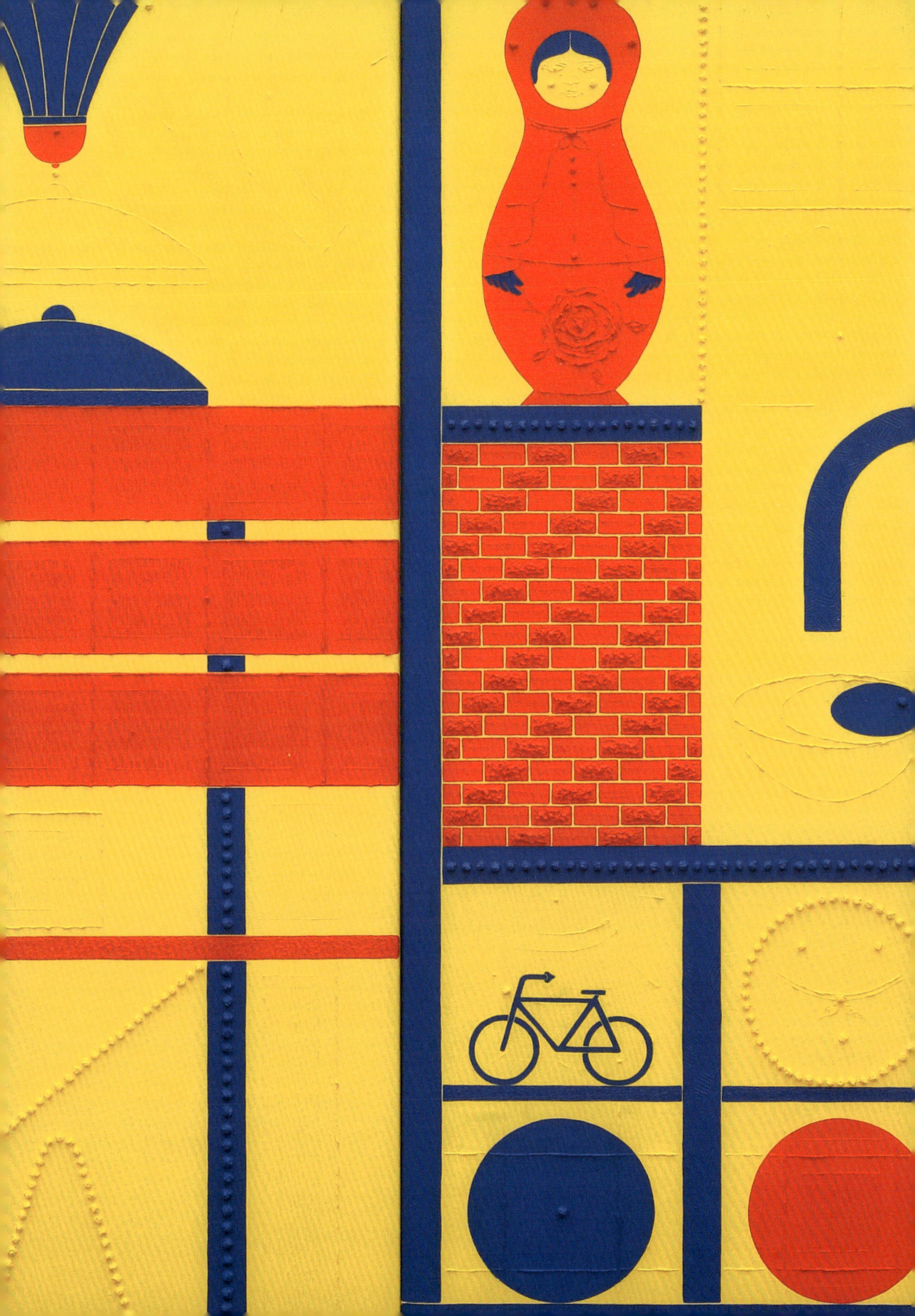

Thomas Arnolds
geboren *born* 1975 in Geilenkirchen

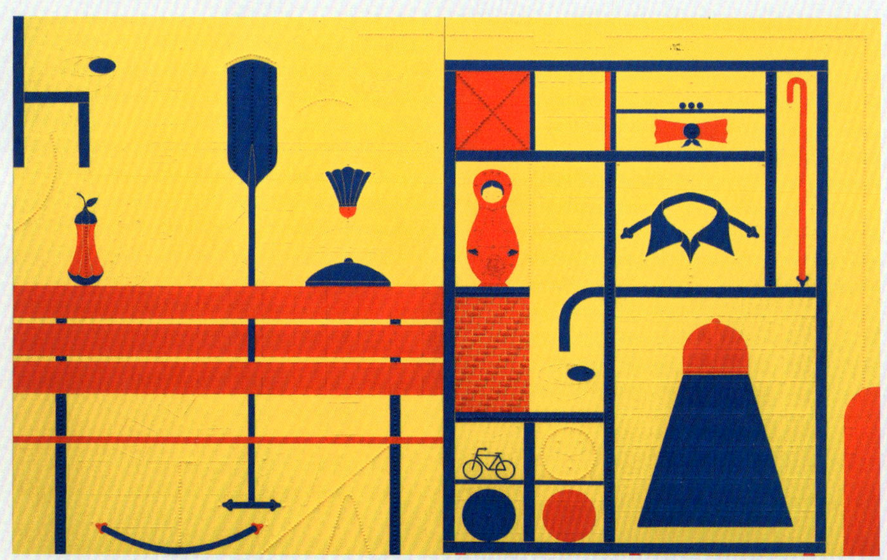

Spazieren (international), groß 1
2009
Öl auf Leinwand *Oil on canvas*
250 x 400 cm
Privatsammlung *Private collection*, Bonn
/ courtesy Galerie Hammelehle und
Ahrens, Köln
Fotografie *Photograph*: Wolfgang Morell

Hauswirtschaft entspricht Bildökonomie, Hausordnung der Bildordnung und Primärfarben sind Klarstellungen. Als das Beziehungsphänomen par excellence schaffen sie Ordnung, geben den ungeordneten, unzusammenhängenden Dingen der Welt einen Platz im Bild. Danach kann man dann ruhig mit Mondrian spazieren gehen. *Home economics equal pictorial economics, house rules pictorial rules and primaries are clarifications. As relational phenomenon par excellence they create order, endow the loosely scattered things of the world with an appropriate place in the picture. Afterwards, you can easily go for a walk with Mondrian.*

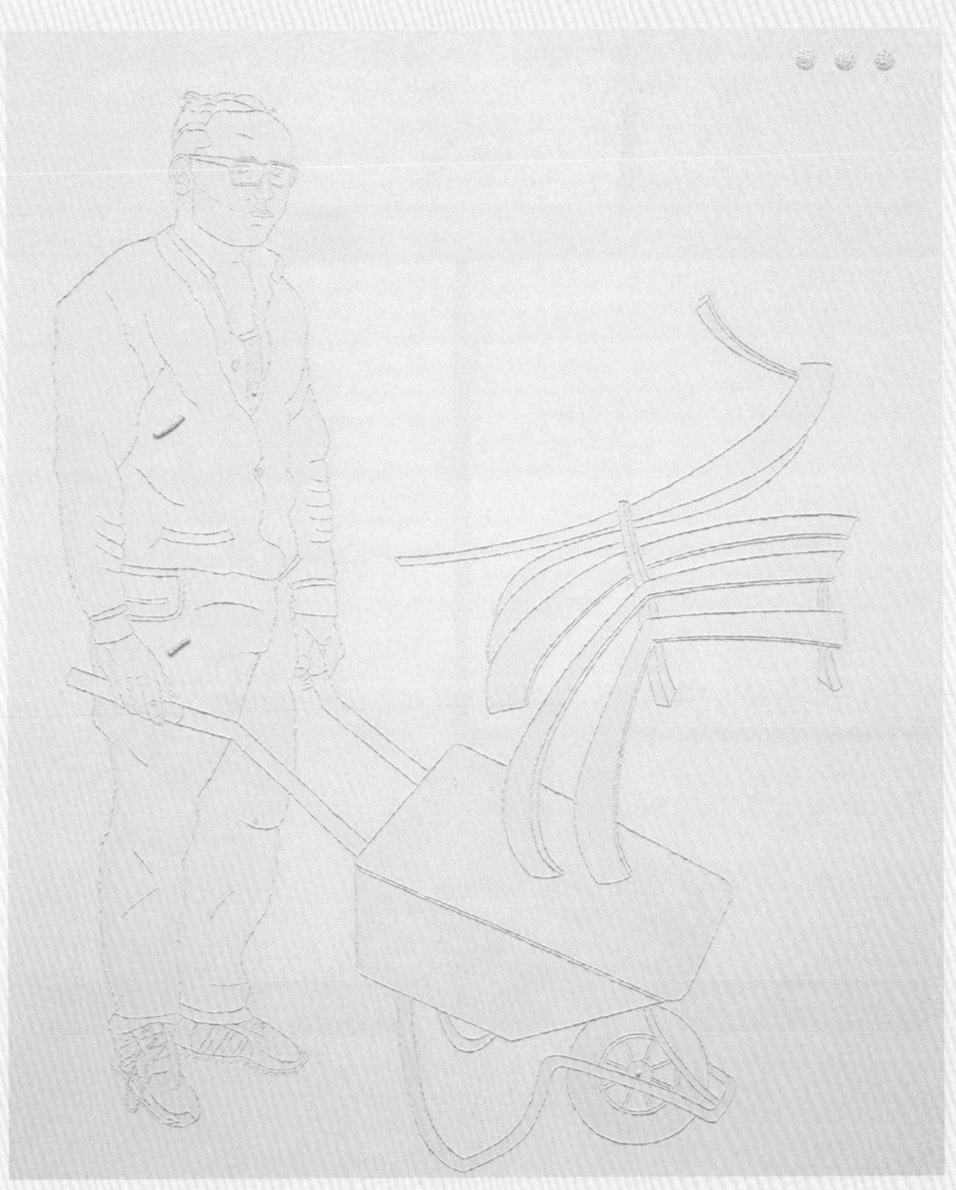

° (3)
2011
Öl auf Leinwand *Oil on canvas*
250 x 200 cm
Privatsammlung *Private collection*, Bonn / courtesy
Galerie Hammelehle und Ahrens, Köln
Fotografie *Photograph*: Tamara Lorenz

ausbessern, renovieren, überholen, herrichten, kitten
a) schadhaft Gewordenes reparieren, instand setzen, wiederherstellen
b) eine schadhaft gewordene Stelle an etwas beseitigen
c) schadhaft, unansehnlich gewordene Gebäude, Innenausstattungen o. Ä. wieder instand setzen
d) auf Mängel überprüfen und reparieren, wieder völlig instand setzen
e) etwas durch vorbereitende Maßnahmen in einen solchen Zustand bringen, dass es benutzt werden kann
f) durch Reparaturen o. Ä. in einen gebrauchsfertigen Zustand bringen
g) sich zu einem bestimmten Anlass zurechtmachen
h) mit Kitt kleben, wieder verbinden

mend, renovate, check up, furbish, putty
a) restore, repair to a sound condition
b) repair a broken article, a damaged road, torn clothes, etc.
c) make new again
d) a thorough examination
e) put into the required order, classify
f) give a new look to, renovate, revive something antiquated
g) improve, patch up
h) cover, fix, join or fill up

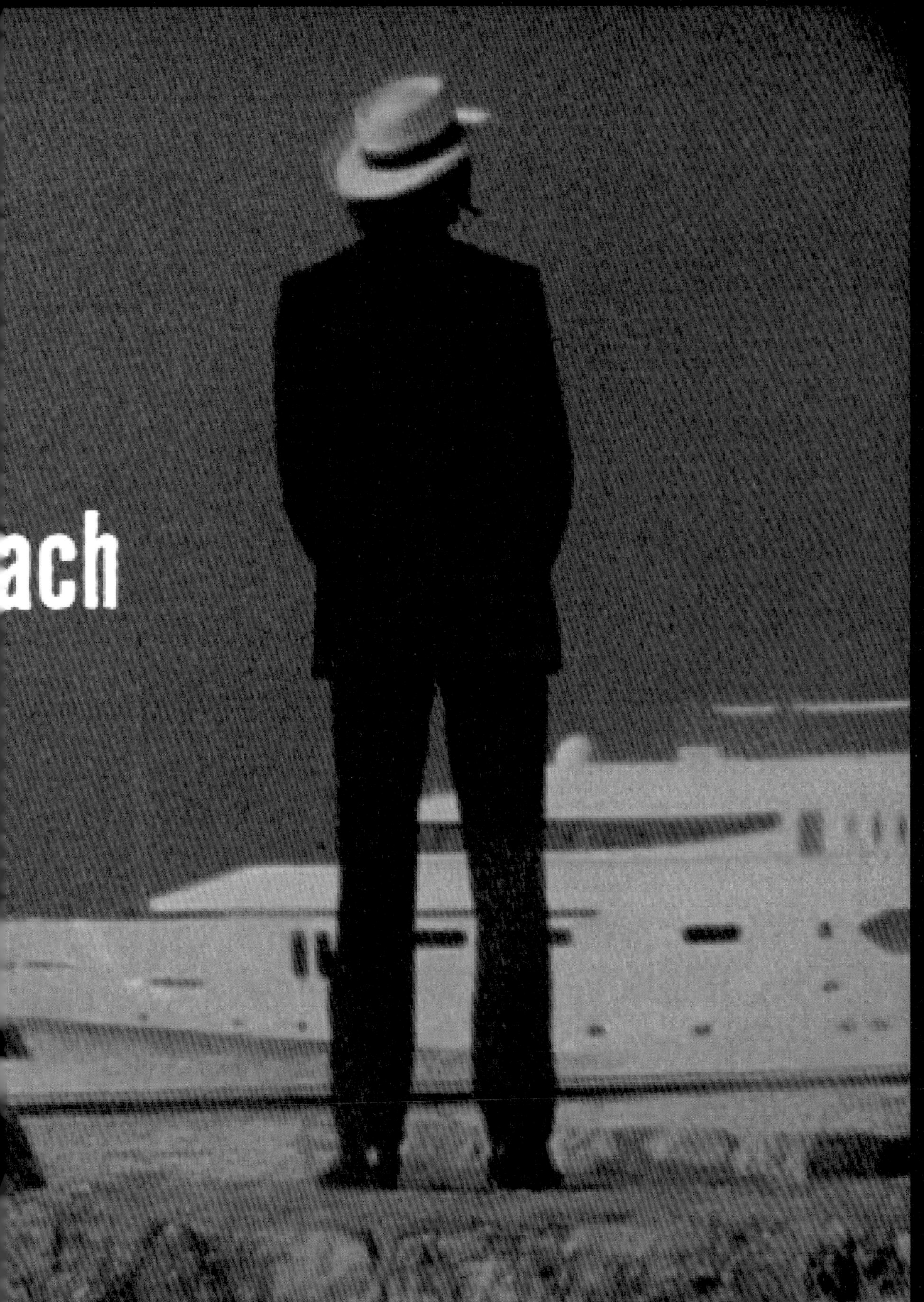
ach

Blixa Bargeld
geboren *born* 1959 in Westberlin

Hermann Vaske
geboren *born* 1956 in Vechta

»Fluginsektenvernichter mit Blaulampe«, »Quarzitpolygonalplatte«, »Schmutzwasser-tauchpumpe« … aus Werbebroschüren und Gebrauchsanweisungen. Wort-, Klang- und Denkbilder als Anleitung zu Wirklichkeitszertrümmerung, Zusammenhangsdurchstoßung, Alltagsgestaltung. Was tun? »Zementschleierentferner entfernt Zementschleier.« *»Flying insect annihilator with blue-lamp«, »polygonal quartzite board«, »drain water immersion pump« … out of booklets and instruction manuals. Word, sound and thought patterns as tutorials for the wrecking of reality, the piercing of coherence and everyday activities. What's to be done? »Cement residue remover removes cement residues.«*

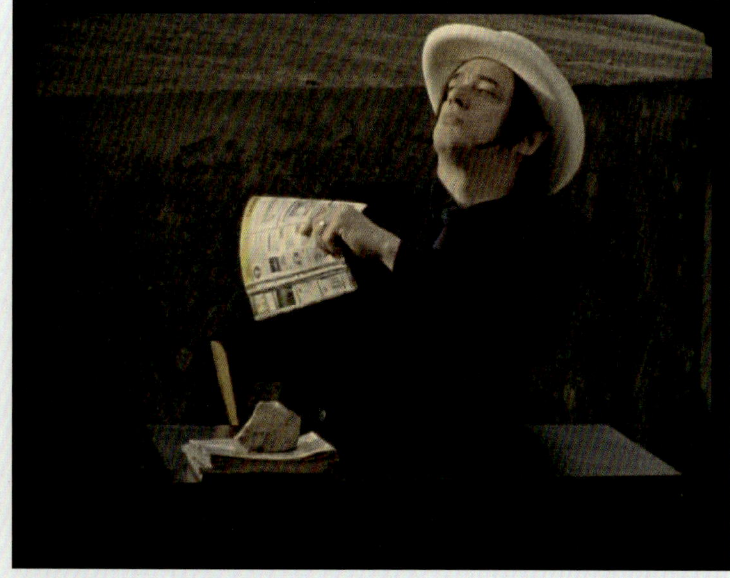

Blixa Bargeld liest Hornbach. Ein Film von Hermann Vaske
2004
13 Video-clips
8.30 min, Farbe *Colour*, Ton *Sound*
Regie und Produktion *Direction and production*: Hermann Vaske, Sprecher *Reader*: Blixa Bargeld, Konzept *Concept*: Heimat Berlin, Text: Thomas Winkler, Kamera *Camera operators*: Mate Toth, Isabelle Furrer, Ton *Sound*: Ralf Boonen, Schnitt *Cutting*: Bastian Ahrens
courtesy Hermann Vaske's Emotional Network

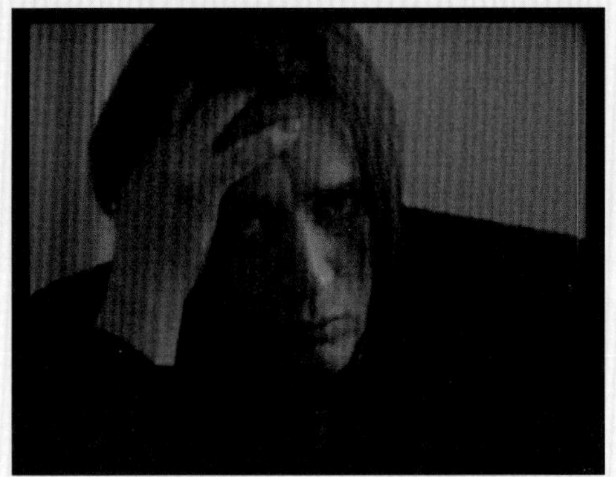
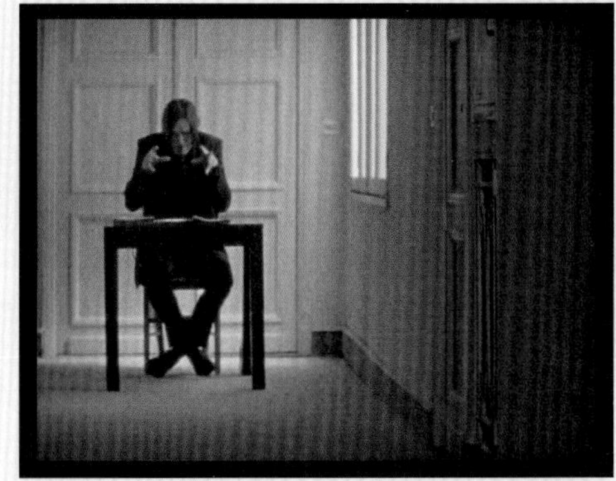
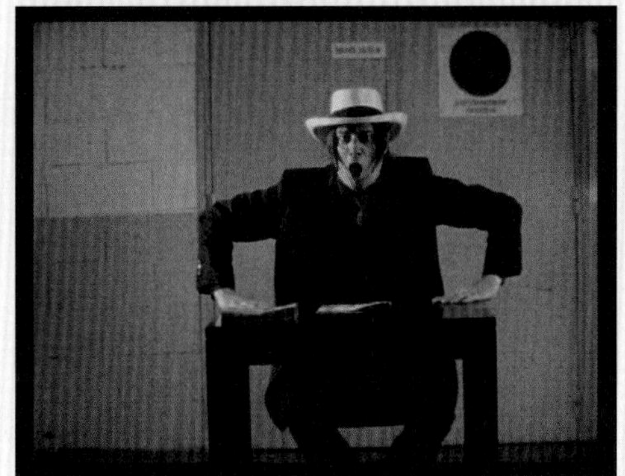
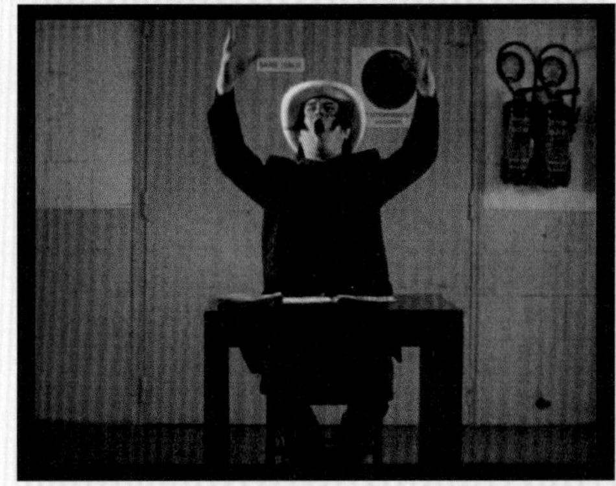
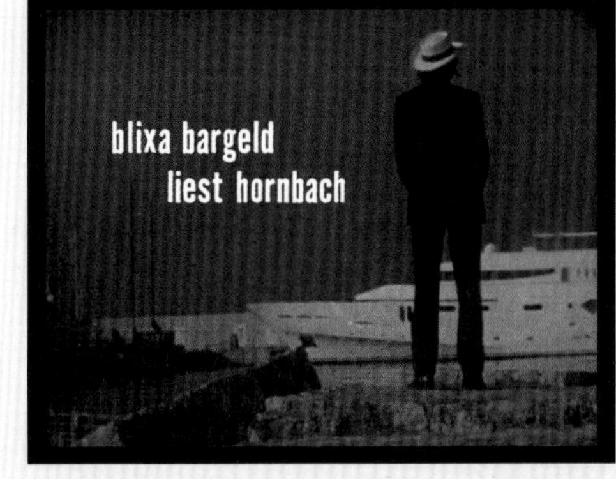
blixa bargeld
liest hornbach

ausblicken, einblicken

a) nach jemandem, etwas Ausschau halten

b) sehnsüchtig, verstohlen, ängstlich nach jemandem, etwas ausblicken

c) in etwas hinein blicken

d) Zugang in einen größeren Zusammenhang und dadurch vermittelte Kenntnis erhalten, Einsicht

look out, gain insight

a) direct one's sight or put one's head out of a window etc.

b) be vigilant or prepared

c) have or afford a specific outlook

d) the capacity of understanding hidden truths etc.

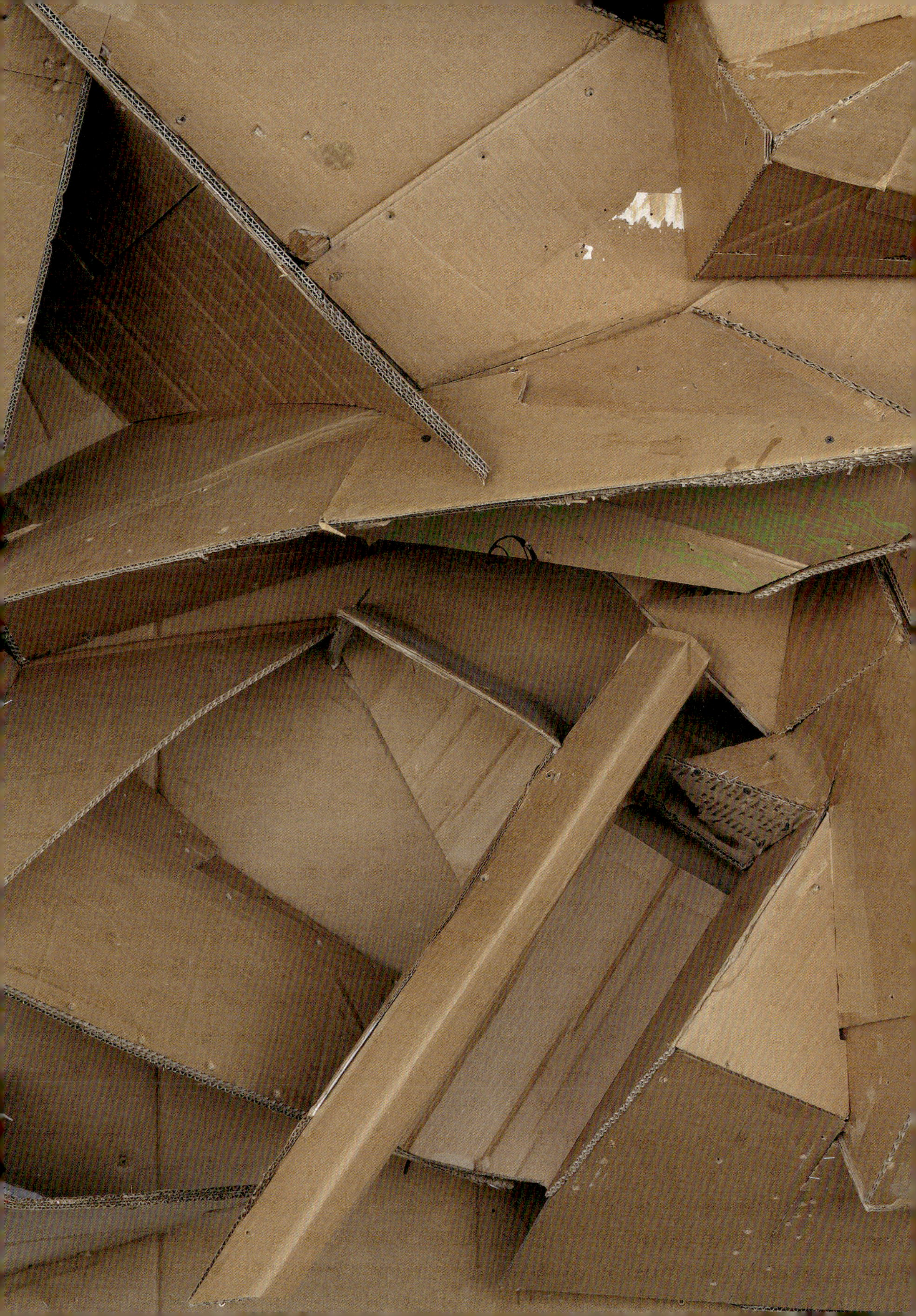

Florian Baudrexel
geboren *born* 1968 in München *Munich*

Kartons, Verpackungs- und Umzugsmaterial. Oftmals letzter
Rest an Halt und Privatem in einem mobilen, unbehausten
Leben. Was aber, wenn einem dieses sicher eingelagerte
Ordnungssystem der eigenen Vergangenheit entgleitet und sich
zu eigenmächtigen Strukturen auf der Wand verselbstständigt?
Paperboard containers, packaging material and packing cases. Often
the last rest of privacy or of something to hold on to in a mobile,
homeless life. But what if this securely ordered storage system of one's
own past slips away and self-containedly splinters upon a wall?

Habo
2011
Pappe auf Holzrahmen *Cardboard on wooden frame*
170 x 185 x 75 cm
courtesy Galerie Linn Lühn, Düsseldorf
Fotografie *Photograph:* Wolfgang Günzel

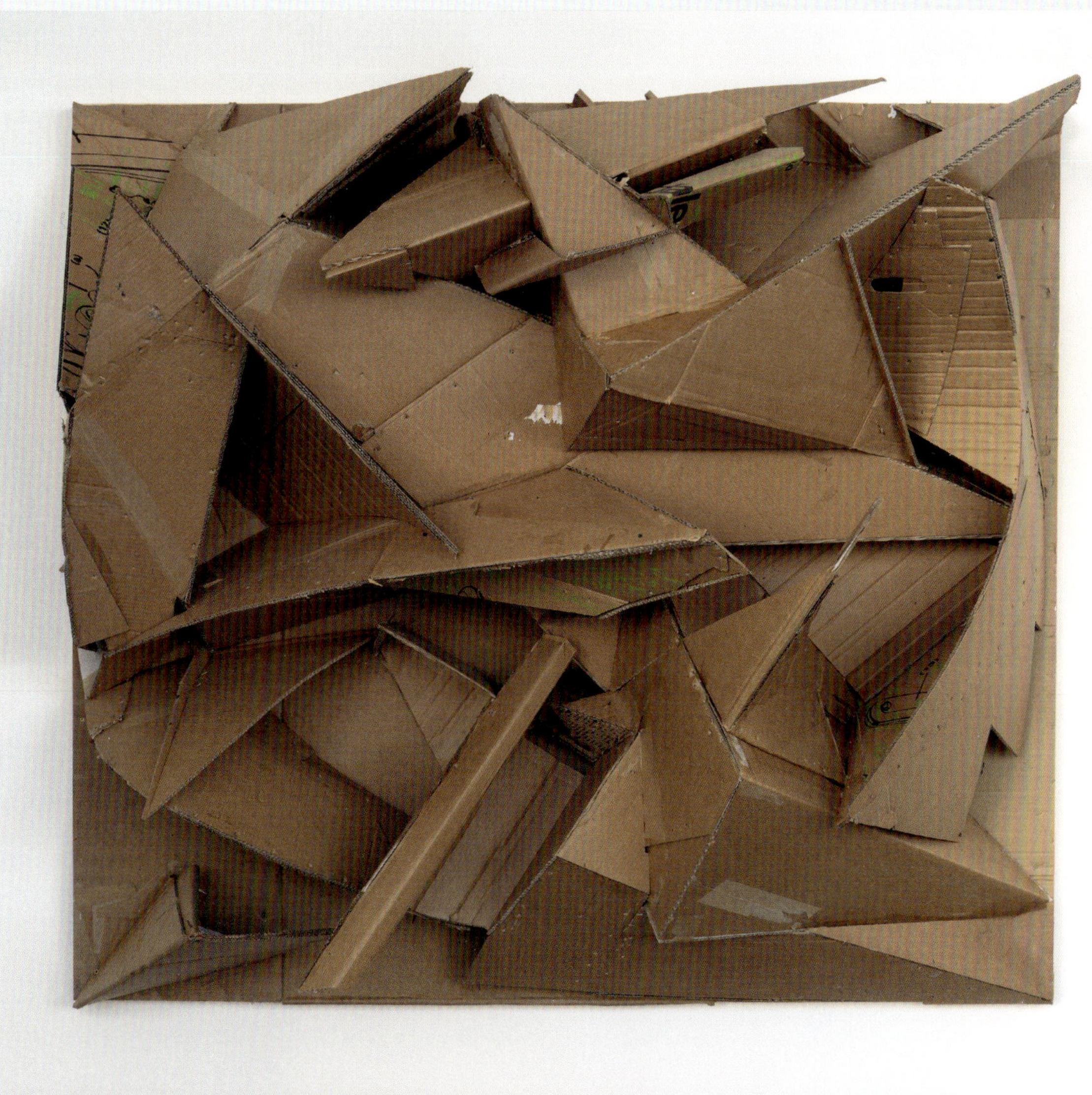

ausheben, anheben

a) Erde o. Ä. ausschaufeln

b) durch Ausschaufeln von Erde o. Ä. herstellen, ausschachten

c) aus seiner Haltevorrichtung herausheben, aushängen

d) gesuchte Personen in ihrem Versteck auffinden und verhaften

e) ein wenig hochheben

f) erhöhen

g) beginnen

dig, lift

a) break up and remove or turn over soil, ground etc.

b) break up and displace the ground etc.

c) make a hole, grave, tunnel, etc. by digging

d) find or discover after searching

e) reveal or extract material from the ground by digging

f) raise or remove to a higher position

g) elevate to higher plane of thought or feeling, make less heavy or dull

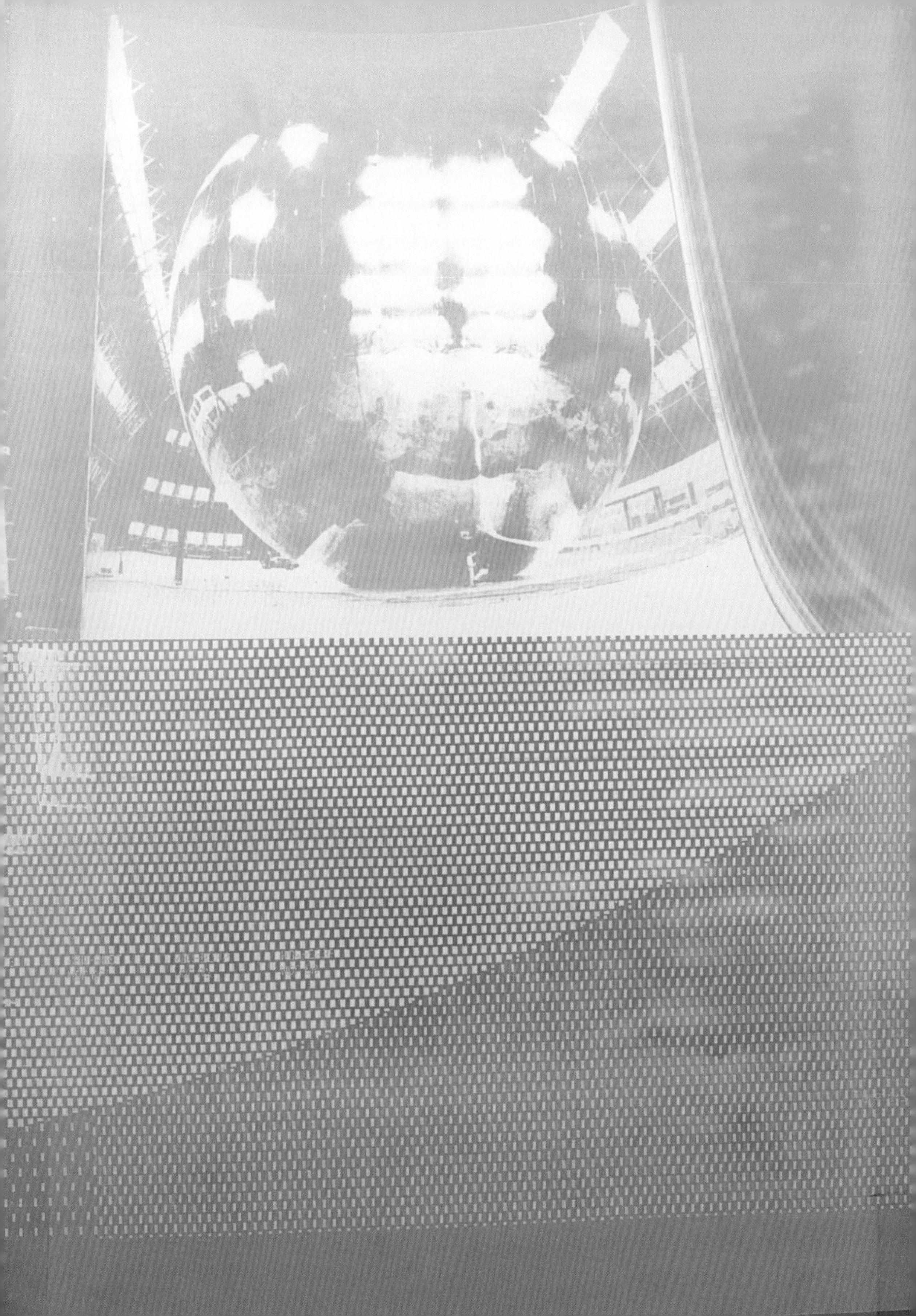

Michael Biber

geboren *born* 1978 in Ingolstadt

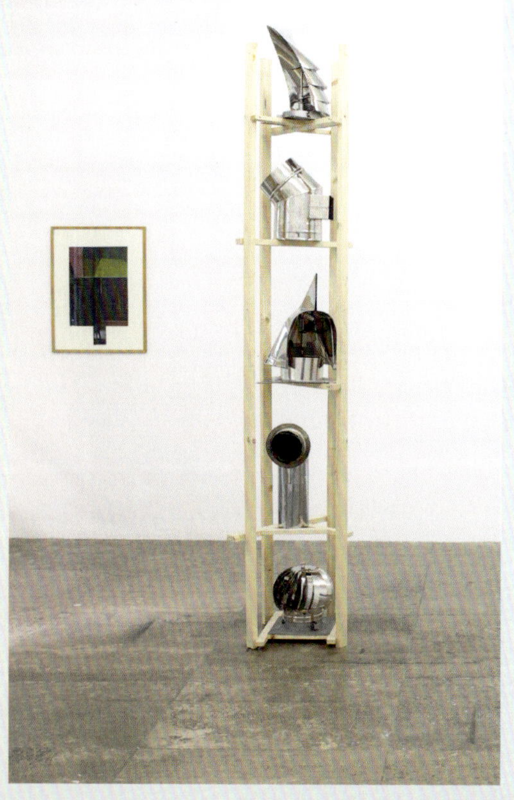

Das malerische Material wird in seine Bestandteile zerlegt. Verstörende Verhältnisse dahinter, dazwischen, daneben. Verschachtelte und gebrochene Tektonik, ein offenes, asymmetrisches, rhythmisiertes Ganzes. Die Bildelemente sind die Tatsachen. Man baut, wartet, schaut, wie die Dinge verfertigt sind und was am Ende dabei herauskommt. Wo Löcher sind, ist Durchblick. *The painterly material is dismantled into its constituent parts. Unsettled rapports arise, behind, between, abreast. An open, asymmetric, rhythmical whole by means of interlaced and cranky tectonics. The pictorial elements are the facts. One builds, waits and beholds how things are crafted and what emerges from them at last. Where holes are to be found, there is perspective, too.*

Ausstellungsansicht *Exhibition view*
»Michael Biber – Echo«
Galerie Matthias Jahn, München *Munich* 2011

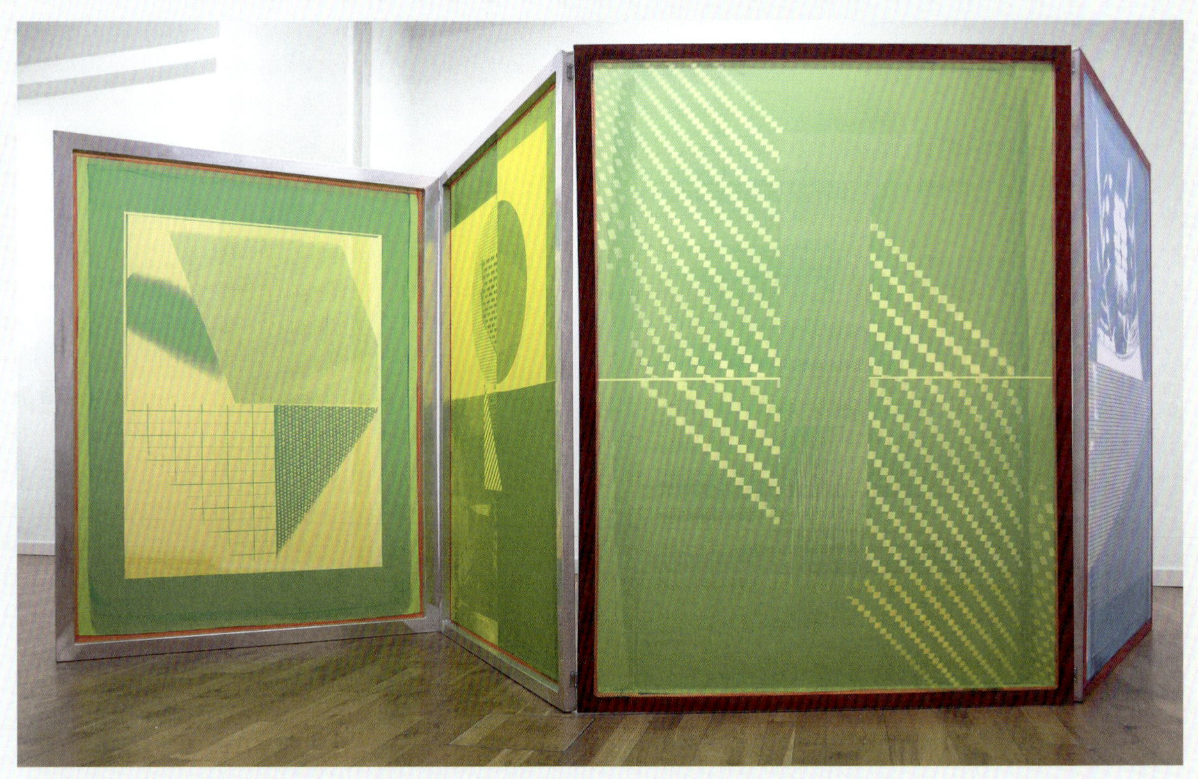

Paravent
2011
beschichtete und belichtete Siebdrucksiebe und Siebdruckrahmen *coated and exposed silkscreen sieves and silkscreen printing frames*
168 x 110 cm (4teilig)
courtesy Galerie Matthias Jahn, München

Wie es mit dem Privatleben heute bestellt ist, zeigt sein Schauplatz an. Eigentlich kann man überhaupt nicht mehr wohnen. Die traditionellen Wohnungen, in denen wir groß geworden sind, haben etwas Unerträgliches angenommen: jeder Zug des Behagens darin ist mit Verrat an der Erkenntnis, jede Spur der Geborgenheit mit der muffigen Interessengemeinschaft der Familie bezahlt. Die neusachlichen, die tabula rasa gemacht haben, sind von Sachverständigen für Banausen angefertigte Etuis, oder Fabrikstätten, die sich in die Konsumsphäre verirrt haben, ohne alle Beziehung zum Bewohner: noch der Sehnsucht nach unabhängiger Existenz, die es ohnehin nicht mehr gibt, schlagen sie ins Gesicht. Der moderne Mensch wünscht nahe am Boden zu schlafen wie ein Tier, hat mit prophetischem Masochismus ein deutsches Magazin vor Hitler dekretiert und mit dem Bett die Schwelle von Wachen und Traum abgeschafft. Die Übernächtigten sind allezeit verfügbar und widerstandslos zu allem bereit, alert und bewußtlos zugleich. Wer sich in echte, aber zusammengekaufte Stilwohnungen flüchtet, balsamiert sich bei lebendigem Leibe ein. Will man der Verantwortung fürs Wohnen ausweichen, indem man ins Hotel oder ins möblierte Apartement zieht, so macht man gleichsam aus den aufgezwungenen Bedingungen der Emigration die lebenskluge Norm. Am ärgsten ergeht es wie überall denen, die nicht zu wählen haben. Sie wohnen wenn nicht in Slums so in Bungalows, die morgen schon Laubhütten, Trailers, Autos oder Camps, Bleiben unter freiem Himmel sein mögen. Das Haus ist vergangen. Die Zerstörung der europäischen Städte ebenso wie die Arbeits- und Konzentrationslager setzen bloß als Exekutoren fort, was die immanente Entwicklung der Technik über die Häuser längst entschieden hat. Diese taugen nur noch dazu, wie alte Konservenbüchsen fortgeworfen zu werden. Die Möglichkeit des Wohnens wird vernichtet von der sozialistischen Gesellschaft, die als versäumte, der bürgerlichen zum schleichenden Unheil gerät. Kein Einzelner vermag etwas dagegen. Schon

The way things are with private life today is evidenced by the place in which it occurs. In truth, one is no longer able to live anywhere at all. The traditional dwelling spaces in which we grew up have acquired something unbearable: any sense of contentment that they offer must be paid for with the betrayal of awareness, each and every trace of comfort with the musty pool of shared family interests. The new objectivist models that have made a blank slate of things are nothing more than protective cases produced by experts on philistinism, or factory housing sites that have strayed into the consumer sphere, devoid of any relationship whatsoever to the people who are to reside in them: even the yearning for an independent existence, which no longer exists anyway, is met with a blow to the face. The modern man prefers sleeping close to the floor like an animal—as decreed with prophetic masochism by a German magazine in anticipation of Hitler, thereby eliminating, along with the advent of the bed, the threshold between wakefulness and dreaming. The bleary-eyed and sleepless are on call at all times and readily prepared to do anything—both alert and unconscious at once. Whoever might try to flee into the supposed authenticity of what, in fact, are merely purchased period dwellings veritably embalms themselves alive. Those who attempt to evade the responsibility of living, by moving into a hotel or furnished apartment for example, achieve nothing apart from establishing the conditions imposed by forced emigration as a shrewdly accepted norm. The worst lot among this ubiquitous fate is suffered by those who do not have any choice at all. When not forced to live in slums, they live in bungalows that are likely to be replaced by huts made of leaves, trailers, cars or camps—resting places beneath an open sky. The house is a thing that is no more. The destruction of the European cities, just as with the forced labour and concentration camps, acts as a mere executor in the continuation of what has long been established by the immanent development of technology's supremacy over houses. The latter are now good for nothing apart from being thrown away like old tin cans. The possibility of living somewhere is being obliterated by socialist society, which, having failed, is steering

wenn er sich mit Möbelentwürfen und Innendekoration beschäftigt, gerät er in die Nähe des kunstgewerblichen Feinsinns vom Schlag der Bibliophilen, wie entschlossen er auch gegen das Kunstgewerbe im engeren Sinne angehen mag. Aus der Entfernung ist der Unterschied von Wiener Werkstätte und Bauhaus nicht mehr so erheblich. Mittlerweile haben die Kurven der reinen Zweckform gegen ihre Funktion sich verselbständigt und gehen ebenso ins Ornament über wie die kubistischen Grundgestalten. Das beste Verhalten all dem gegenüber scheint noch ein unverbindliches, suspendiertes: das Privatleben führen, solange die Gesellschaftsordnung und die eigenen Bedürfnisse es nicht anders dulden, aber es nicht so belasten, als wäre es noch gesellschaftlich substantiell und individuell angemessen. »Es gehört selbst zu meinem Glücke, kein Hausbesitzer zu sein«, schrieb Nietzsche bereits in der Fröhlichen Wissenschaft. Dem müßte man heute hinzufügen: es gehört zur Moral, nicht bei sich selber zu Hause zu sein. Darin zeigt sich etwas an von dem schwierigen Verhältnis, in dem der Einzelne zu seinem Eigentum sich befindet, solange er überhaupt noch etwas besitzt. Die Kunst bestünde darin, in Evidenz zu halten und auszudrücken, daß das Privateigentum einem nicht mehr gehört, in dem Sinn, daß die Fülle der Konsumgüter potentiell so groß geworden ist, daß kein Individuum mehr das Recht hat, an das Prinzip der Beschränkung sich zu klammern; daß man aber dennoch Eigentum haben muß, wenn man nicht in jene Abhängigkeit und Not geraten will, die dem blinden Fortbestand des Besitzverhältnisses zugute kommt. Aber die Thesis dieser Paradoxie führt zur Destruktion, einer lieblosen Nichtachtung für die Dinge, die notwendig auch gegen die Menschen sich kehrt, und die Antithesis ist schon in dem Augenblick, in dem man sie ausspricht, eine Ideologie für die, welche mit schlechtem Gewissen das Ihre behalten wollen. Es gibt kein richtiges Leben im falschen.

bourgeois society toward a steadily evolving catastrophe. There is no one capable of preventing its occurrence. Even by concerning oneself with furniture design or interior decoration, one becomes entangled, by the proximity to the culturally established, in elevated tastes of a bibliophilic nature—however determined one might be to oppose the artistic establishment in the stricter sense. Viewed from a distance, the distinctions between the Vienna Workshop and the Bauhaus are no longer of much significance. By now, the curves of the purely functional form have liberated themselves from their functionality and migrated into ornament to the same extent as have the forms basic to Cubism. The best mode of conduct in the face of all this would still seem to be a noncommittal, suspended one: to lead one's own private life to the extent that the societal order and one's own needs and desires stipulate, without attaching the kind of weight to it that would result from its still being societally substantial or measured in individual terms in any way. 'My circumstance of not being a house-owner even belongs to my good fortune' wrote Nietzsche already in The Gay Science. One would have to append this with: something that belongs to morality is the circumstance of not being at home with oneself. In this, something is revealed of the difficult relationship between the individual and their property—inasmuch as they might still own anything at all. The trick would be to keep on record and express the notion that private property no longer belongs to anyone, in the sense that the abundance of consumer goods has become so potentially great that no individual has the right any more of clinging to the principle of limitation, but that one must nonetheless have property if one does not want to fall into dependency and destitution—which is beneficial to the blind continuity of the existing property relations. The thesis of this paradox, however, leads to destruction, a loveless disregard for things which must necessarily turn upon humankind—and the antithesis simply becomes, in the very moment of its utterance, an ideology for those who would keep what is theirs despite their bad consciences. There is no way of living right when in the wrong.

auslegen, verlegen
a) zur Ansicht, Einsichtnahme o. Ä. hinlegen, ausbreiten
b) etwas als Köder, Fangvorrichtung o. Ä. an dafür ausgesuchten Stellen hinlegen
c) in die für die Funktion erforderliche Lage bringen
d) die dafür vorgesehenen Flächen ganz mit etwas bedecken, auskleiden
e) mit einer Einlegearbeit schmücken
f) in bestimmter Weise deutend interpretieren
g) etwas auf eine bestimmte Leistung o. Ä. hin anlegen, einrichten, konstruieren
h) in einer peinlichen, unangenehmen Situation nicht wissend, wie man sich verhalten soll
i) etwas aus Unachtsamkeit oder aufgrund widriger Umstände unwillentlich verlieren

lay out, lose
a) place on a surface in the proper or specified place
b) arrange, locate, put or bring material into a certain or the required position
c) produce
d) deal with to remove
e) set down as a basis or starting-point
f) attribute or impute
g) prepare or make ready (a plan or a trap)
h) explain or understand the meaning of foreign or abstruse words, dreams, creative work, behavior etc.
i) be deprived of or cease to have by misadventure

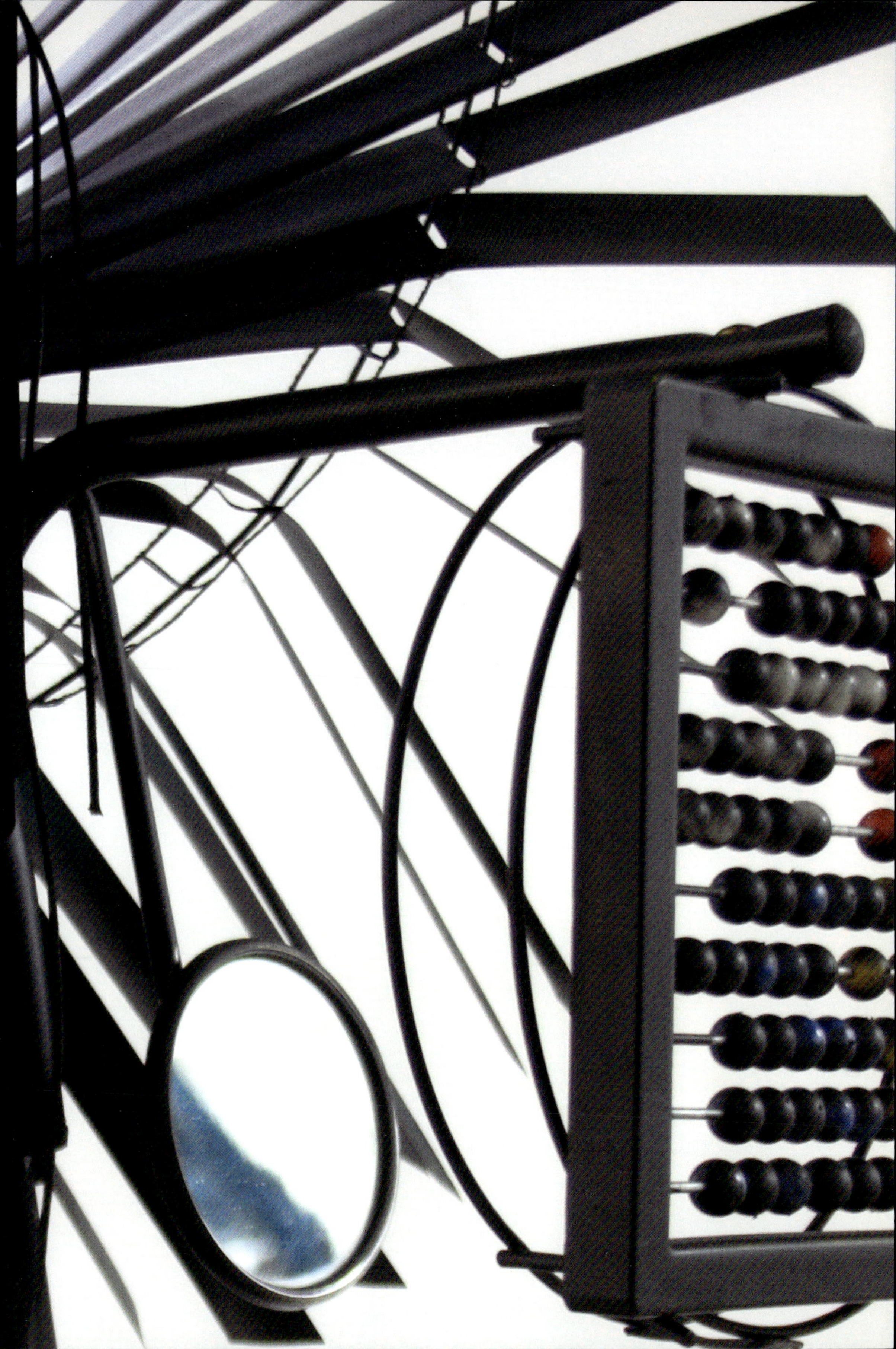

Madeleine Boschan geboren *born* 1979 in Braunschweig

Maschinenhaft anmutende Bauteile verlieren ihre Funktionalität, eine Jalousie steht nicht länger für schützende Intimität, sondern offensiv für deren Verlust. Das Gefundene wird entformt, elektrifiziert und verändert wiederbelebt. Aufragende Stahlrohrtotems in entfunktionalisierter Entrückung, unbekannte Rituale und vernetzte Systeme. *Machine-like construction parts lose their functionality; a blind, for instance, no longer represents protective intimacy but, quite the contrary, its offensive loss. Found objects are demolded, electrified, reassembled and revived. Towering steel tube totems inhereing in defunctionalised dissociation, unknown rituals, pouring electricity and wired interconnectedness.*

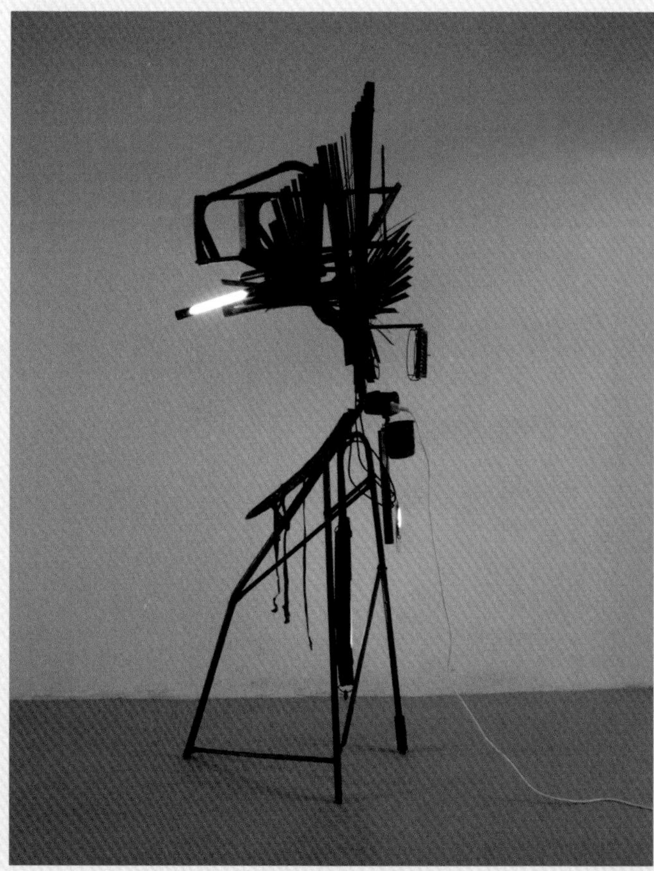

Dies ater
2012
Abakus, Aluminiumjalousie, Bodenthermometer, Fluginsektenvernichter, Glimmleuchte, Kamm, Kunststoffe, Lacke, Leder, Militärkochgeschirr, Neonleuchten, Schaumstoff, Stahl, Schutzkontaktkupplungen, Spiegel
Abacus, aluminium blinds, comb, flying insect annihilator, glow lamp, lacquers, leather, military cookware, mirror, neon lights, plastics, rubber foam, socket-outlets, soil thermometer, steel
230 x 106 x 98 cm
courtesy Galerie Bernd Kugler, Innsbruck

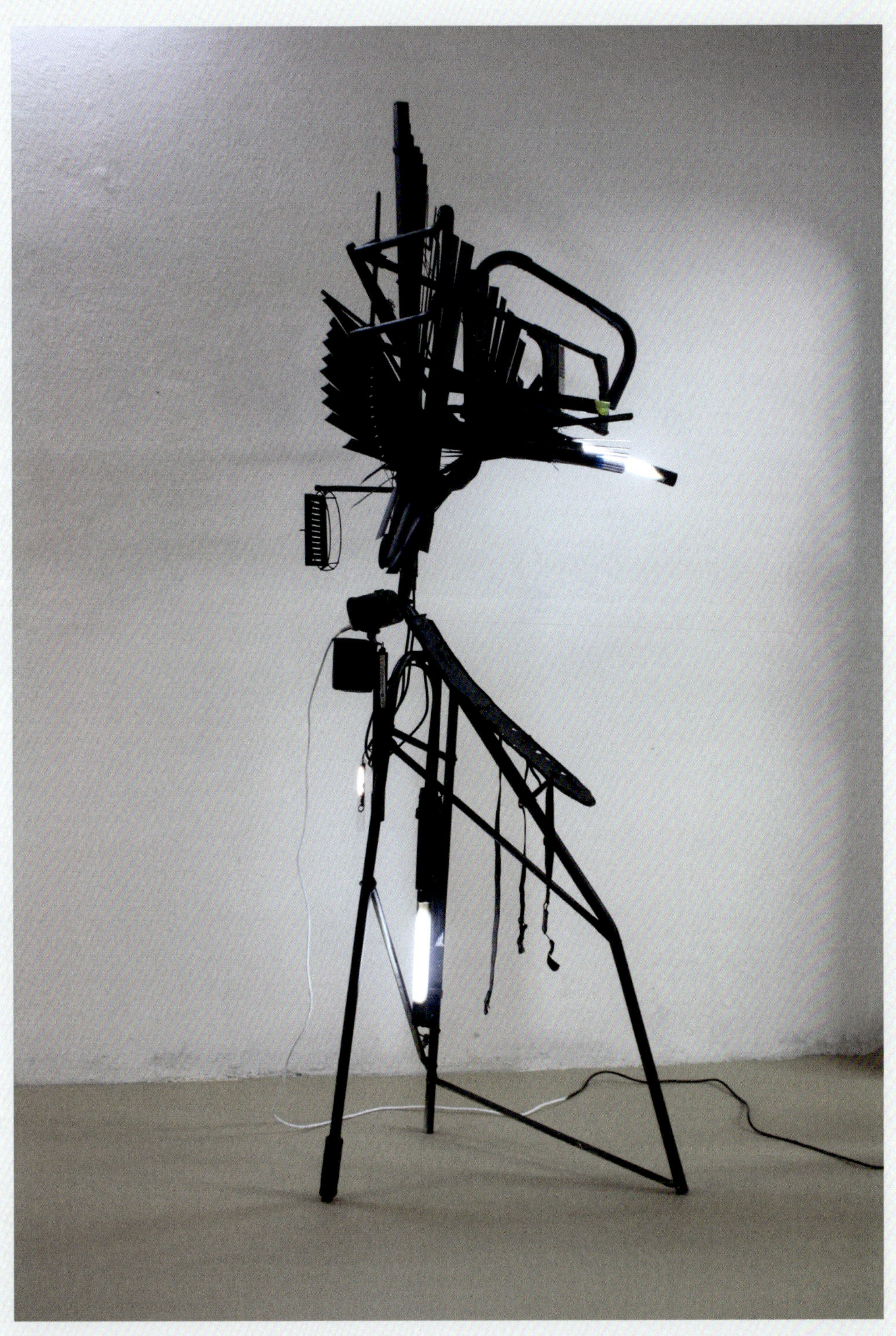

basteln
a) sich aus Liebhaberei mit der handwerklichen Anfertigung verschiedener Dinge beschäftigen
b) etwas durch Handwerksarbeiten herstellen, nach eigenen Ideen anfertigen
c) sich an etwas handwerklich oder technisch betätigen, was man verbessern, um- oder ausbauen will

tinker
a) work in an amateurish or desultory way
b) adjust or mend machinery without specified training
c) repair or mend itinerantly

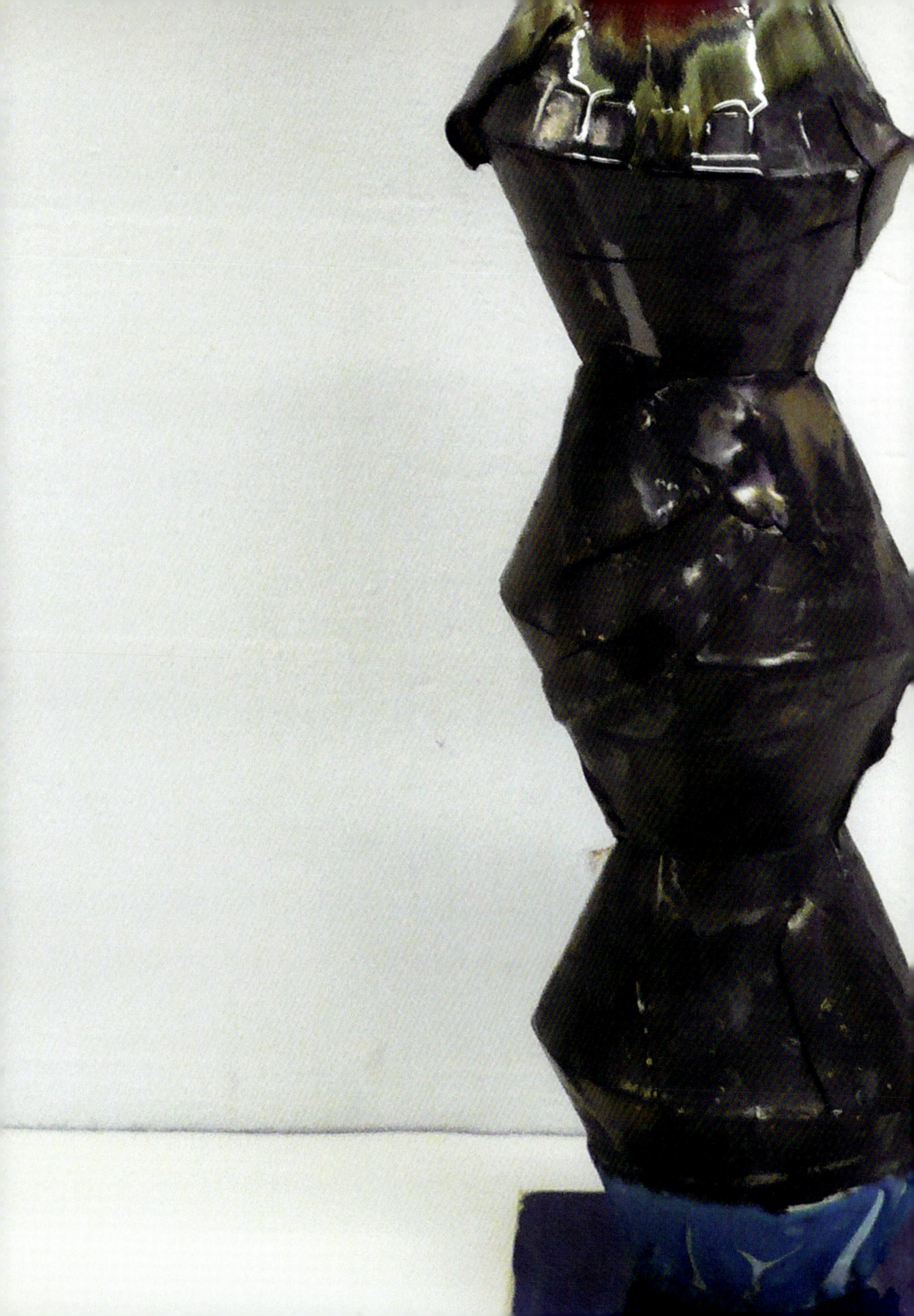

Michael Conrads geboren *born* 1977 in Grevenbroich

Aufgetürmte Abzugshauben, Schalen, Trichter? Grundformen? Ein Ding an und für sich? Oder doch eine schlafende Muse verborgen in schimmernd glasierter Geometrie? Kein Ornament, kein »bewegtes Beiwerk«, keine Mythe, nur die Statue bewahrt ihre schwebende Silhouette. Der Blick gleitet hinauf und hinab. Oder doch bloß Farbtöpfe? *Piled up exhaust ducts, bowls, cones? Elementary forms? A thing in itself? Or is it really a sleeping muse hidden under gleamingly glazed geometry? No ornament, no »moving accessories«, no myth, merely the statue enshrines her hovering silhouette. The gaze slides upwards and down again. Or is it still paint pots, after all?*

The Muses X
2011
glasiertes Porzellan *Glazed porcelain*
70 x 10 x 10 cm
courtesy der Künstler und *the artist and* Produzentengalerie, Hamburg
Fotografie *Photograph*: Peter Sander

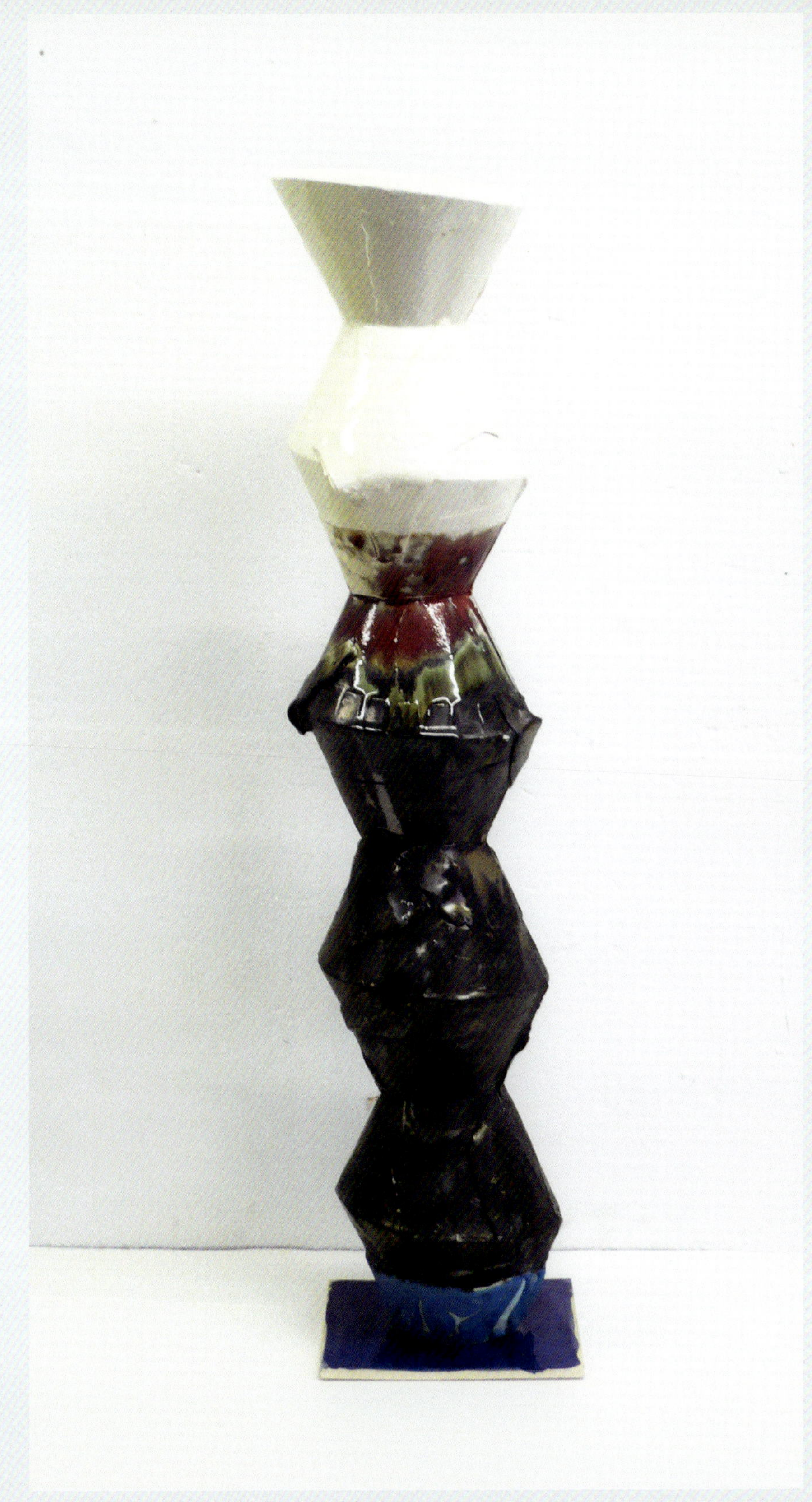

befrieden, einfrieden, abstecken, einfassen, umreißen
a) Frieden, einen Zustand des Friedens herbeiführen
b) beruhigen, ruhig und friedlich stimmen; mit Frieden, innerer Ruhe erfüllen
c) einfrieden
d) mit einer Mauer, einer Hecke, Maschendraht o. Ä. umgeben
e) ein Grundstück, ein Gebiet mit in den Boden gesteckten Pfählen, Fähnchen u. Ä. abgrenzen
f) mit einem festen Rand, einer Umrandung umgeben
g) säumen
h) in einen Rahmen fassen
i) etwas in Umrissen beschreiben, darstellen, nachzeichnen, skizzieren, konturieren
j) etwas knapp, in großen Zügen und dabei in seinen wesentlichen Punkten darstellen
k) eine Situation, den Sachverhalt, den Tatbestand mit ein paar Sätzen, mit wenigen Worten umreißen
l) fest umrissene, fest abgegrenzte, klare Vorstellungen von etwas
m) eine Figur konturieren; einen Begriff schärfer konturieren

pacify, enclose, mark out, border, outline
a) appease a person, anger, etc.
b) bring a country etc. to a state of peace
c) surround with a wall, fence, etc.
d) shut in on all sides
e) fence in so as to make sth. private property
f) seclude from the outside world
g) bound on all sides, contain
h) be a border to
i) provide with a border
j) resemble
k) set in or provide with a frame
l) construct by a combination of parts or in accordance with a plan or design
m) mark with contour lines, draw or describe in outline

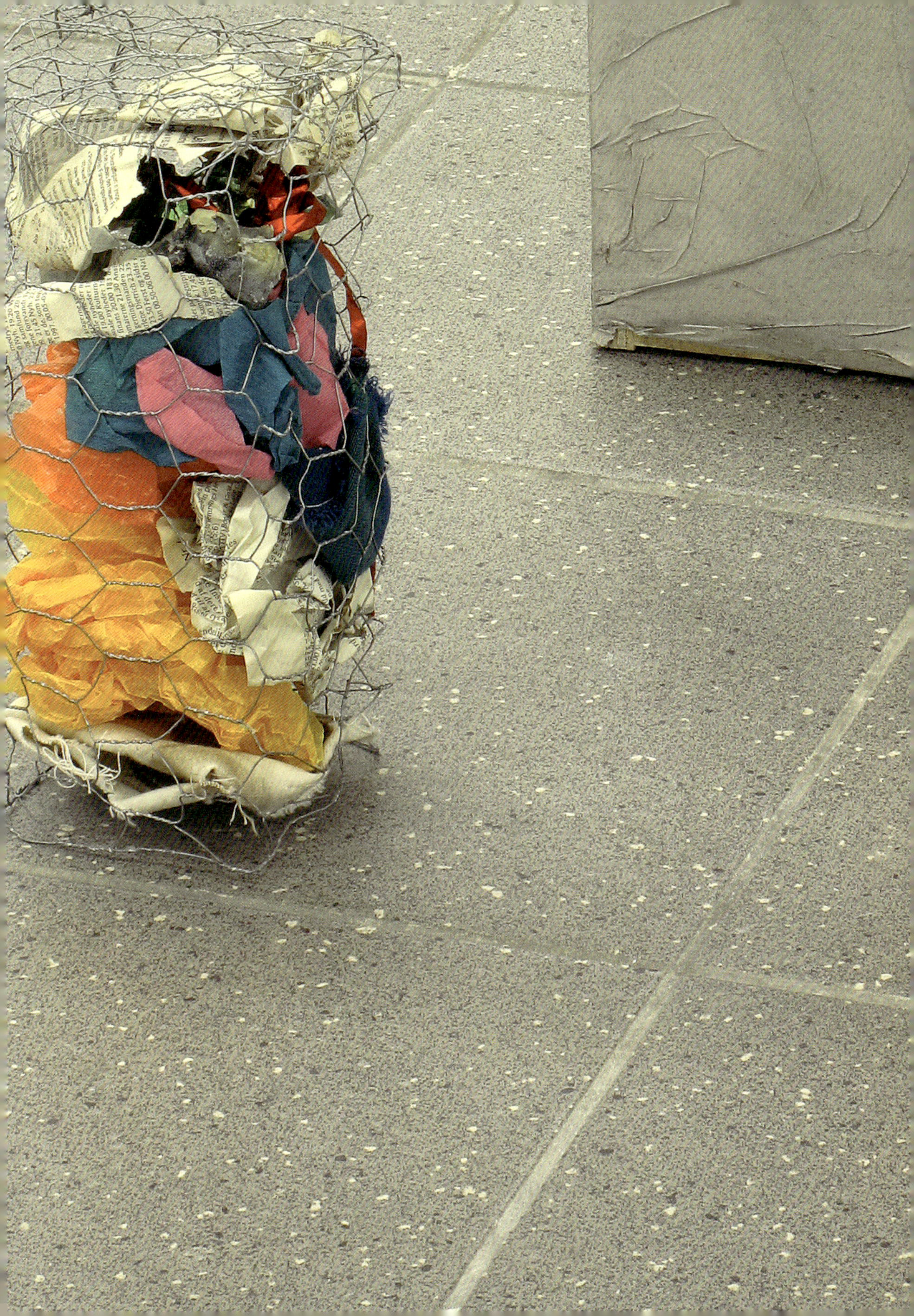

Lone Haugaard Madsen

geboren *born* 1974 in Silkeborg

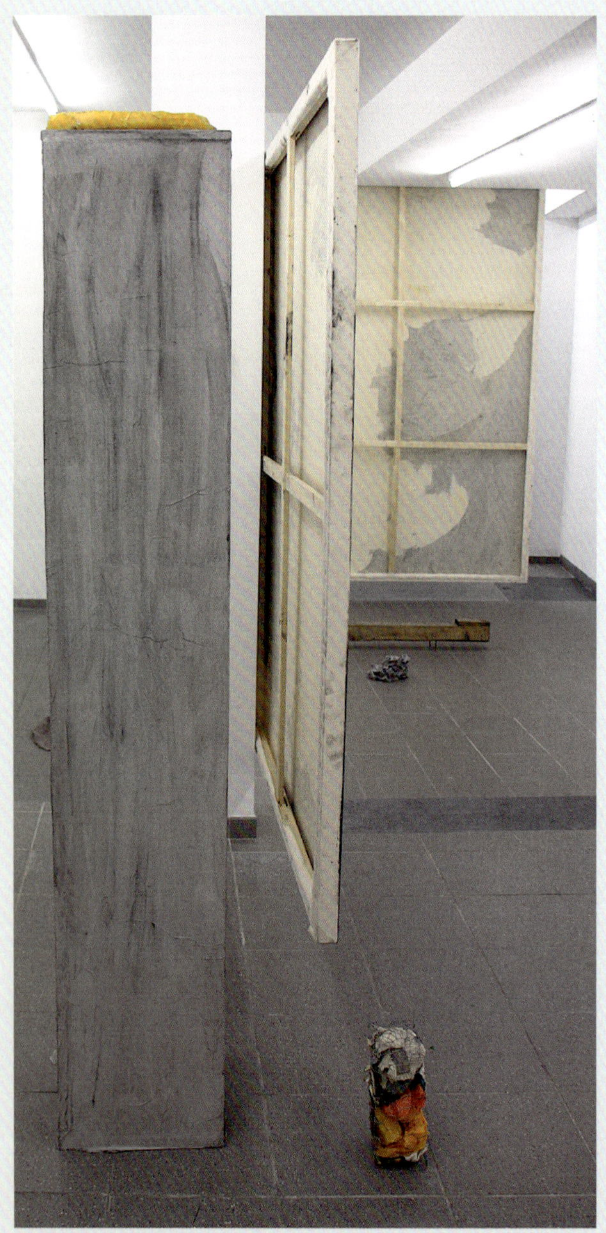

Das vorgefundene Material trägt die Ausdrucksform in sich selbst. Und der Umgang etwa mit einer Eisenstange, einem ausrangierten Teppich, einem ›gezeichneten‹ Blatt Papier eröffnet das Beziehungsgefüge im Raum – zwischen den Dingen und zwischen den Dingen und ihren Zwischenräumen.
Found material bears its own form of expression. Handling an iron pole, a discarded carpet, a ›marked‹ sheet of paper, opens up a structural pattern of relations in space – between things and between things and the void amidst them.

Raum #311 – Heller Heller
2011
Holz, Papier, Farbe, Wachs *Colour, paper, wax, wood*
188 x 31 x 33 cm
Holzstück, Nägel, Fäden, Papier, Metall, Schnur *Metal, nails, paper, threads, pieces of wood*
courtesy Galerie Christian Nagel Köln / Berlin / Antwerpen
Fotografie *Photograph*: Sven Goyvaerts, Lone Haugaard Madsen

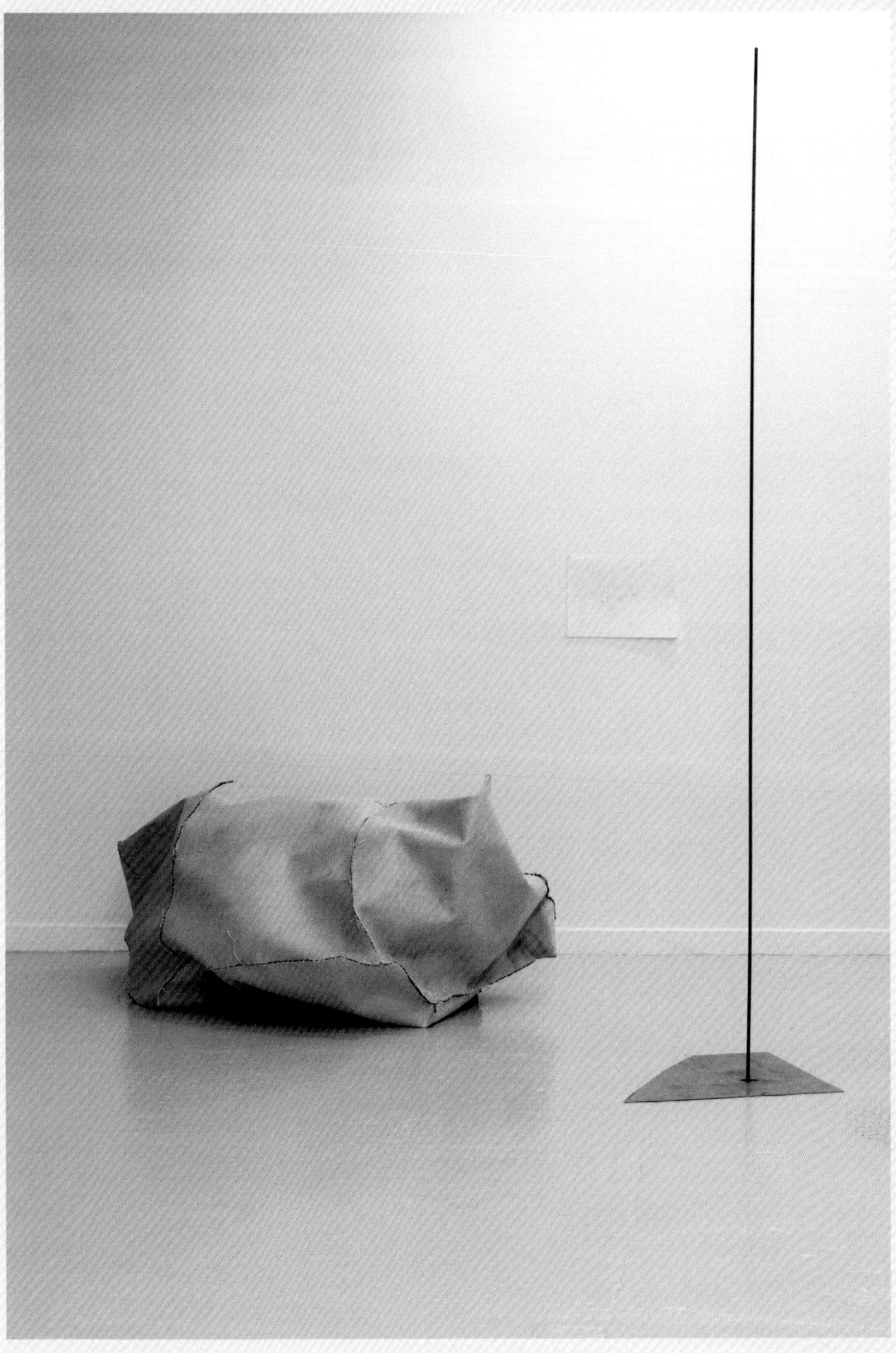

Raum #310 – Bauta
2011
Teppich aus dem Keller von Overgaden, Schnur *Carpet found in the cellar of Overgarden, cord*
200 x 120 x 120 cm
Transportspuren auf Papier *Transport traces on paper*
37 x 23 cm
2011
Eisen *Iron*
ca. 300 x 50 x 43 cm
courtesy Galerie Christian Nagel Köln / Berlin / Antwerpen
Fotografie *Photograph*: Anders Sune Berg

beschallen
a) Geräusche, Töne, Worte mithilfe eines Lautsprechers in Räume, auf Plätze o. Ä. dringen lassen

treat with sound
a) propagate noises, sounds, words, etc. in an elastic medium, e.g. air

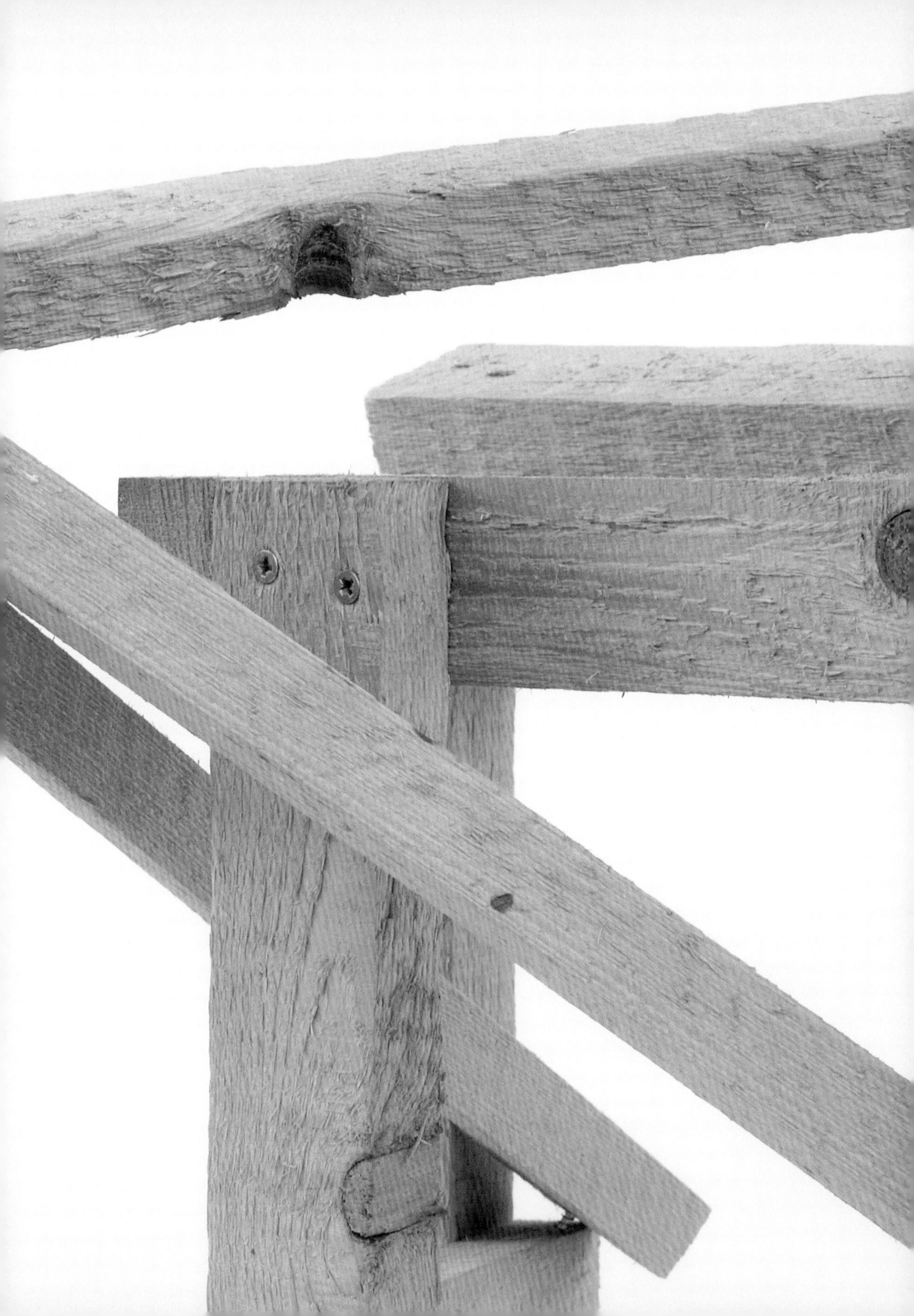

Holz ohne Raum. Die Welt ist aufgeteilt und in festen Händen. Wie ungerecht und wie hart ist der tägliche ›Kampf ums Holzsein‹ für einen so großen Rohstoff mit derart wenigen Entfaltungsmöglichkeiten. Respektlos, derb und amüsiert stellen unkünstlerische Materialien wie Dachlatten die offizielle Geschichtsschreibung von Kunst und Gesellschaft in Frage. No room for wood. *The world is partitioned and attached. How unjust and hard is this in regards to wood's daily ›struggle for existence‹. Such a great resource with so little opportunities for expansion. Contumeliously, bawdily and amusedly inartistical materials as laths challenge the historiography of art and society.*

Georg Herold
geboren *born* 1947 in Jena

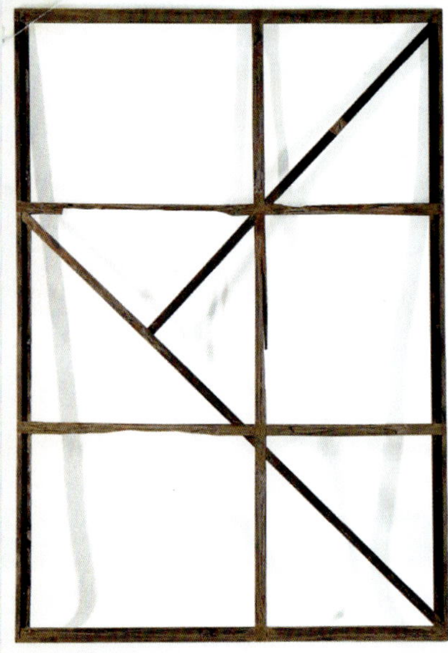

Ohne Titel *Untitled*
1989
elektrogalvanisiertes Kupfer auf Holz, Klebeband
Electroplated copper on wood, adhesive tape
278,3 x 188,3
Sammlung Haubrok, Berlin
alle Fotografien *All photographs*: Ludger Paffrath / haubrokshows

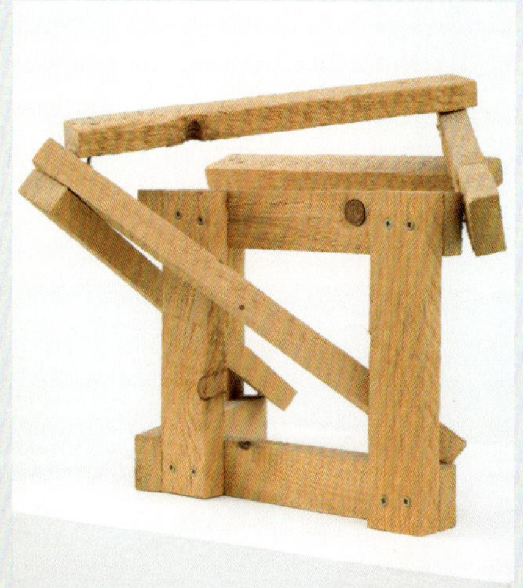

Ohne Titel (Würfel) *Untitled (Cube)*
1990
Dachlatten, Schrauben *Laths, screws*
29 x 40 x 23 cm
Auflage *Edition*: 5/7
Sammlung Haubrok, Berlin

Holz ohne Raum
1988
Dachlatten *Laths*
260 x 10 x 10 cm
Auflage *Edition*: 1/21
Sammlung Haubrok, Berlin

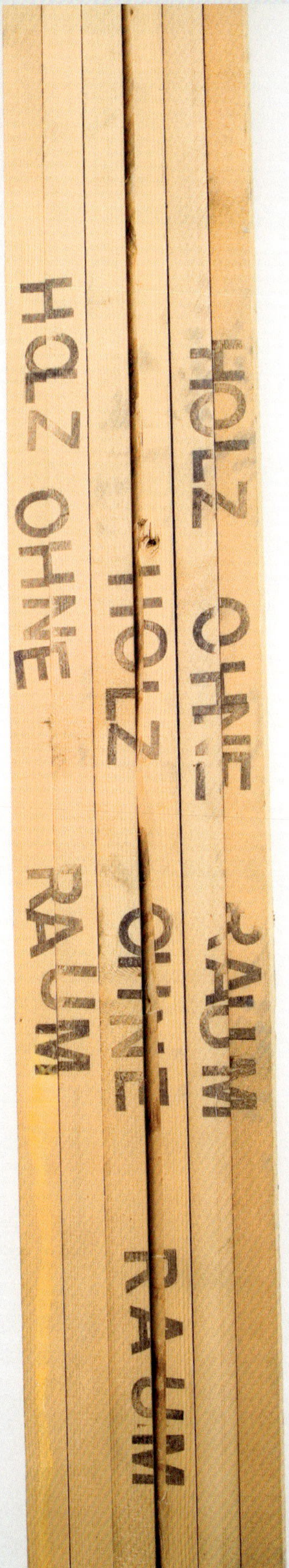

HOLZ OHNE RAUM
HOLZ OHNE RAUM
HOLZ OHNE RAUM
HOLZ OHNE RAUM

Hendrik Lakeberg: Der Hornbach-Firmenslogan lautet »Es gibt immer etwas zu tun.« Warum ist es gut, dass das Leben eine Baustelle ist?
Albrecht Hornbach: Was gibt es Drögeres als satt und selbstzufrieden in der Ecke zu sitzen! Nur wenn wir an uns arbeiten wie an einem nie zu vollendenden Gebäude, bleiben wir geistig und körperlich beweglich.

Was ist der zentrale Grundsatz der Hornbach-Philosophie?
Wir stellen den Menschen in den Mittelpunkt unserer Arbeit.

Besonders in Deutschland gibt es eine große Heimwerkertradition. Woran liegt das?
Nach dem Ende des letzten Krieges gab es drei Wellen: zuerst die Fresswelle, dann die Reisewelle und schließlich die Bauwelle. Die Menschen hatten wieder Geld und das Verlangen, ein eigenes Nest zu bauen, steckt wohl in jedem von uns. Durch den Bauboom wurde es schwierig, Handwerker zu bekommen. So haben sicher nicht zuletzt aus diesem Grund viele damit begonnen, selbst handwerklich tätig zu werden. Die Menschen entdeckten dabei ihre Freude daran, den Stolz über das selbst Geschaffene. Und natürlich spielt auch der finanzielle Aspekt eine wichtige Rolle.

»Handwerk hat goldenen Boden« ist ein altes Sprichwort. Warum hat das Selbermachen immer noch einen so hohen Stellenwert?
In unserer extrem technisierten Welt entdecken die Menschen die Befriedigung, etwas mit den eigenen Händen zu schaffen. Sie füllen ihre Freizeit mit etwas Nützlichem und können ihrer Kreativität freien Lauf lassen. Auch bei jungen Leuten ist derzeit wieder ein Trend zum Selbermachen, Basteln, Handarbeiten zu beobachten. Ich denke da auch an das »Guerilla Knitting« und »Guerilla Gardening«.

Welches Wertesystem steht dahinter?
Ich glaube, es ist die Sehnsucht nach einem individuellen Stempel in einer sich immer schneller drehenden Zeit

Hendrik Lakeberg, Albrecht Hornbach **Selbermachen** *Do it yourself*

The Hornbach company slogan is: 'There is always something to be done.' Why is it a good thing that life should be a permanent building site?
What could be more dull than sitting around in a corner all sated and self-satisfied! It is only through working on ourselves—as though on a building that is never to be finished—that we remain agile and fit in body and mind.

What is the central tenet of the Hornbach philosophy?
The focus of our work is on people.

Especially in Germany, there is a relatively deeply rooted do-it-yourself, home improvement tradition. Why is that?
Following the Second World War, there were three different sort of waves or crazes: first, there was the gorging wave; then there was the travel wave, and, finally, there was the building wave. People had more money again, and the inclination toward building one's own nest is probably something that is innate to all of us. Because of the building boom, professional craftsmen became increasingly hard to come by. That, surely, is at least one of the reasons why people started working with their hands more around the house. As a result, people began to discover the pride they felt and joy they had over having created something on their own. Of course, financial aspects also played an important role.

According to an old saying, 'A trade in hand finds gold in every land.' Why is doing-it-yourself always held in such high esteem?
In our extremely technological, overly engineered world, people discover a sense of satisfaction in creating things with their own hands. They use their free time to do useful things and are able to let their creativity flow. Even with young people nowadays, there is a noticeable trend toward DIY, tinkering, and handcrafts with young people nowadays as well. I would also mention things like urban knitting *and* guerrilla gardening *in this regard.*

What kind of value system is behind these trends?
I tend to think that it is a kind of yearning for an individual stamp, while living in times that seem to accelerate

mit austauschbaren, gleichsam geklonten optischen Erscheinungsbildern. Nicht umsonst bewundern wir alte Handwerkskunst.

Ihr Vater Otmar Hornbach eröffnete den ersten Hornbach-Baumarkt 1968. Eine Zeit, in der nicht nur flächendeckend eine Heimwerkerkultur entstand, sondern auch politisch der Höhepunkt der Studenten- und Hippiebewegung zu verorten ist. Teile der Gesellschaft versuchen, ihr Lebensumfeld aktiv mitzubestimmen und umzugestalten. Glauben Sie, dass es sich hier um einen Zufall handelt? In wie fern besteht da ein Zusammenhang?
Ich sehe das eher als einen Zufall. Die DIY-Bewegung kam aus den USA nach Deutschland, erste Anfänge liegen in den frühen 1960er Jahren. Erst die 1970er Jahre brachten dann die Multiplikation der Idee. Ein Zusammenhang mag vielleicht darin bestehen, dass insgesamt eine Art Aufbruchstimmung herrschte, die Neugier, sich in neue Fahrwasser zu begeben.

Dass sich ein Laie mit immer spezieller werdenden Materialien zur Gestaltung seines Heims ausrüsten kann, ist eine gesellschaftliche Neuerung der Nachkriegszeit. Steht der Baumarkt also auch für eine Emanzipation des Bürgers?
Das kann man das tatsächlich so sehen. Die Möglichkeit, jetzt in einem Baumarkt alles unter einem Dach zu bekommen, bedeutete ja flexibler zu werden, unabhängiger von einzelnen Fachgeschäften oder Handwerkern. Jeder konnte letztlich ganz alleine ein Haus bauen, wenn er das entsprechende Knowhow besaß.

Wie kommt es, dass das Selbermachen bzw. das Heimwerken gerade in den letzten zehn Jahren immer beliebter geworden ist?
Aus meiner Sicht war das Selbstmachen immer beliebt. Allerdings hat es in den letzten Jahren noch einen zusätzlichen Schub erhalten. Das hängt zum einen mit der Entdeckung des Heimwerkens als kreative Freizeitbeschäftigung zusammen. Wir unterstützen die Leidenschaft für das Selbermachen. Zum anderen ziehen

Ein Gespräch *A conversation*

continuously and are marked by exchangeable, almost clone-like optical forms, or visual appearances. It is not for nothing that we so admire old handcraftsmanship.

Your father Otmar Hornbach opened the first Hornbach home improvement store in 1968—a time which not only saw the emergence of a nationwide handiwork culture but also, politically, witnessed the peak of the student and hippie movement. Whole segments of society attempt to take an active part in reshaping their environments at this time. Do you think that this is merely a coincidence? To what extent might there have been a correlation?
I view that more as a coincidence. The DIY movement came to Germany from the USA, with the first signs of it emerging in the early 1960s. It was not until the 1970s that the idea finally became more widely proliferated. One connection might still exist, however, in the fact that, on the whole, there was a kind of overall feeling that the winds of change were stirring; there was a sense of curiosity toward testing new waters.

The notion that laypeople are able to equip themselves—aided by increasingly more specialized materials— for successfully shaping their own homes is a societal innovation of the post-war period. Does the home improvement shop then also stand for the emancipation of the individual citizen?
One could, in fact, view it in that way. The possibility of acquiring everything needed at a single location now means more flexibility and independence from specialty shops and tradespeople. Ultimately, anyone could build a house singlehandedly, provided they had access to the required skills and knowledge.

Do-it-yourself projects, and handwork in particular, have become more and more popular—especially over the past decade. Why is that, do you think?
In my view, do-it-yourself projects have always been well-liked. Admittedly, the past few years have witnessed an additional boom. That is related to the discovery of handcrafts as a creative, recreational activity. We are proud to support this eagerness toward doing things on one's own. On the other hand, people tend to want to withdraw behind their own four walls in uncertain times. 'Homing', as it were, has become a trend. At the same time, there are also

sich in unsicheren Zeiten Menschen gerne in ihre vier Wände zurück. »Homing« ist ein Trend geworden. Doch es gibt natürlich auch ganz handfeste materielle Gründe, die Sicherung der Immobilie.

Sich danach zu sehnen, dass etwas Kaputtes wieder ganz werden kann, ist ein romantisches Motiv. Denkt man nur an Caspar David Friedrichs Kapellen-Ruinen. Inwiefern ist der Handwerker der Romantiker des Alltags?
Wenn man unter Romantik die Hingabe an die Verwirklichung eines Traums verstehen möchte, dann sind Heimwerker – um die geht es hier ja wohl in erster Linie – tatsächlich Romantiker des Alltags. Denn sie geben keine Ruhe, ehe sie nicht ihr Vorhaben, ihr Projekt, umgesetzt haben, ihre Wohnumgebung ihren Wünschen entsprechend zu verschönern.

Es gibt das berühmte Gedicht von Rilke »Archaischer Torso des Apollos«. Es schließt mit den Worten »Du musst dein Leben ändern«, einem Aufruf zu handeln und die Kontrolle über sich selber und sein Lebensumfeld zurückzuerobern. Inwiefern leisten Sie dabei mit den Hornbach-Märkten Hilfestellung?
Durch unser Sortiment, die Beratung durch unsere Mitarbeiter, das Setzen von Einrichtungstrends, Projektschauen mit Vorführungen und nicht zuletzt unsere Werbung tun wir unser Möglichstes, den Menschen Anregungen zu geben. Wir ermutigen sie, ihre Träume zu verwirklichen.

Rilke schreibt auch: »Man dient der ›Sache‹, indem man den Habitus der Sachlichkeit annimmt«. Inwiefern hat die Sachlichkeit des Handwerks auch die Funktion, eine überkomplexe Welt für den Moment des handwerklichen Akts zu vereinfachen?
Die Komplexität der Welt überfordert uns stellenweise. In der sachlichen Ausübung einer handwerklichen Tätigkeit, etwa dem Tapezieren oder Streichen eines Raumes, machen wir auf fast meditative Weise die Erfahrung, in einem überschaubaren Zeitraum zu einem rundherum befriedigenden Ergebnis von nachhaltiger Wirkung zu kommen.

altogether tangible, material concerns and reasons as well—such as the desire to protect one's property.

The sense of longing that something which has been broken be brought back into repair is a clearly Romantic motif. One only need recall Caspar David Friedrich's Chapel Ruins, for example. To what extent is the handcraftsman the romantic of the every day?
If one can perceive of romanticism as devotion toward the realization of a dream, then handymen, as it were—after all, it is they who are really at issue here—, are indeed the romantics of the every day. This is especially true inasmuch as they tend to find but little rest until their undertaking, their project, has been brought to fruition and they have succeeded in beautifying their living environment in concert with their individual wishes.

There is the famous poem of Rilke's titled 'The Archaic Torso of Apollo'. It closes with the words: 'You must change your life'—a call to action and exhortation toward regaining control, over oneself and the environment in which one lives. To what extent, then, do you, with the Hornbach markets, offer assistance to that end?
Through our range of products and the advice offered by our employees, by setting furnishing and decorative arrangement trends, featuring project shows with demonstrations and, last but not least, through our advertisement, we do our utmost to provide people with suggestions and inspiration. We do our best to provide them with the encouragement they might need to realize their dreams.

Rilke also writes: 'One serves the "cause" best by adopting the conventions of objectivity'. In what way might the objectivity of craftsmanship also entail the function of simplifying an overly complex world, in that it constitutes an instance of the non-industrial act?
The complexity of the world overwhelms us at times. In the objective execution of a non-industrial activity, such as wall-papering or painting a room, we are able to experience, in an almost meditative way, how it feels to arrive at an all round satisfactory result of lasting consequence in a relatively short period of time.

The way one lives is closely connected to one's personality. What does how we live say about us as people and

Wie man wohnt hängt eng mit der Persönlichkeit Menschen zusammen. Was sagt das »Wie wir leben« über den Menschen aus?

Ein Haus oder eine Wohnung ist wie ein Kleidungsstil. Die Gestaltung verrät den Freund moderner Kunst oder konservativen Sammler, den Liebhaber kühlen Designs oder den Anhänger des Gelsenkirchener Barocks. Ein Reisender wird seine Wohnung mit ›Trophäen‹ seiner Reisen bestücken, wer viel liest, ganze Bücherwände hochziehen. Je nach der eigenen Befindlichkeit fühlt man sich hier oder dort wohl.

Adornos berühmter Satz »Es gibt kein richtiges Leben im falschen« stammt aus einem Text über Wohnen und Wohnungseinrichtungen. Warum hat er damit nicht Recht? Warum kann man das Leben durch die aktive Gestaltung des Wohnraums richtiger machen?

Weil die Gestaltung des Wohnraums ein kreativer Prozess ist, der einem selbst abverlangt, sich Gedanken darüber zu machen, wie man leben möchte. Dann wird ja auch auf den Prüfstand gestellt, wie man bisher gelebt hat.

Der Philosoph Richard Sennett sieht im Handwerk auch die wichtige Fähigkeit des Menschen, sich darüber bewusst zu werden, dass die Dinge, die wir benutzen, gemacht sind, und nicht fertig im Kaufhaus stehen. Warum halten Sie das Handwerk für wichtig?

Die Dominanz der Technik macht aus uns Kopfmenschen. Das Handwerk ist die Bastion des Schaffensprozesses unserer Hände. Es hat etwas Schöpferisches und es erhält, je nach Inhalt, noch die Verbindung zu wichtigen Traditionen.

Könnte man sogar sagen, dass die handwerkliche Betätigung eine urmenschliche Eigenschaft ist? Ähnlich dem Bedürfnis, etwas verstehen zu wollen?

Dem stimme ich uneingeschränkt zu. Die Menschheitsgeschichte ist auch eine Geschichte handwerklicher Fertigkeiten und Weiterentwicklungen. Etwas zu bauen und zu erschaffen, liegt in der Natur des Menschen

individuals?

A house or flat is like a clothing style. The interior design discloses how one person might be an admirer of modern art whereas another is rather a conservative collector, a connoisseur of cooler designs, or an aficionado of Gelsenkirchen Baroque. Someone who travels a lot will tend to accessorize their apartment with 'trophies' from their trips; whoever likes to read will line the walls with bookshelves. Each person feels comfortable in one kind of place or the other, in accordance with their own inclinations.

Adorno's famous assertion that 'there is no way of living right when in the wrong' comes from an essay on residential living and living spaces. Why is that statement not quite true? How would you say it is that one is able to make life more 'right' after all, through active participation in creating one's own living space?

Because designing one's own living space is a creative process, one which demands contemplation of how one wants to live. Besides, the ways in which one has previously lived are then also put to the test.

In handwork, the philosopher Richard Sennett also sees the important faculty of human beings to become conscious over the fact that things which we use are actually made, as opposed to simply existing as ready-made items in a big store. Why do you believe handwork to be important?

The dominance of technology has made us so cerebral. Handwork is one of the last bastions of the hand-based, creative process. It has something constructive and yet also preserves, in accordance with the content of the project at hand, a connection to important traditions.

Could one even say that working with one's hands is a characteristic that is fundamentally inherent to human beings? Similar to the compulsion toward wanting to understand something?

I would agree with that entirely, without any qualification. The history of humankind is also the history of handcraft skills and of the resultant advancements. The ability and desire to build or create something is simply part of human nature.

bewahren, aufbewahren, lagern

a) behüten, schützen
b) in Verwahrung nehmen; sorgsam hüten, aufheben
c) aufbewahren, verwahren
d) beibehalten; erhalten
e) etwas für die Nachwelt aufbewahren
f) etwas in seinem Gedächtnis aufbewahren
g) sein Lager haben, an einem Rast-, Ruheplatz bleiben, nachdem man sein Lager aufgeschlagen hat
h) in eine bestimmte, ruhende Stellung legen, Lage bringen
i) sich niederlegen, -lassen, -setzen und eine ruhende Stellung einnehmen
j) sich als Schicht bzw. ausgebreitet irgendwohin auf, über etwas, um etwas legen
k) etwas an einem geeigneten Ort liegen, stehen, bleiben, lassen

preserve, keep, store

a) store up, esp. for later use
b) keep from harm or damage
c) maintain a quantity of sth.
d) preserve
e) have continuous charge of sth.
f) retain possession of sth.
g) retain or remain in a specified condition, position, course, etc.
h) honour or fulfill
i) provide for the sustenance
j) retain one's place
k) put or store in a regular place

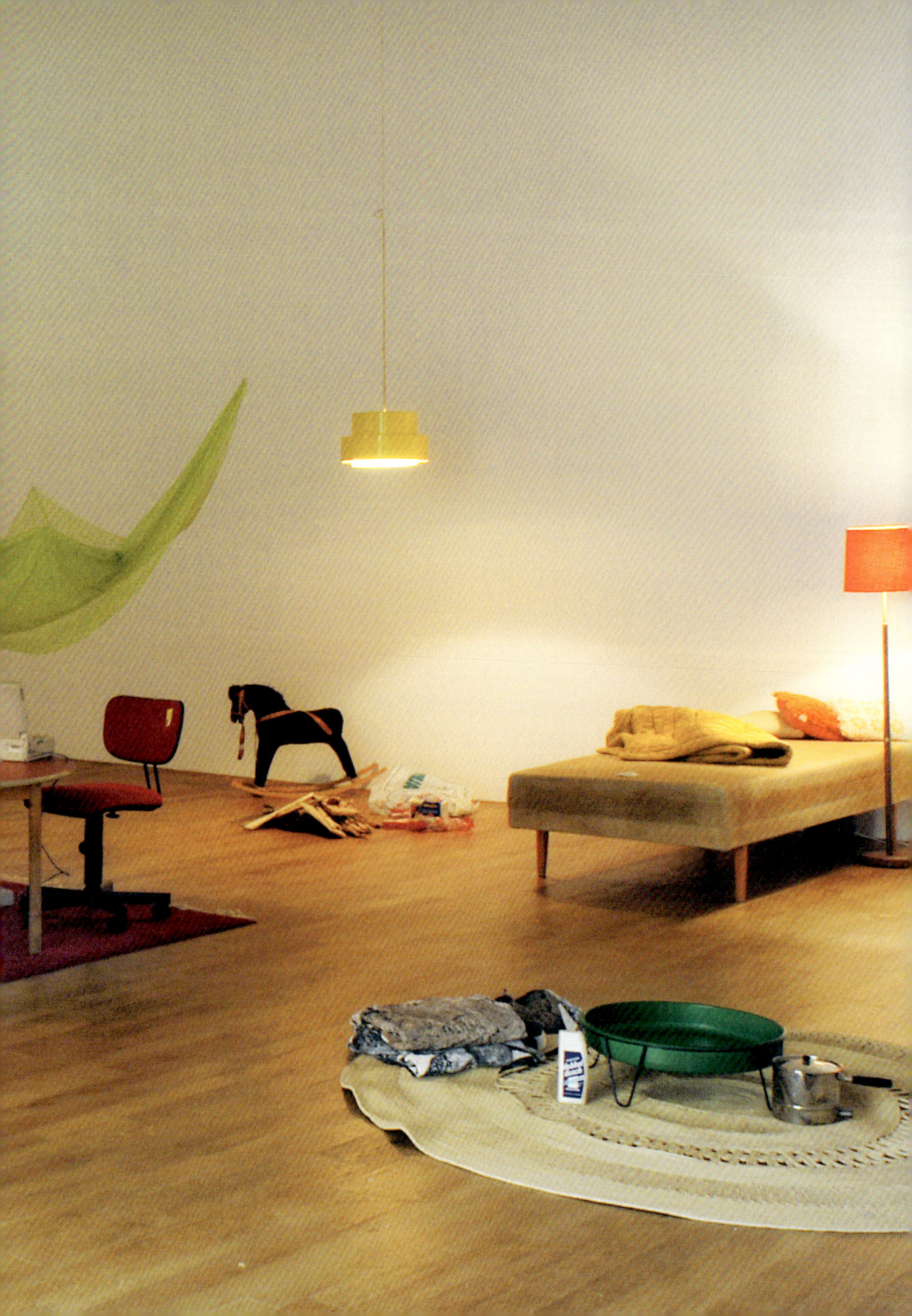

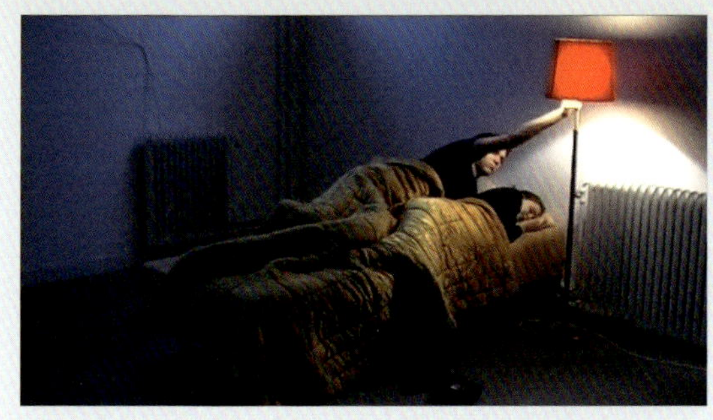

Christian Jankowski geboren *born* 1968 in Göttingen

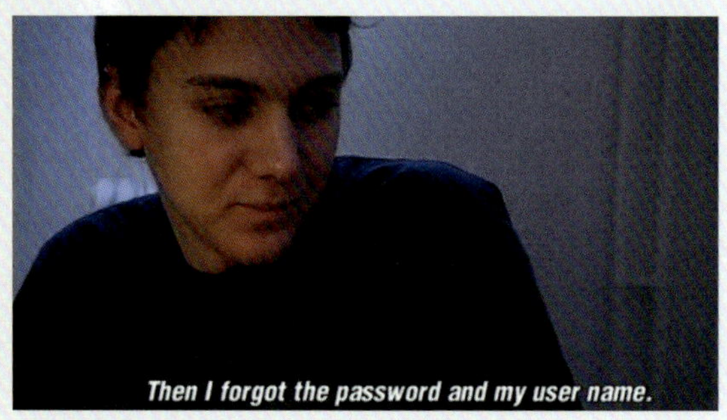

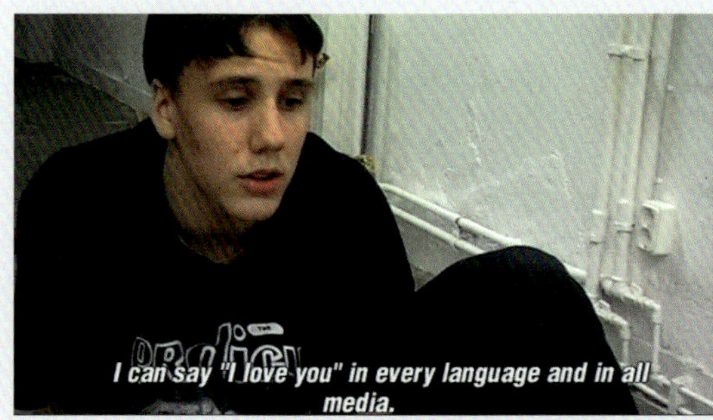

Körperlich werden. Ein räumlich getrenntes Paar trifft sich wieder und wieder in einem Chatroom, imaginiert sehnsüchtig mögliche Orte der Zweisamkeit. Schließlich verkörpern im Internet gecastete Laienschauspieler die ›tatsächlichen‹ Begegnungen inmitten von Mobiliar, das auch aus dem Internet stammt. Virtuelles und Physisches durchdringen einander. *Getting physical. A long-distance-couple, meets repeatedly in a chat-room. Mutually, they imagine possible places of togetherness. Eventually, internet-casted amateur actors incorporate those ›factual‹ encounters in a set of internet-acquired furniture. Virtuality and the physical finally bond.*

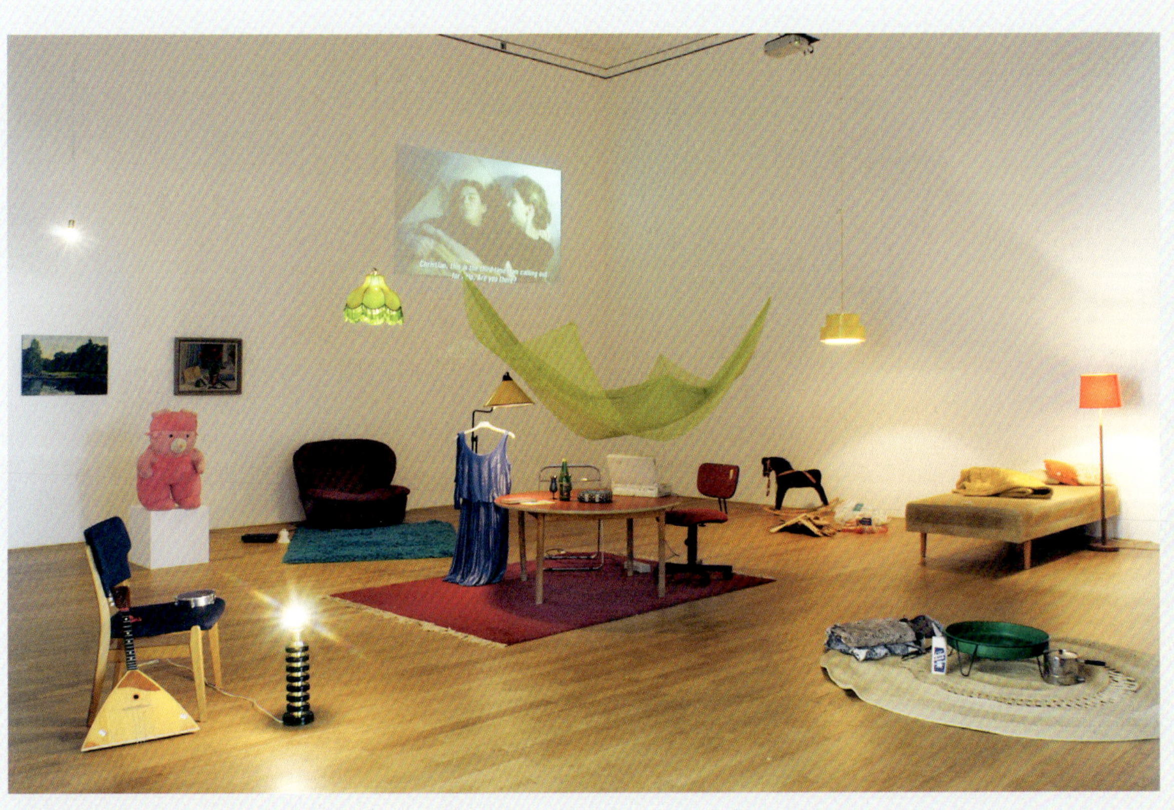

Let's Get Physical / Digital
1999 / 2012
Installation *Installation*
Dimensionen variabel *Variable dimensions*
DVD
37.32 min, Farbe *Colour*, Ton *Sound*, Auflage *Edition*: 5
courtesy der Künstler und *the artist and* Klosterfelde, Berlin

decken, eindecken, aufdecken
a) auf etwas legen, über etwas breiten
b) zum Schutz mit etwas Bedeckendem versehen
c) einen Tisch zum Essen herrichten, mit einem Tischtuch, Geschirr, Bestecken u. a. versehen
d) von einer Farbschicht o. Ä. nichts mehr durchscheinen lassen
e) jemandes strafbares Tun verbergen, zur Verheimlichung von etwas beitragen
f) finanziell absichern, finanziell für etwas aufkommen
g) genau übereinstimmen, kongruent sein
h) gedanklich und inhaltlich zusammenfallen, gleich sein
i) vollständig umschreiben, umfassen; eine genaue Entsprechung für eine Sache darstellen
j) sich mit Vorräten versehen, sich versorgen
k) die Decke o. Ä. von etwas, jemandem ab-, herunternehmen
l) mit der Bildseite nach oben hinlegen
m) etwas Verborgenes, nicht Erkennbares enthüllen, bloßlegen

cover, reveal, uncover
a) protect or conceal by means of cloth, lid, etc.
b) extend over
c) occupy the whole surface
d) strew thickly or thoroughly
e) lie over, be a covering to
f) having a roof
g) occur at or during the same time
h) occupy the same protion of space
i) be in agreement, have the same view
j) display or show, allow to appear, disclose
k) come to sight or knowledge
l) make known by inspiration or supernatural means
m) not covered by a roof, clothing, etc., not wearing a hat

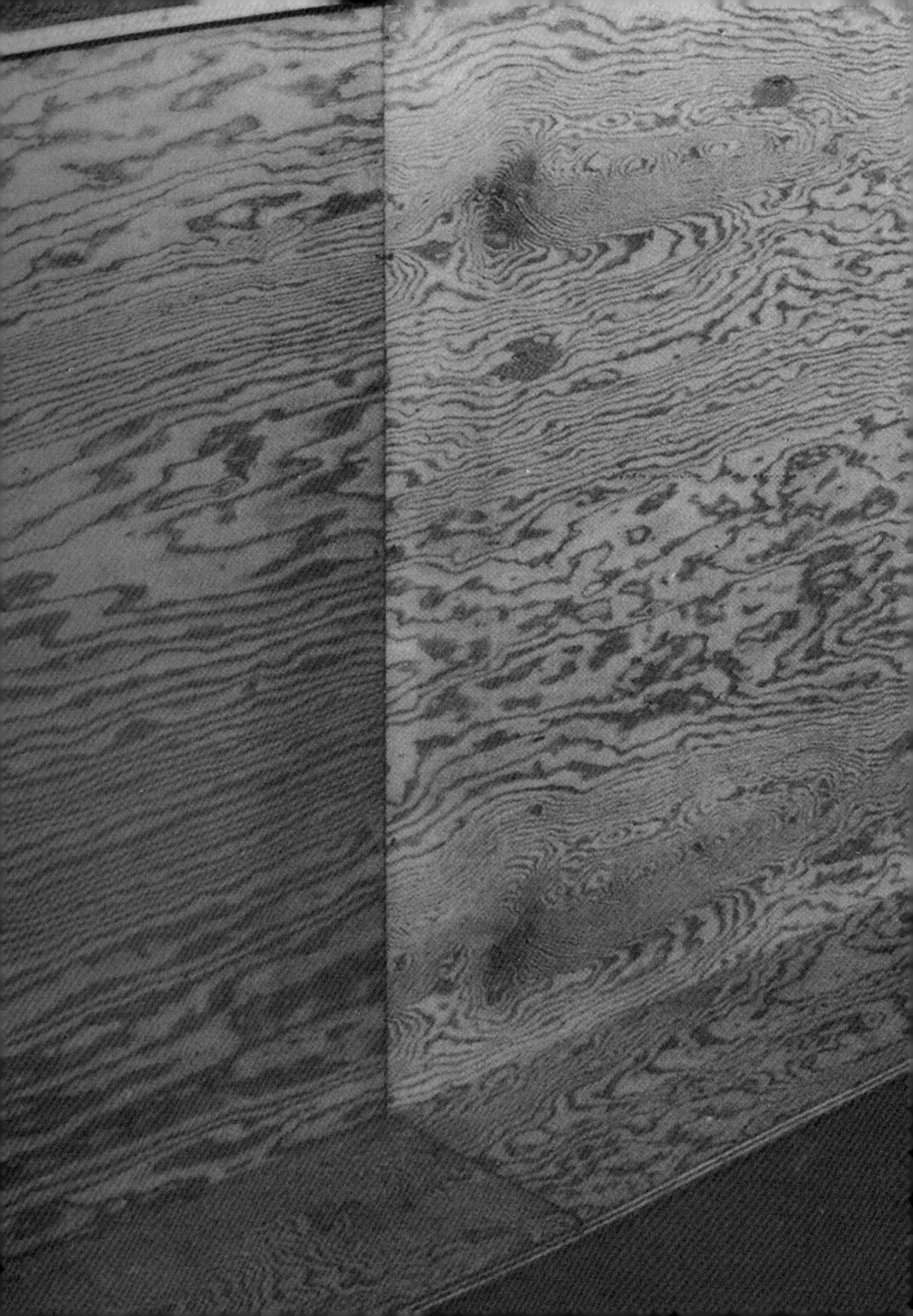

Donald Judd

geboren *born* 1928 in Excelsior Springs, gestorben *died* 1994 in New York

Form als Ganzes, unmittelbar erkennbar und spürbar als Ganzes, kein diskretes Stückwerk. Als geschlossenes Ding im Raum, weder geometrisch noch organisch und schon gar nicht illustrativ. Einfach da, für sich, eigenständig. »Die großen Werke sind ganz, intensiv, klar und kraftvoll, nicht zersplittert.« Und am Ende muss ein solches Werk schlichtweg nur interessant sein. *Form as a whole, immediately perceptible as a whole, no discrete parts. Form being a self-set thing in space, neither geometric nor organic and by no means illustrative. Simply being there, for itself, independent. »The great works are alone and intense, clear and powerful, not scattered.« And in the end such a work merely needs to be interesting.*

Desk
1992
laminierte Buche *laminated plywood*
76,2 x 248,9 x 124,5 cm
Privatsammlung *Private collection*

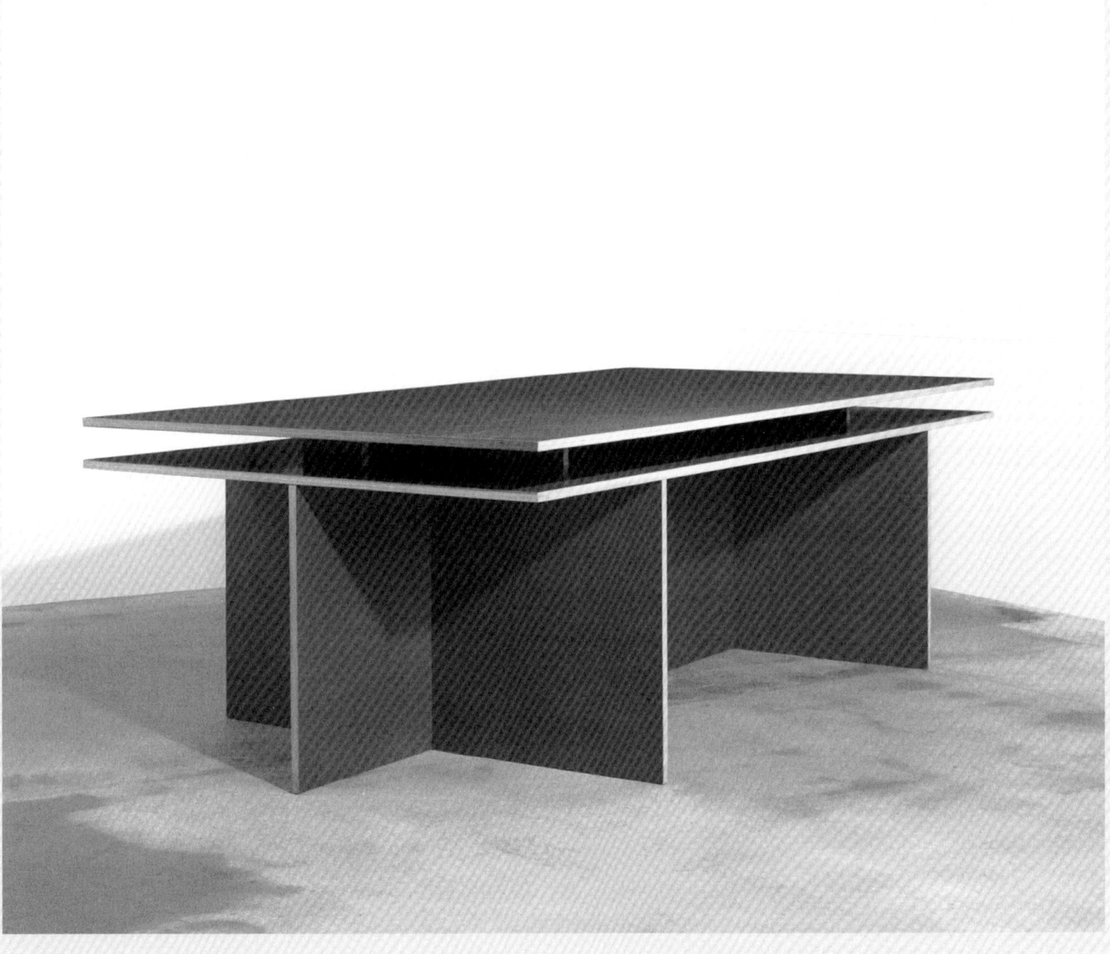

einreißen, durchbrechen, abbauen
a) ab-, niederreißen
b) vom Rand her einen Riss in etwas machen
c) einen Riss bekommen; brüchig werden
d) sich durch Eindringen eines Splitters o. Ä. verletzen
e) zur üblen Angewohnheit werden; um sich greifen
f) in zwei o. mehr Teile brechen
g) einbrechen und nach unten fallen, sinken
h) eine Öffnung durch etwas schlagen
i) durchbrechend hervorbringen, entstehen lassen
j) durch etwas, was ein Hindernis darstellt, brechen
k) Aufgebautes unter Erhaltung des Materials zwecks Wiederverwendung in seine Einzelteile zerlegen
l) allmählich beseitigen, abschaffen
m) ausbeuten
n) komplizierte Strukturen in einfachere zerlegen
o) in niedrige Bauelemente zerfallen

break down, breach, abolish
a) fail in mechanical action
b) cease to function
c) collapse of human relationships etc.
d) fail in health, be overcome by emotion, collapse in tears
e) demolish, destroy
f) suppress, e.g. resistance
g) force to yield under pressure
h) analyse into components
i) pull apart or to pieces with some force
j) make a hole or a rent in by tearing
k) violently disrupt or divide
l) break through, make a gap in
m) give help in a crisis
n) major advance or discovery, an act of breaking through an obstacle
o) put an end to the existence of a custom or institution

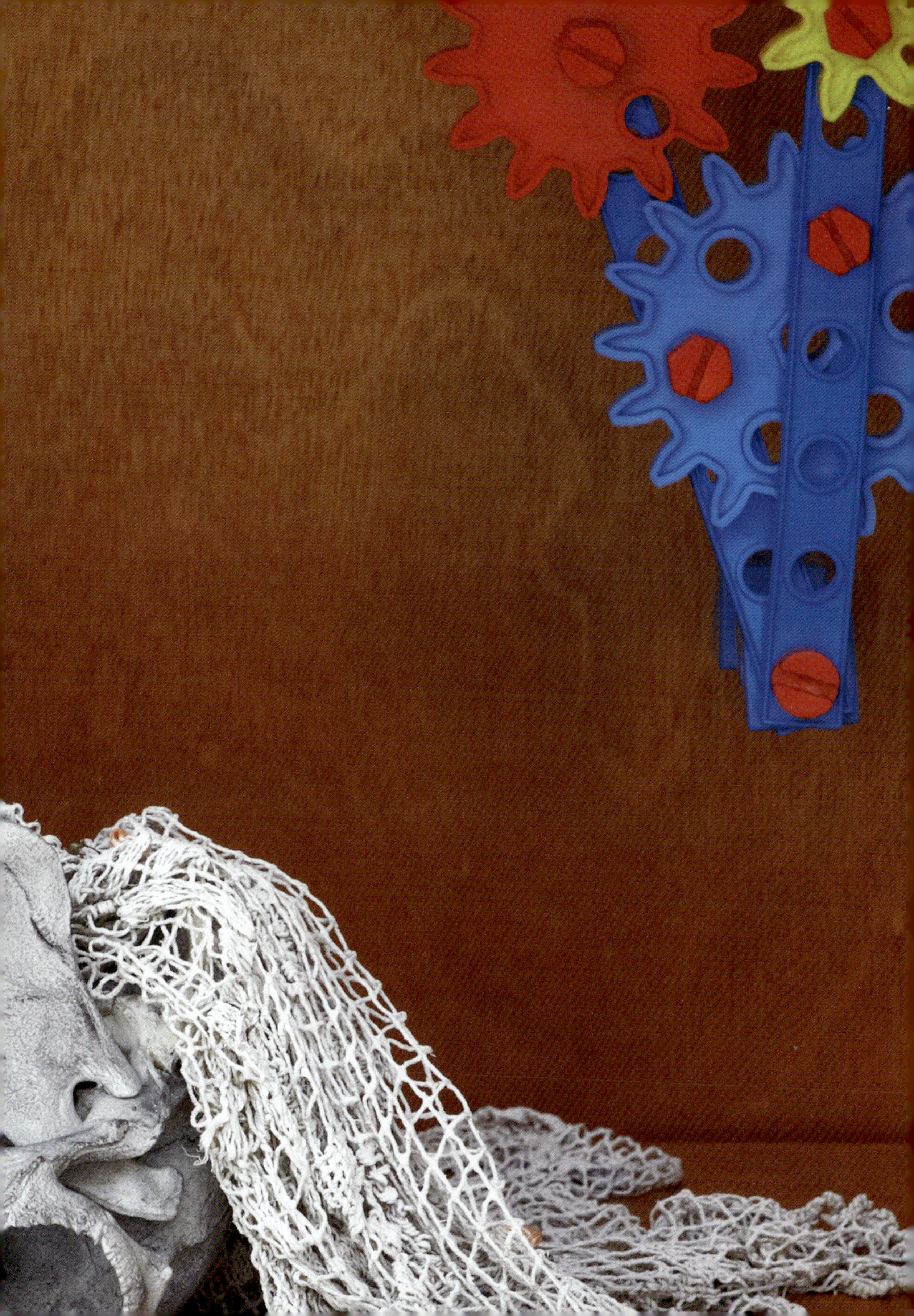

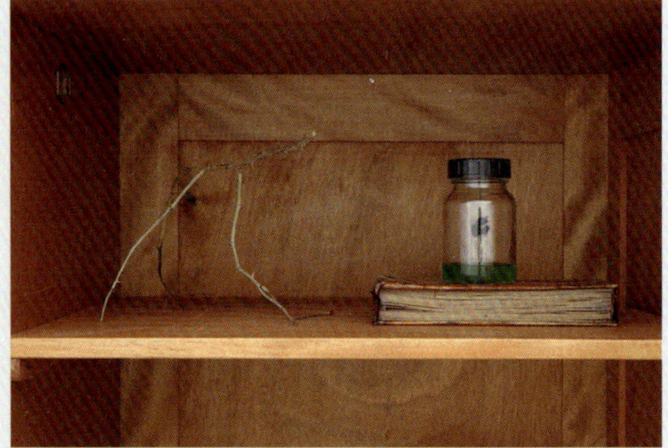

Sachsenwald
2010
Eiche, Grafit, Kautschuk, Kunststoff, Kupfer, Mohair, Palisander, Papier, Pigment, Schellack, Seide, Silber *Caoutchouc, copper, graphit, mohair, oak, paper, pigment, plastic, rosewood, shellac, silk, silver*
194,5 x 298,5 x 112,5 cm
Collection DEVOTOART / courtesy Galerie Christine Mayer München *Munich*

Franka Kaßner

geboren *born* 1976 in Oschatz

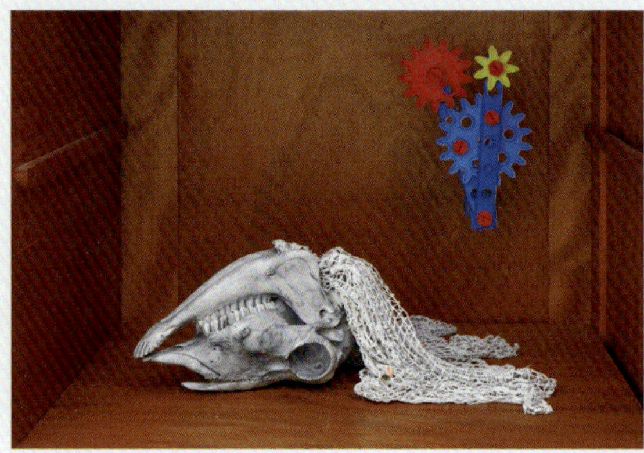

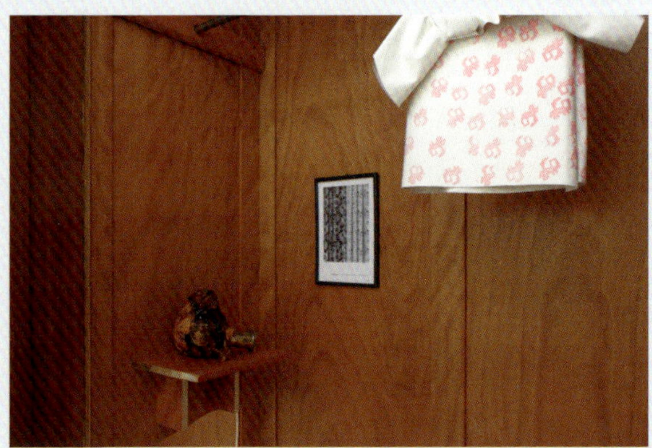

Ein schwerer, weit aufklaffender Eichenschrank. Darin ein Apothekenglas, ein Dornenzweig, eine Kinderbluse, ein skelettierter Tierschädel, ein Dekorationsstoffentwurf, blaurotgelbe Plastikzahnräder und Streben, die einen Blumenstrauß bilden. Dennoch scheint der fast leere Schrank beladen mit Erinnerungen, Ahnungen und Vergangenem. Eine Heimsuchung, »Angst vor dem Unbekannten«. *A lumbering closet, gaping wide open. Within a chemist's preserving jar, a bramble, a child's blouse, a skeletonized skull of an animal, a tapestry design, blueredyellow plastic gears and bars forming a flower bouquet. Still, the almost empty cupboard seems to be laden with memories, forebodings and things past. A haunting, »fear of the unknown«.*

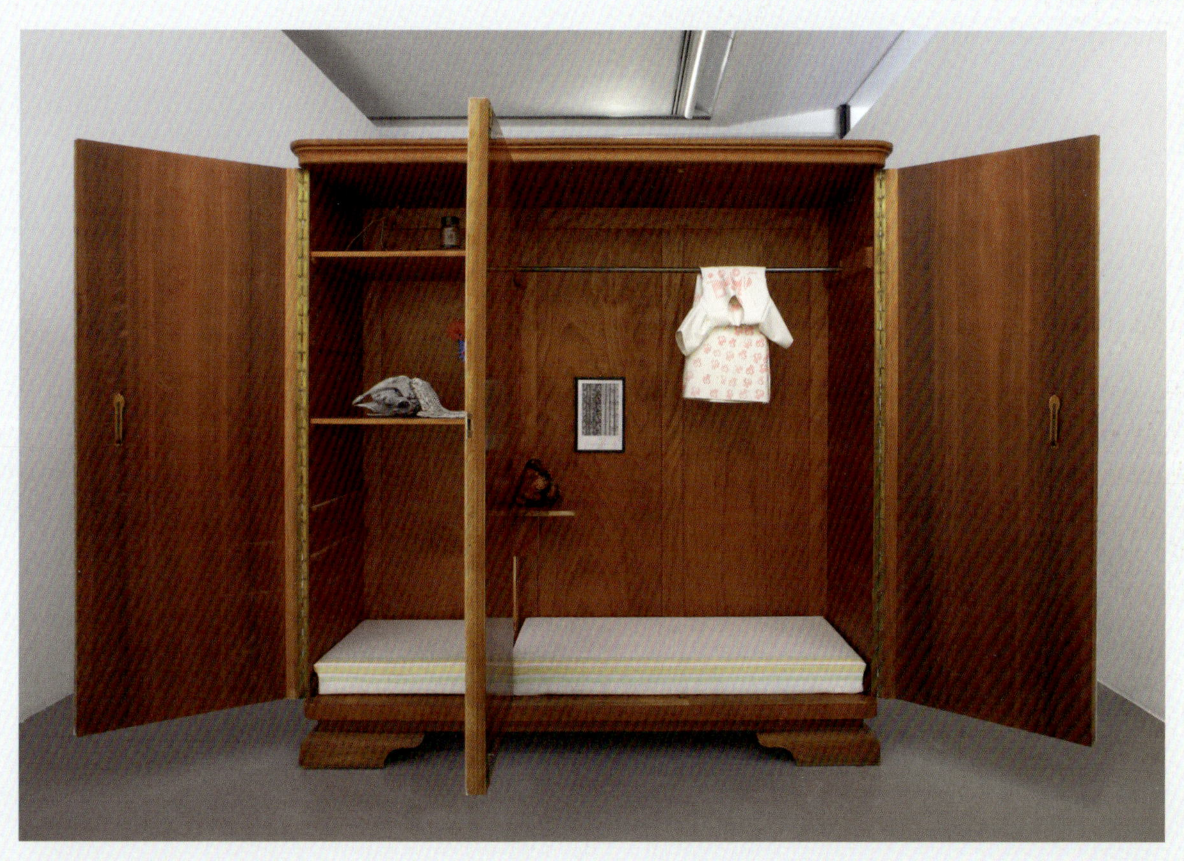

einrichten, ausrichten, installieren, möblieren, ausstatten

a) mit Möbeln, Geräten ausstatten

b) seine Wohnung o. Ä. gestalten

c) bei einem Bruch etwas wieder in seine normale Lage bringen

d) sich den Umständen anpassen; mit beschränkten Mitteln auskommen

e) nach einem bestimmten Plan, auf ein Ziel hin gestalten

f) möglich machen, ermöglichen

g) sich auf jemanden, etwas einstellen, vorbereiten

h) zur öffentlichen Nutzung schaffen

i) nach bessonderen Gesichtspunkten umgestalten, redigieren, umformen

j) eine technische Vorrichtung, Anlage o. Ä. anschließen, einbauen, einrichten

k) sich irgendwo niederlassen, sich irgendwo, in einem Raum, in einer Stellung o. Ä. einrichten

l) im Auftrag eines anderen mitteilen, bestellen, übermitteln

m) in eine bestimmte einheitliche Richtung bringen

n) für jemanden gestalten, arrangieren

furnish, adapt, install, arrange, equip

a) provide a house, room, etc. with all necessary contents

b) provide movable furniture

c) cause to have possession or use of

d) provide, afford, yield

e) fit, adjust one thing to another

f) make suitable for a purpose

g) alter or modify, arrange

h) become adjusted to new conditions

i) the act or process of adapting or being adapted

j) place equipment, machinery, etc. in position ready for use

k) establish oneself, a person, etc. in a place, condition, etc.

l) bequeath or give a permanent income to a person, institution, etc.

m) supply with what is needed

n) well adapted or suited, qualified, competent, worthy

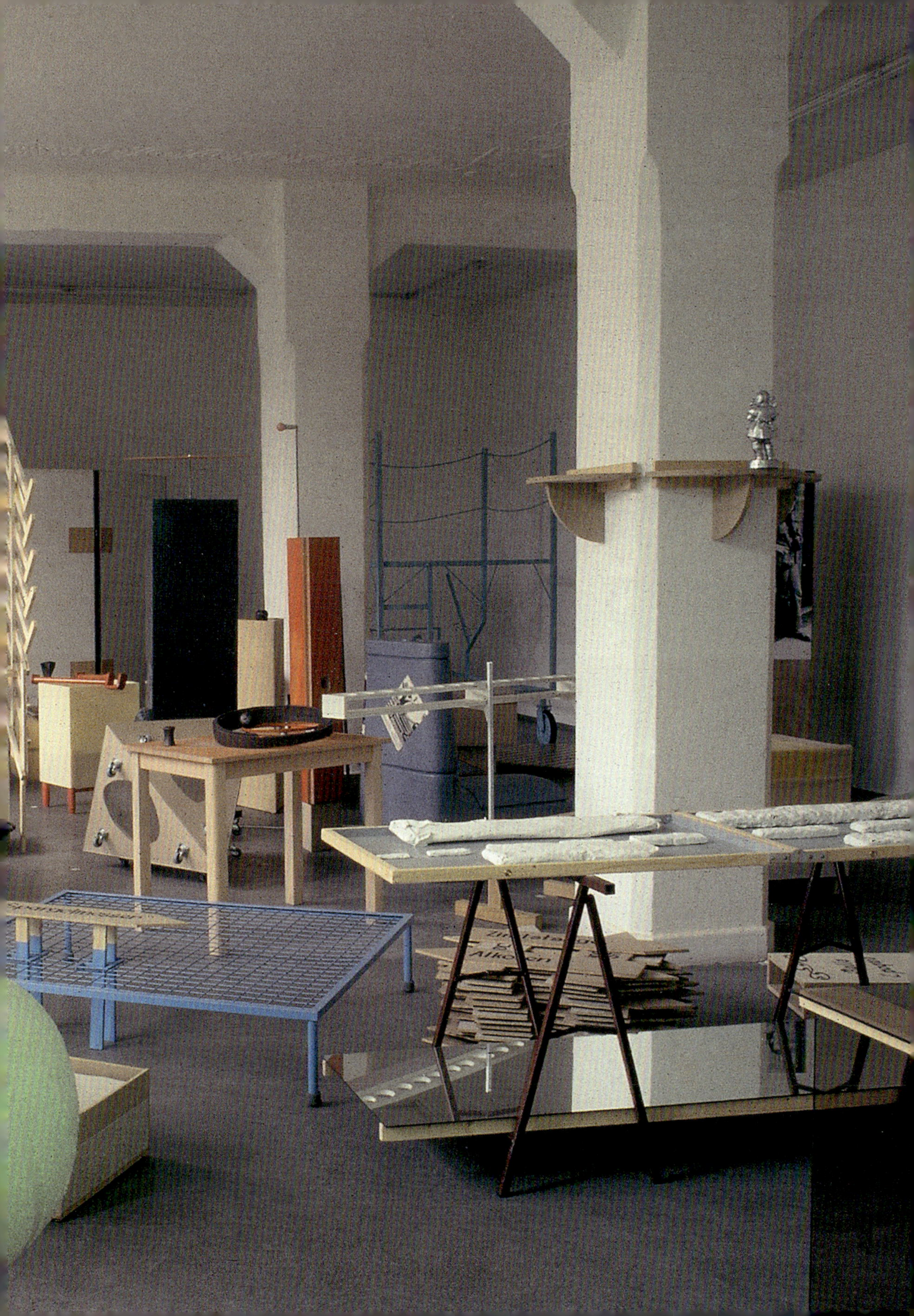

Martin Kippenberger

geboren *born* 1953 in Dortmund, gestorben *died* 1997 in Wien *Vienna*

1987. »Peter. Die russische Stellung«, eine Skulpturenausstellung. Eher ein Raum voll mit unzusammenhängenden Möbeln und anderen Dingen, die keine Skulpturen waren und zugleich doch die gewiefte Frage aufwarfen, wie man mit egal was, Hauptsache nicht mit klassischem Bildhauermaterial, aus obskuren Alltagsgegenständen Skulpturen behaupten kann. *1987. »Peter. The Russian Position«, an exhibition of sculptures. Or rather, a room full of unrelated furniture and other odd things which definitely were not at all sculptures. Still, thereby those things wittily posed the question of how to present obscure and in fact totally unsculptural everyday objects as proper sculptures.*

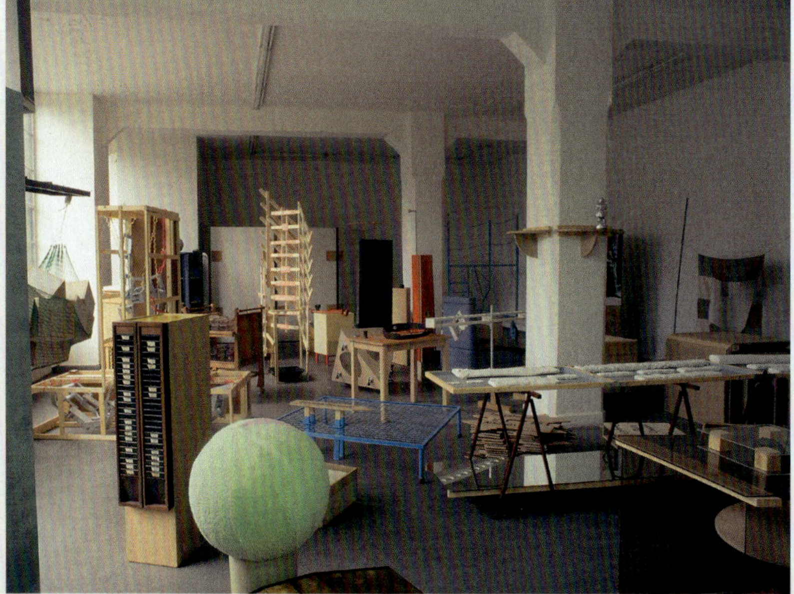

**Peter. Die russische Stellung:
Ich hab nichts gegen Depressionen,
solange die nicht in Mode kommen**
1987
Bronze, Holz, Metall, Siebdruck *Bronze, metal,
silkscreen, wood*
86 x 90 x 60 cm
Sammlung *Collection of* Markus Oehlen, München
Munich
Fotografie *Photograph*: Ivan Baschang

Andrea Stappert
Ausstellungsansicht *Exhibition view*
»Martin Kippenberger – Peter. Die russische Stellung«
Galerie Max Hetzler, Köln 1987

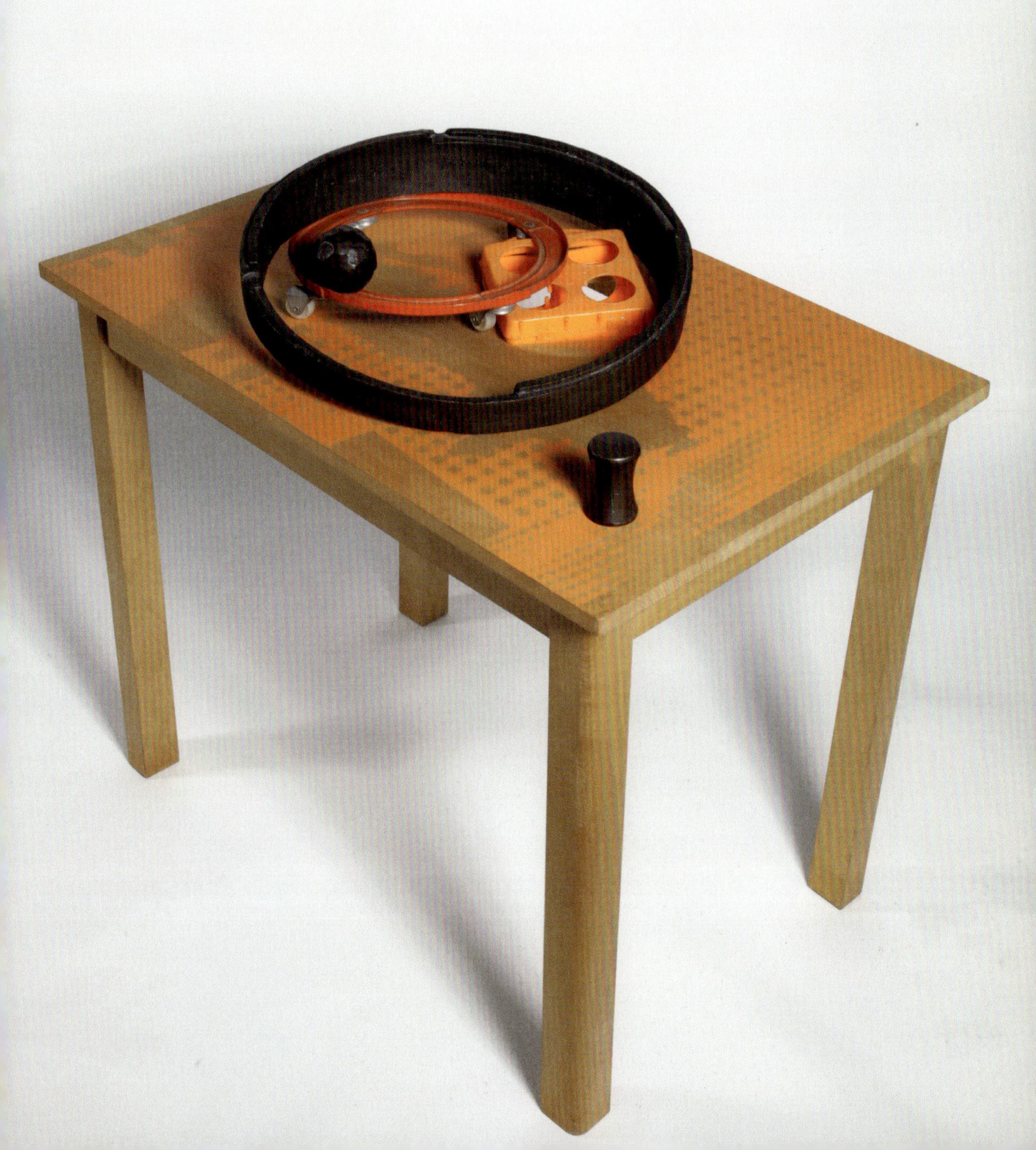

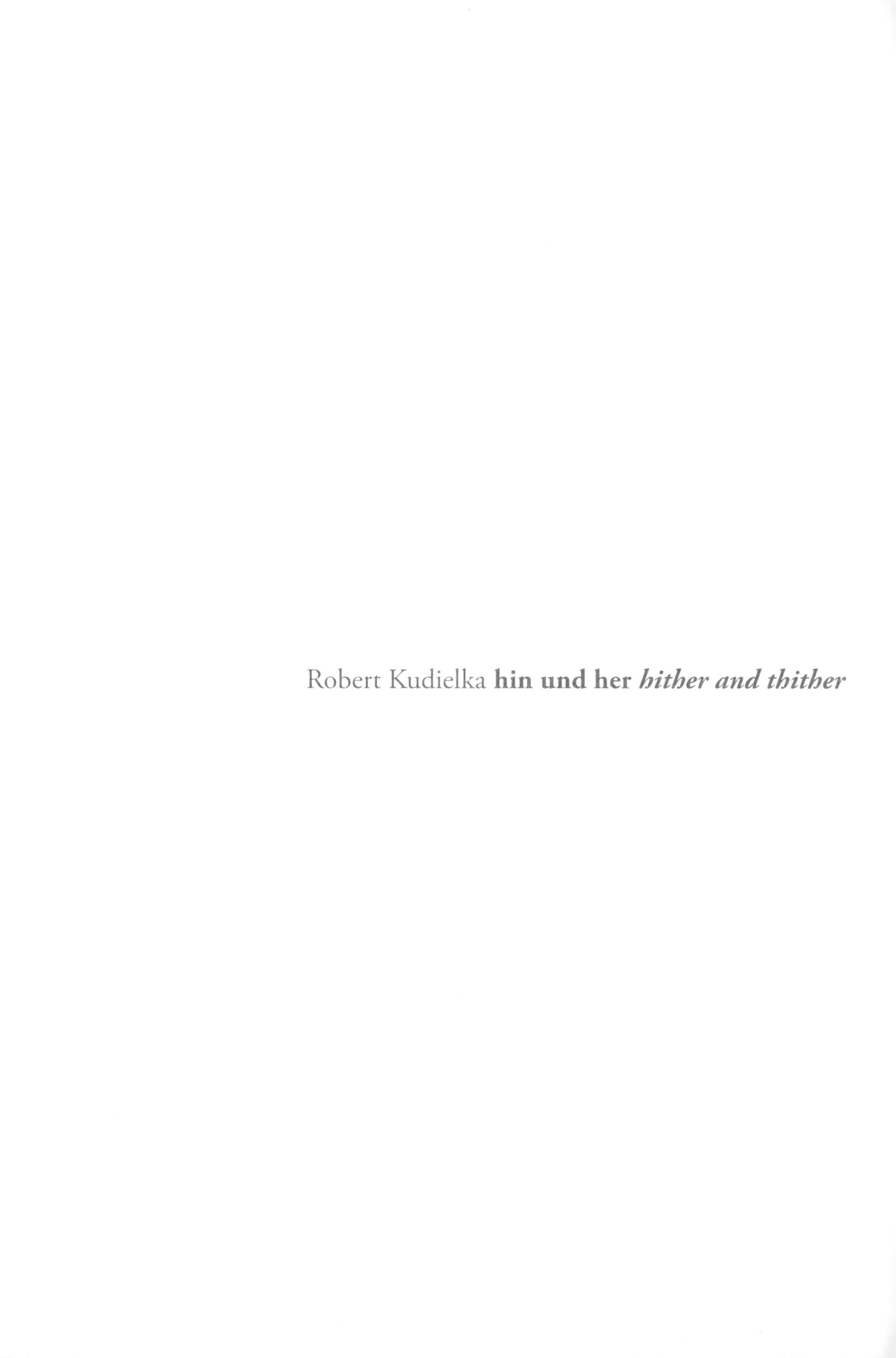

Robert Kudielka **hin und her** *hither and thither*

Was unterscheidet Orte von x-beliebigen Stellen im Raum?

»Le corps n'est pas dans l'espace‹, il l'habite« (Maurice Merleau-Ponty). Der [menschliche] Körper ist nicht im Raum [wie die Dinge], er wohnt ihm ein.

Eine perspektivische Zeichnung würde niemals räumlich gelesen werden, wenn uns die Unterschiede von nah und fern, oben und unten, eng und weit nicht vor aller Abstraktion durch unseren Körper erschlossen wären. Dieses »Wohnen« im Raum ist jedoch kein Bewirtschaften einer festen Unterkunft. Der Raum als Zusammenhang von Orten wird vielmehr durch die leibhafte Bewegung des Körpers unter den Dingen, mit ihnen, konstituiert. Aber was für eine Bewegung?

Offensichtlich kein einfaches, zielgerichtetes Handeln, denn das lässt den Zeitraum, der zum Erreichen einer Absicht nötig ist, am Ende hinter sich. Die reine Aktion erschließt keinen Raum, sie durchmisst und verbraucht ihn nur.
Orte kommen eher durch eine reziproke Bewegung zustande, durch ein »hin und her«, das in dem altertümlichen Wort »Wandeln« (ambulare) anklingt. Das ziellose Umherschweifen, »Spazieren«, schafft allerdings noch keine Orte, sondern erkundet lediglich das »Ambiente«, die ausschreitbare Umgebung.

Damit ein Ort zustande kommen kann, bedarf es einer Beziehung zu Dingen: hier und dort, auf etwas hin, von etwas her. Richtung vs. Gegenrichtung, »hither and thither«.
Die *Montagne Ste. Victoire* in den Bildern von Cézanne ist kein bloßer Gegenstand, auf den wir hinblicken, sagt Merleau-Ponty, sondern ein Anblick, der sich »von dort hinten her« sehen lässt.

Für diese Wahrnehmung ist keine Fortbewegung erforderlich. Die Fähigkeit des Körpers, die Existenz der Dinge einzuräumen, genügt. Erstrebenswert wäre ein Aufhören der Schwankung überhaupt: »thitherless, thenceless, there« (Samuel Beckett).

Da-sein, was für ein Doppelsinn: »Ich halte mich auf«!

What distinguishes a place from an ordinary location in a given space?

»Le corps n'est pas dans l'espace›, il l'habite« (Maurice Merleau-Ponty). The [human] body is not simply in *space [as are things] but* inhabits *it.*

A perspectival drawing would never be read as being spatial if the differences between near and far, up and down, and narrow and wide were not self-evident, prior to any abstract means of conception, through the very existence of our bodies. This 'residing' in space is nevertheless distinct from the simple cultivation of any fixed sort of shelter. Space, when understood as a correlation between locations, is rather constituted as such through the corporeal movement of the body among, or together with, all other things. Yet, what sort of movement is it?

Obviously, it cannot be any simplistic, goal-oriented activity—as that would leave behind itself the temporal space that were necessary for achieving any specific purpose. Pure action fails to result in the emergence of any space; it merely measures and consumes it.
Places tend rather to emerge through reciprocal movement, through the kind of 'back and forth' that still resonates in the archaic word ambulate. *Aimless wandering, or* strolling, *on the other hand, fails to produce any places—instead simply exploring 'ambiences', or traversable surroundings.*

For a place to come into being, there must be a relationship to things—a here and there, a toward something, and a from something: direction vs. counter-direction, a hither and thither.
The Montagne Sainte Victoire *in Cézanne's paintings is no mere object at which we gaze—according to Merleau-Ponty, it is rather a sight that can be seen from 'back over there'.*

Nonetheless, arriving at this perception requires no physical movement. The ability of the body to acknowledge the existence of things suffices entirely. Still more desirable would be putting a stop to the vacillation altogether: 'thitherless, thenceless, there' (Samuel Beckett).

Dasein [being-there]—what a double entendre: *'I am there'!*

hängen, aufhängen, durchhängen
a) jemanden, etwas mit dem oberen Ende an einer bestimmten Stelle frei beweglich befestigen
b) sich so an etwas festhalten, dass man daran zu hängen kommt
c) etwas an einem Fahrzeug befestigen um es zu ziehen
d) anschließen
e) hängen lassen, schwer und schlaff nach unten bewegen, fallen lassen
f) sich festsetzen, festkleben
g) dicht folgen, verfolgen
h) sich unaufgefordert einmischen
i) sich jemandem, einer Sache zuwenden, sich an jemanden, etwas gefühlsmäßig binden
j) mit einem um den Hals gelegten Strick an etwas aufhängen und dadurch töten
k) sich erhängen
l) in der Mitte nach unten hängen, sich durchbiegen
m) einige Zeit in schlechter körperlicher oder seelischer Verfassung, müde, abgespannt sein

hang, cling, droop
a) secure or cause to be supported from above
b) attach loosely by suspending from the top
c) set up a door, gate, etc. on its hinges so that it moves freely
d) place sth. on a wall or in an exhibition, attach to a wall
e) make or become fixed or secure
f) adhere,s tick or hold on by means of stickiness, suction, grasping, or embracing
g) remain persistently or stubbornly faithful to a friend, habit, idea, etc.
g) maintain one's grasp, keep hold, resist separation
i) remain in one body
j) be loosely suspended, so as to be able to sway to and fro
k) hold out a hope, temptation, etc. enticingly
l) hang or allow to hang down
m) languish, decline or sag from weariness

Die Villen von Brno. Erstarrt als Bastionen moderner, rational-funktionalistischer Architektur. Doch braucht es nicht viel mehr als etwas Licht, das mit den Bauten amalgamiert, die Fassaden durchdringt, die hart gewordenen Stahlskelettkonstruktionen ausschmilzt, um in gleißender Transparenz ihren verborgen unbewussten, pulsierenden Strukturzusammenhalt von Neuem zur Erscheinung bringt. *The Brno Villas. Frozen bastions of modernity's rational and functional architecture. Yet, not much else is needed than a little light – amalgamating with the buildings, penetrating the façades, melting out the steel frame constructions – in order to let their buried, subconscious, pulsating structural connexion re-emerge in gleaming transparency.*

Erwin Kneihsl
geboren *born* 1952 in Wien *Vienna*

Brno Villas
2010
Künstlerbuch *Artist book*
Silbergelatine-Abzüge auf Karton, überlappend collagiert auf Papier *Silver gelatin prints on cardboard, collaged overlappingly on paper*
36 x 30 cm
Privatsammlung *Private collection* / courtesy Galerie Guido W. Baudach, Berlin

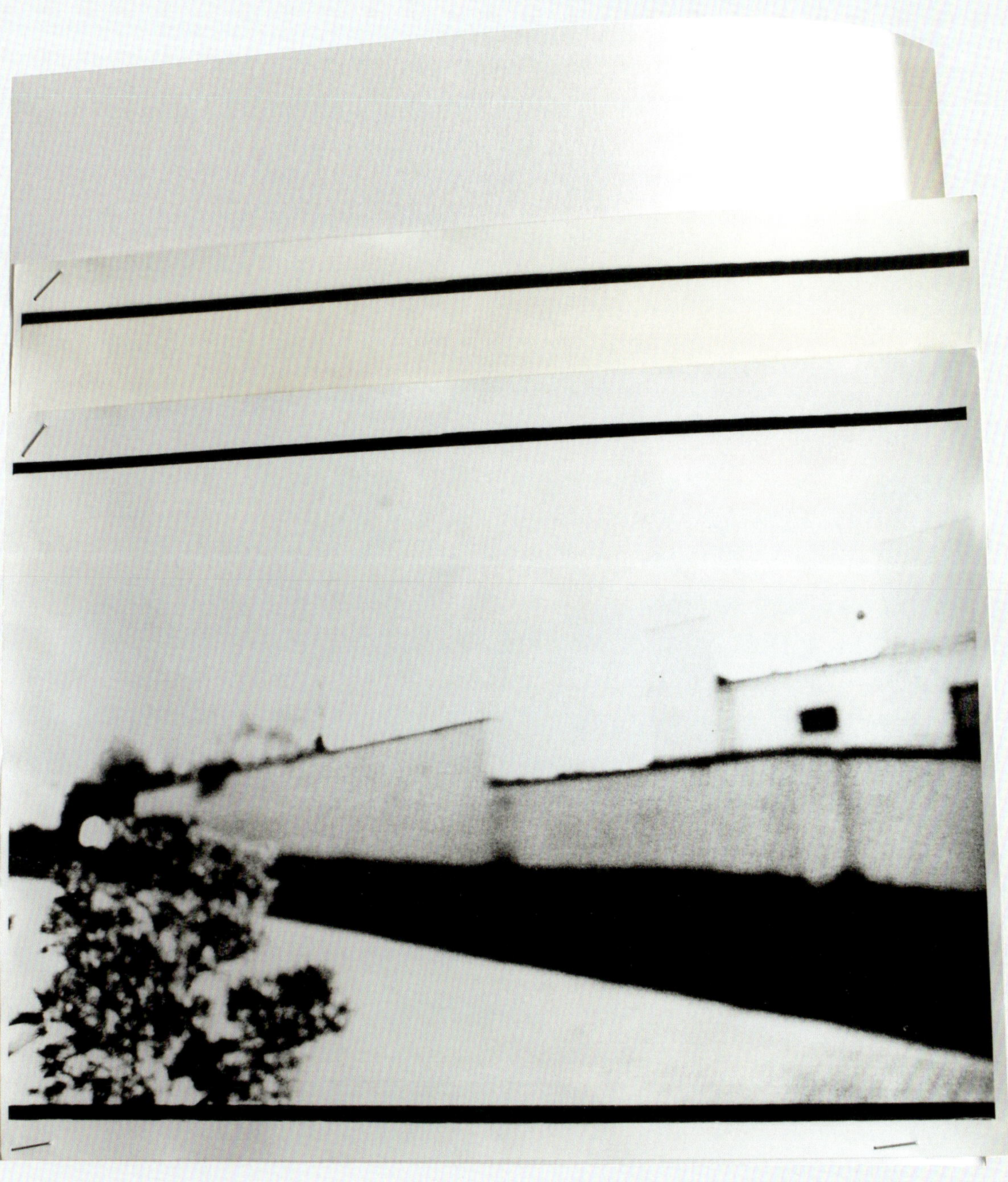

hausen, verweilen, sich aufhalten, wohnen
a) unter schlechten Wohnverhältnissen leben
b) wohnen
c) wüten; Verwüstungen anrichten
d) sich an einem bestimmten Ort für eine Weile aufhalten, für eine kürzere Zeit bleiben
e) bei jemandem, irgendwo vorübergehend leben, verweilen, sein
f) für einen anderen öffnen und geöffnet halten
g) seine Wohnung, seinen ständigen Aufenthalt haben
h) vorübergehend eine Unterkunft haben, untergebracht sein

dwell, bide, linger, room
a) live, reside
b) be slow in raising ist feet, pause before taking a fence
e) slight, regular pause in the motion of a machine
d) spend time on, linger over
e) remain, stay, await one's best opportunity
f) be slow or reluctant to depart, stay about
g) wander from the right path, place, etc., become separated from one's companions etc., go astray
h) deviate morally

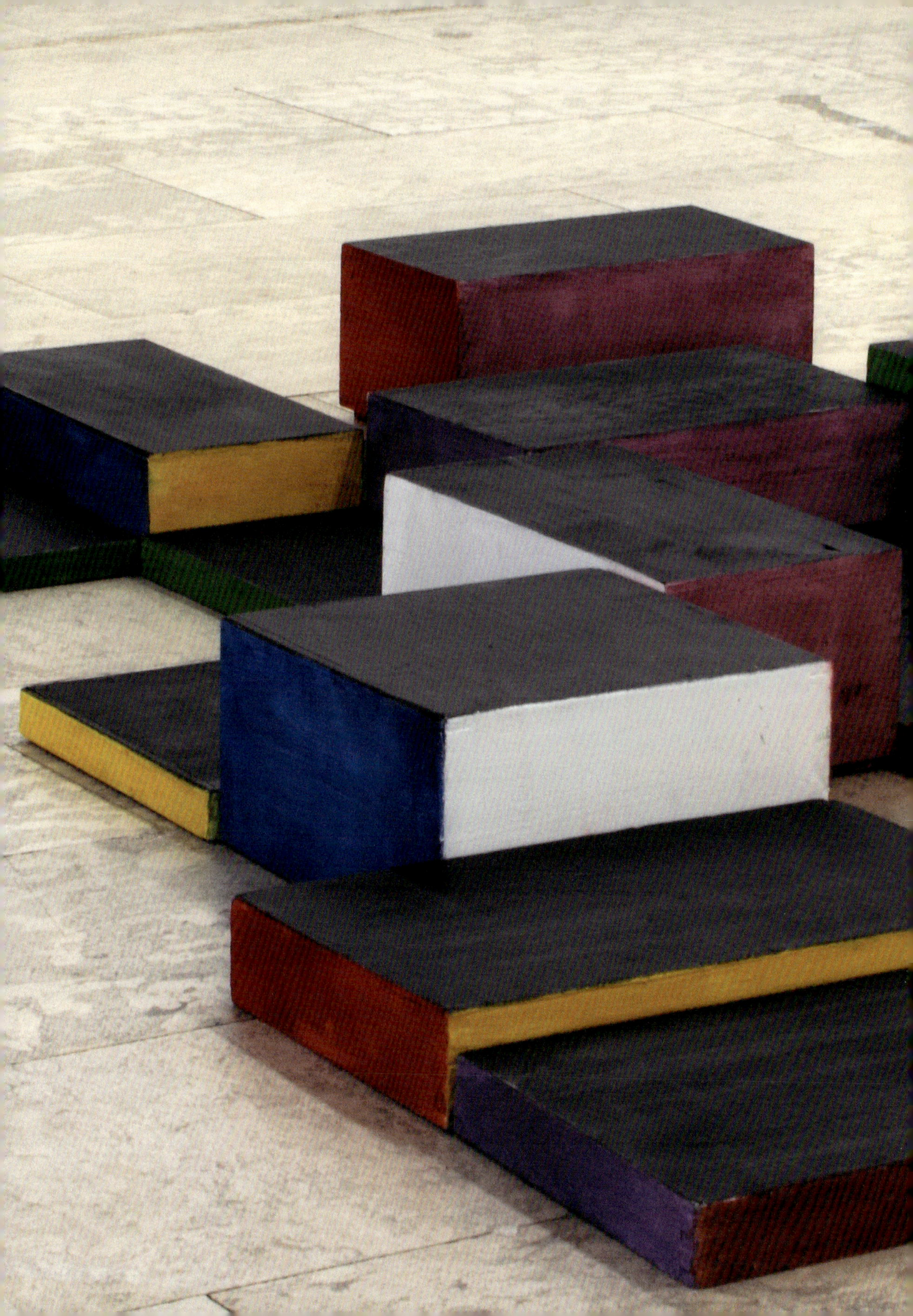

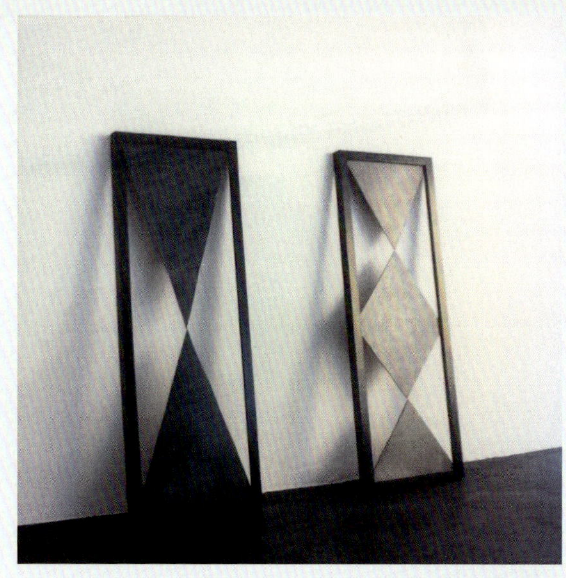

Kulissenstück Fenster
2004
Holz, Lack, Tempera, *Lacquer, tempera, wood*
Dimensionen variabel *Variable dimensions*
courtesy Galerie Börgmann, Krefeld

Maja Körner

geboren *born* 1976 in Bielefeld

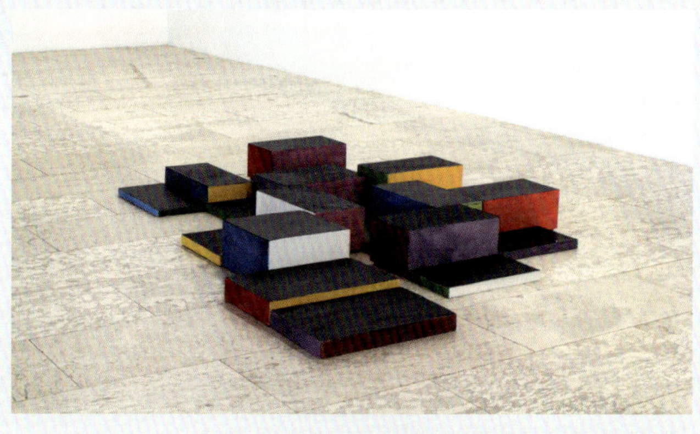

Ohne Titel (Zueinander) *Untitled (Together)*
2010
Tempera auf Holz *Tempera on wood*
115 x 115 x 14 cm
courtesy Galerie Börgmann, Krefeld

Umgedrehte Holzkisten. Buntfarbig. Ein verschlossener, einzig auf sich gestellter Schubladenblock. Weiß. Eigentümlich entleerte Behältnisse breiten sich in stufenförmigen Lagen in Raum aus, ragen als verschachtelte Stele in die Höhe. Die Farbe überzieht die Oberflächen und versiegelt das abgeschlossene Innere. Die Konstellationen überlagern den Raum, besetzen und prägen ihn, ohne jemals ihren wahren Inhalt preiszugeben. *Reversed wooden boxes. Coloured. An enclosed, self-contained block of drawers. White. Peculiarly evacuated repositories cascadedly spread throughout space or loom high as a stele. Colour encases the surfaces and seals off the inside. The constellations superimpose space, occupy it and give distinction to it without ever revealing what they hide.*

Ohne Titel (Weißer Block) *Untitled (White Block)*
2010
Dispersion auf Holzschubladen *Emulsion on wooden drawers*
54 x 51 x 62 cm
courtesy Galerie Börgmann, Krefeld

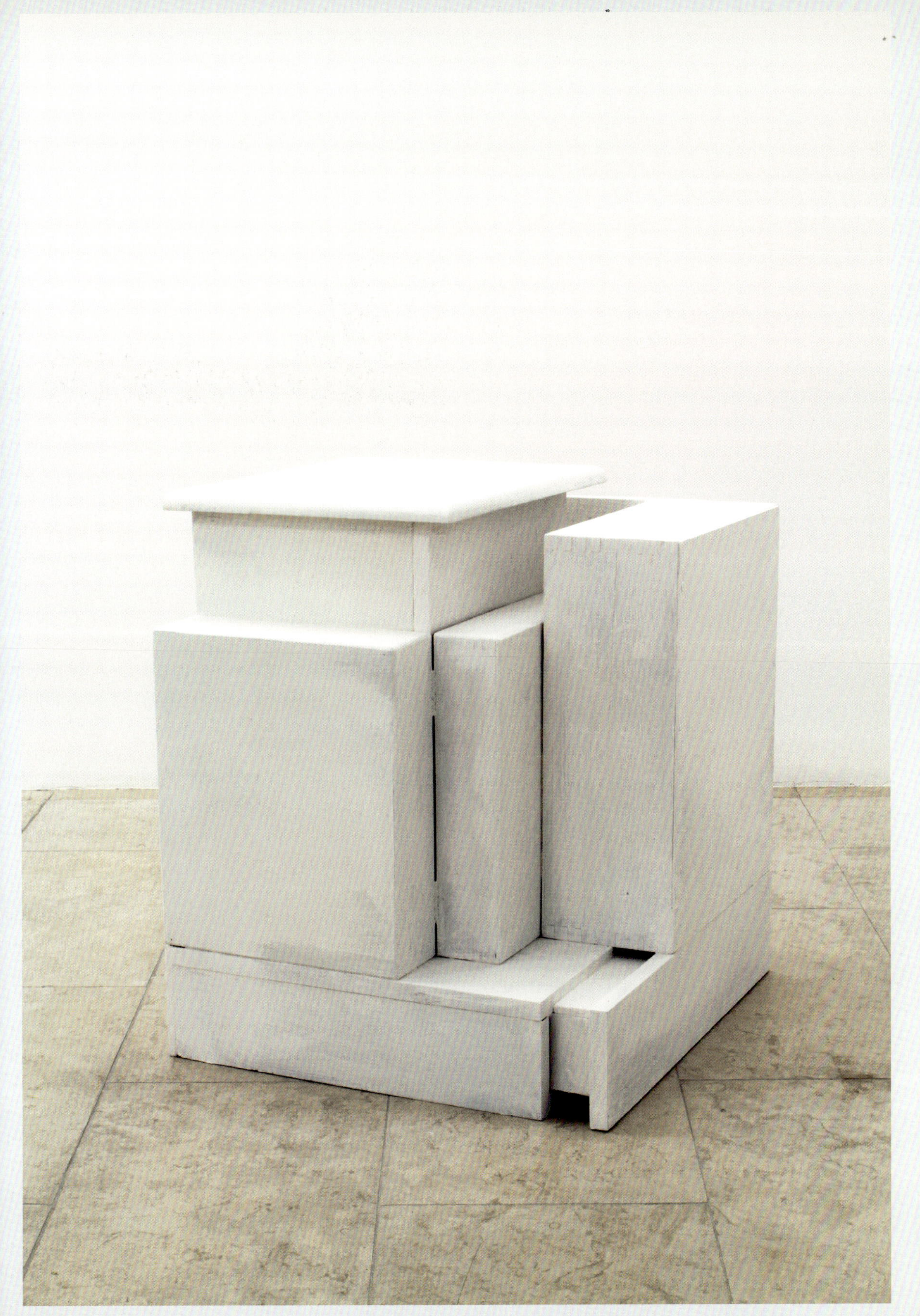

leuchten, ausleuchten, beleuchten, erleuchten
a) als Lichtquelle Helligkeit verbreiten, abgeben
b) Licht widerstrahlen
c) aufgrund seiner Farbe den Eindruck von Licht, Helligkeit hervorrufen
e) eine Lichtquelle auf jemanden, etwas richten, um etwas Bestimmtes zu erkennen o. Ä.
e) mit einer Lampe o. Ä. den Weg erhellen
f) beleuchten, erforschen, untersuchen
g) mit Licht erfüllen; durch seine Leuchtkraft hell machen, erhellen
h) zu leuchten beginnen; hell werden
i) mit geistiger Klarheit erfüllen
j) festlich erleuchten

shine, light, highlight, enlighten
a) emit or reflect light
b) be bright, glow
c) not be obscured by clouds
d) be visible
e) make bright, polish, be brilliant in some respect
f) cause to shine
g) bring into prominence, draw attention to
h) instruct or inform about a subject
i) shed light on
j) give spiritual insight to

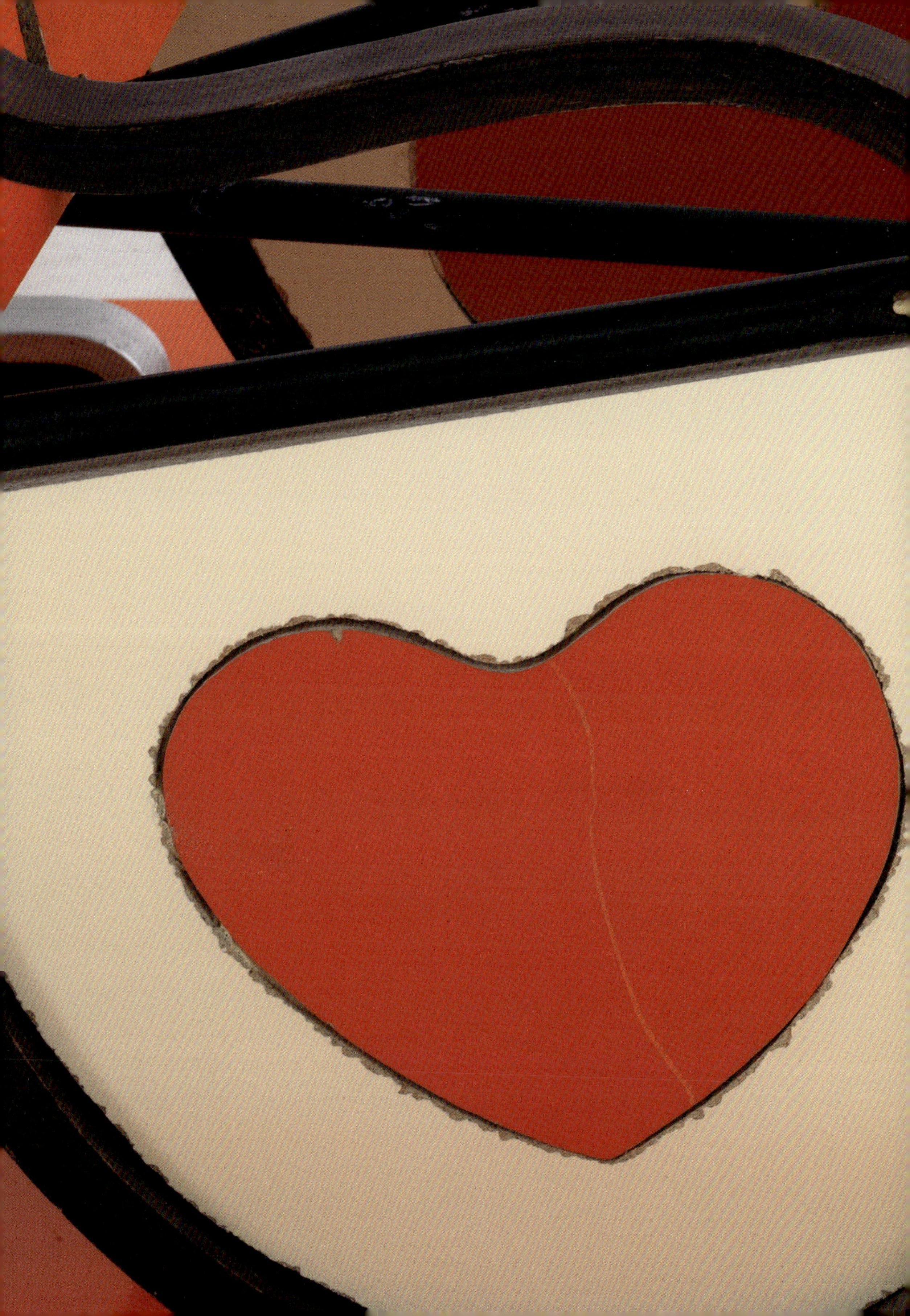

Der »Neue Konstruktivismus« schließt inzwischen ›beileibe‹ den eigenen Körper mit ein. Der Mensch findet nicht mehr einfach nur statt, sondern wird ausgearbeitet (›work-out‹) und geformt (›shaping‹). Warum dann nicht nach dem erschöpfenden Fitnesswahn die eigene Lustbefriedigung interpassiv an eine weitere Person delegieren? Welch' Glückseligkeit, mühte sich jemand anderes um die zu absolvierenden Höhepunkte. *Nowadays, »New Constructivism« even incorporates the body. Man no longer does simply happen to be there but is worked-out and shaped. Alas, after an exhausting fitness craze wouldn't it be nice to interpassively delegate one's own lustrous satisfaction to someone else? What felicity if another person strived towards the owing climaxes.*

Karsten Konrad geboren *born* 1962 in Würzburg

Love-o-mat
2009
Holz, Metall, Kunststoff, Hartgummi *Hard rubber, metal, plastic, wood*
170 x 96 x 320 cm
courtesy loop – raum für aktuelle kunst, Berlin
Fotografie *Photograph*: Bernd Borchardt

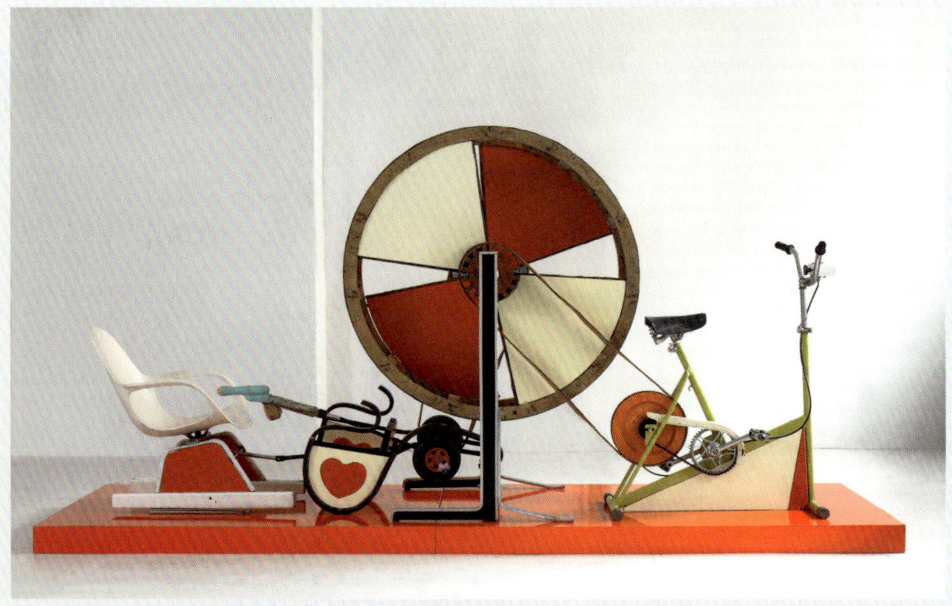

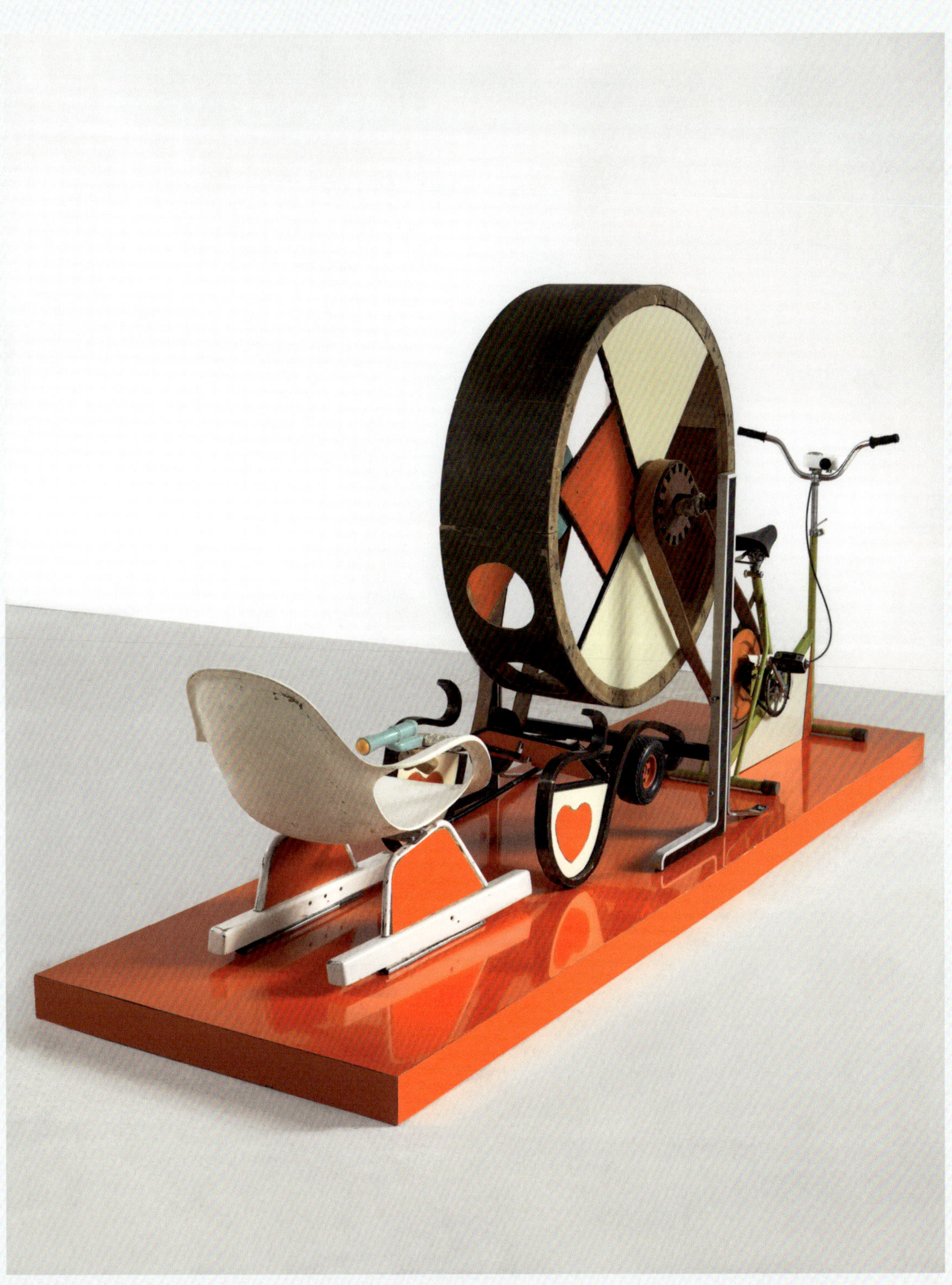

montieren, konstruieren, anbringen

a) aus Einzelteilen zusammenbauen, aufstellen, anschließen, betriebsbereit machen
b) mit technischen Hilfsmitteln an einer bestimmten Stelle anbringen, befestigen
c) abmontieren
d) durch Schneiden, Auswählen, Zusammenstellen der Bildfolgen endgültig gestalten
e) aus verschiedenartigen Einzelteilen, Objekten zusammensetzen
f) Form und Zusammenbau eines Objektes durch Entwürfe, Berechnungen, Überlegungen maßgebend gestalten
g) mithilfe vorgeschriebener Operationen herleiten
h) gedanklich, begrifflich, logisch aufbauen, herstellen
i) von irgendwoher herbeibringen, heranschleppen; mit nach Hause bringen
j) an einer bestimmten Stelle festmachen, befestigen
k) vorbringen, beiläufig zur Sprache bringen; äußern

assemble, construct, affix
a) gather together
b) collect
c) arrange in order
d) fit together the parts of
e) fit with equipment
f) assemble and adjust the parts of
g) manage or conduct fraudulently
h) a trick or dodge, a way of swindling
i) make by fitting parts together, build, form
j) arrange, contrive or bring about, esp. artfully,
k) attach, fasten, impress, add

Unser Blick gleitet hierhin und dorthin, doch übersehen wir unsere Umgebung zumeist doch nur als zu selbstverständlich. Umso größer das Erstaunen, wenn wir unerwartete diskrete Eingriffe, Verrückungen und Modifikationen der Dinge im Raum bemerken. Wasser, Fußleisten, Acrylat oder eine Glasscheibe genügen, um unsere nachlässige Wahrnehmung erheblich wachzurütteln. *Our gaze swiftly hithers and thithers, yet, most of the time we simply overlook our environment, take it for granted. But what a surprise, if we behold all of a sudden discrete changes and modifications of the things in space. Water, baseboards, acrylate or a glass pane are suffice to shake our sloppy perception with a vengeance.*

ausgewaschene Wand
2009
Dispersionsfarbe, Wasser *Emulsion, water*
380 x 300 cm

David Kroell

geboren *born* 1985 in Xanten

Wandhäutung
2011
Acrylat auf Wand *Acrylate on wall*
420 x 160 cm

selbsthäutendes Quadrat
2010
Ton, Pigment, Binder *Binding agent, clay, pigment*
80 x 80 x 3 cm

benutzt woanders
2010
Türrahmen, Lack, Acrylbinder *Acrylic binding agent, door case, lacquer*
90 x 18 x 8 cm

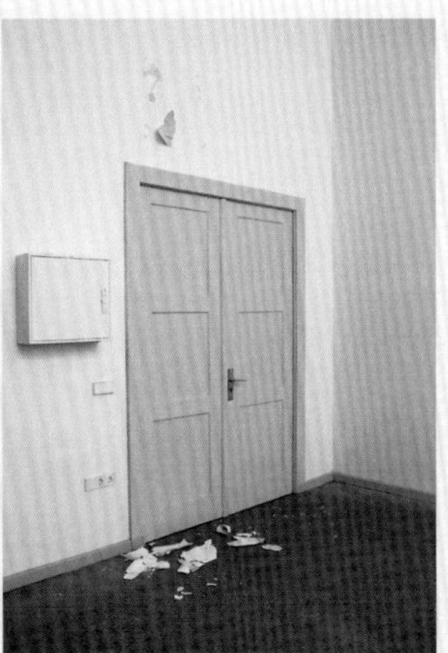

putzen, ausputzen, polieren, verputzen, verspachteln
a) durch Reiben säubern und blank machen
b) aufwischen, scheuern; sauber machen
c) mit etwas ausschmücken, verzieren, sich festlich kleiden, herausputzen
d) mit Putz, Mörtel versehen
e) vergeuden, verschwenden
f) mithilfe eines Spachtels ausfüllen
g) aufessen, verzehren

clean, groom, polish, parget, plaster
a) free from dirt or contaminating matter, obscenity or indecency
b) preserving what is regarded as the original state
c) give a neat appearance to, refinement or elegance of manner, conduct, etc.
d) prepare or train for a particular purpose
e) make or become smooth or glossy by rubbing
f) set in good order, esp. by cutting away irregular or unwanted parts
g) cover a wall etc. with plaster or a similar substance, coat thickly or to excess

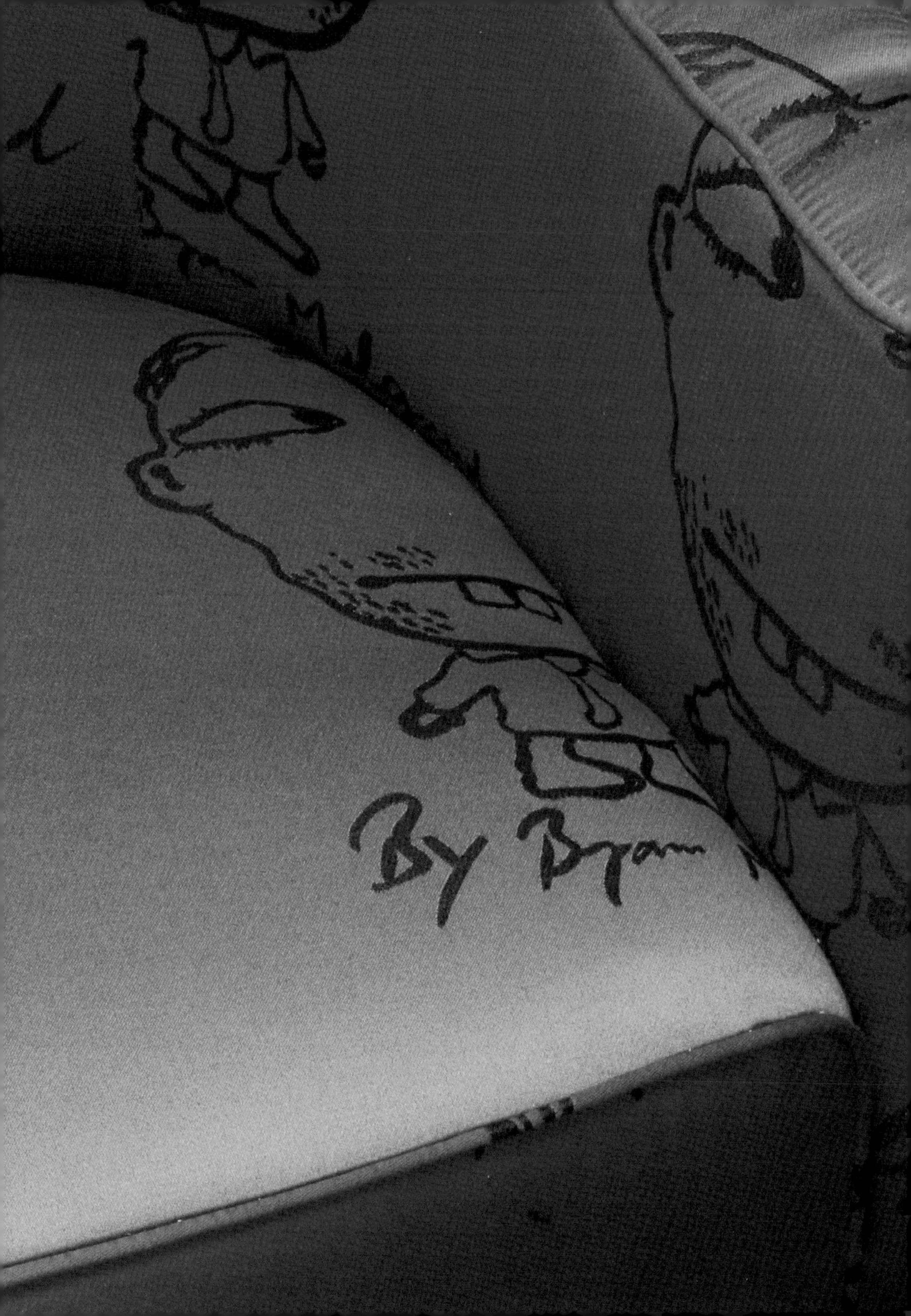
By Bryan

Bjarne Melgaard geboren *born* 1967 in Sydney

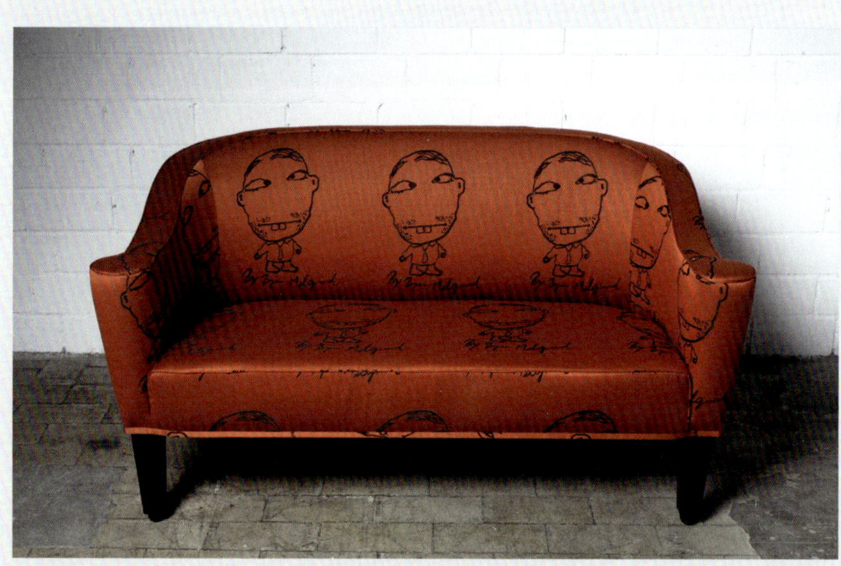

Ohne Titel *Untitled*
2007
Josef Hoffmann Villa Gallia Sofa 139
78 x 137 x 70 cm
courtesy Galerie Guido W. Baudach, Berlin
Fotografie *Photograph*: Roman März

Hinfälligkeit als Grundlage der menschlichen Existenz. Die Grenzen zwischen kindlich spielerischem Entdecken und dem Abstürzen in Rausch, Manie, sadomasochistische Todesfantasien zerfließen und dringen selbst im behütet heimischen Wohn/Wahnzimmern hervor, haben das klassische Sofa schon genauso von innen her infiziert und überzogen wie die modernistische Liege. *Decrepitness as the foundation of human existence. The boundaries between childlike or playful explorations and the breakdown in intoxication, mania, sadomasochistic fantasies of death blur and swap even into sheltered zones as living rooms, infecting the classical sofa as well as the modernist matt/madress.*

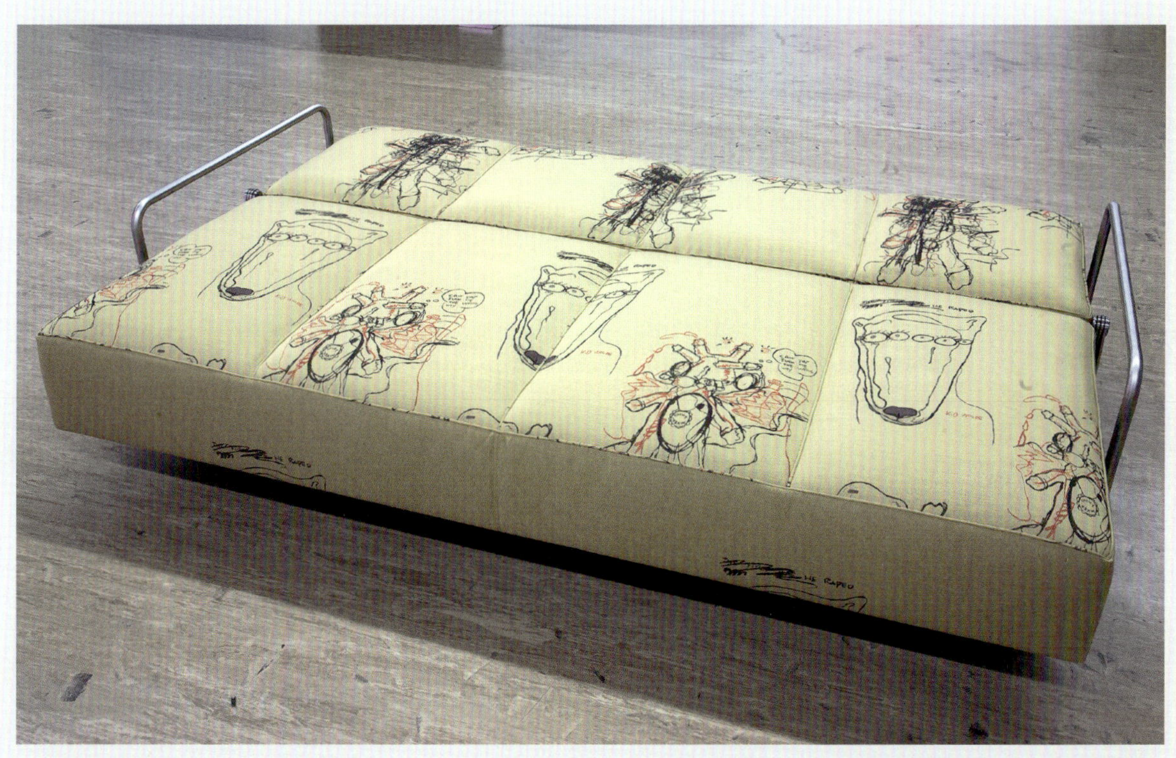

Ohne Titel *Untitled* (A Kidwhore in Manhatten)
2008
Friedrich Kiesler Bed Couch, 1935
220 x 130 x 90 cm
Sammlung *Collection of* Irmelin Nohal / courtesy Galerie Guido W.
Baudach, Berlin
Fotografie *Photograph*: Roman März

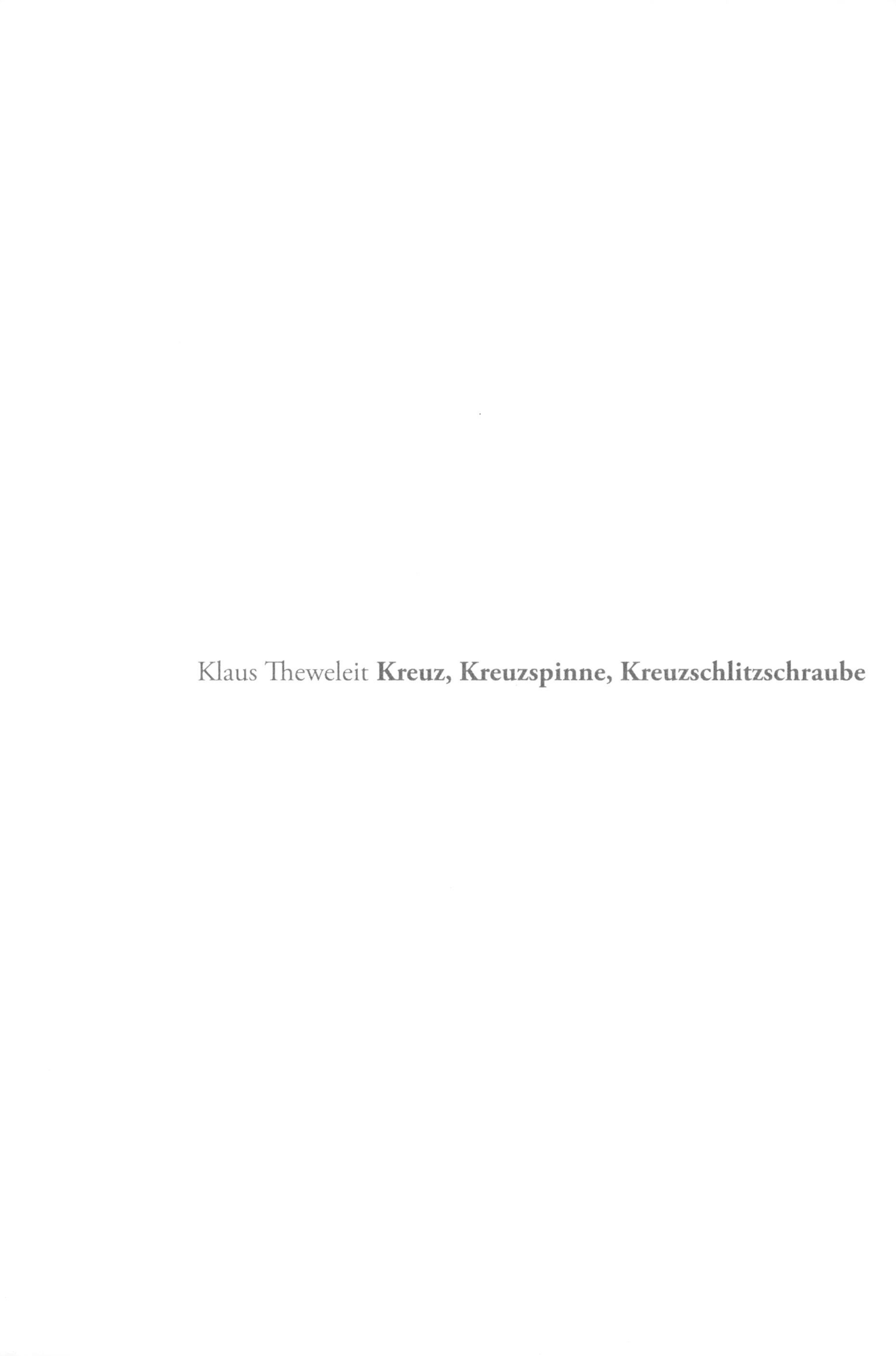

Klaus Theweleit **Kreuz, Kreuzspinne, Kreuzschlitzschraube**

Die »Kreuzspinne«, neben der Kreuzotter alleiniges unschuldiges Tier in unseren Breiten, das an all diesen Lasten symbolisch (und) praktisch äußerst schwer zu tragen hatte bis jetzt, machte noch Angst (dem Kind, »dem Sohn«), eine unheimliche männlich / weibliche Kreuzung.

Nicht mehr so ist es mit der Kreuzschlitzschraube. Sie ist diesseits aller Transzendenz; am Ende im Baumarkt versanken »die Kirchen«. In der Kreuzschlitzschraube vereinigen sich Weibliches und Männliches papstlos ohne schmerzenden Rest.

Die Revolution des sexuellen Heimwerkerwesens in den sechziger Jahren machte sie möglich als reichlich *verspätete* Erfindung. »Kreuz« vorher war ausschließlich Mann / Sohn; »Schlitz« ebenso ausschließlich Frau / Tochter – Kreuzschlitz ist ein echt utopisches Wort, so wunderbar wie die Schraube selbst.

Es kennzeichnet das Verschwinden des grausigen Jesus aus dem Kreuz der heutigen Sohn-Generationen und die entsprechende Säkularisierung des »Schlitzes«, spätestens seit dem Kreuzschlitz ist die Vagina kein transzendentales Körperteil mehr, sondern ein weltliches, und das »Hineintreiben« einer Schraube nicht allein ein maskuliner Vorgang, sondern ein tendenziell androgyner.

Es gibt nicht viele Gegenstände, an denen ein vernünftiger Fortschritt in der menschlichen Geschichte derart sinnfällig abzulesen ist.

Cross, Cross Spider, and Cross-slotted Screw

What—aside from the Crossed Adder—is the only remaining innocent creature to be found throughout our latitudes, the Cross Spider, which continues to bear the oppressive weight of all these burdens (both symbolically and practically), once terrified children and 'the Son' alike as an uncanny male / female cross-breed.

This is no longer the case with the cross-slotted screw, however. It is very much of this world; in the end, it was the home improvement shop in which 'the churches' were finally engulfed. The cross-slotted screw unites feminine and masculine in pope-free matrimony—without all the painful rest.

The sexual DIY revolution of the 1960s paved the way for this profusely belated *invention. 'Cross' had been absolutely exclusive to man/son; 'slot', in turn, was always solely attributable to woman / daughter. Cross-slot is thus a truly utopian word—as wonderful as the screw itself.*

It denotes the disappearance of all the grim depictions of Jesus from the backs of today's generation of sons and celebrates the respective secularization of the slot. Ever since the advent of the cross-slot—at the very latest—, the vagina is longer deemed a transcendental body part but must rather be understood as a worldly one—and the 'boring' of a screw is no longer understood as a masculine act but, increasingly, as an androgynous one.

There are not many objects through which such a sensible step toward progress among the history of humankind is so clearly evident.

räumen, abräumen, ausräumen, einräumen

a) entfernen und dadurch Raum schaffen

b) an einen bestimmten Platz bringen

c) einen Ort, einen Platz frei machen, verlassen, von Personen, Sachen frei machen

d) durch Abräumen leer machen

e) ausrauben

f) etwas beseitigen, aus dem Weg räumen

g) in einen Schrank, Raum etwas in bestimmter Anordnung stellen oder legen

h) zugestehen, gewähren

vacate, evacuate, put away, place in

a) leave vacant or cease to occupy a house, room, etc.

b) give up tenure of

c) reduce in numbers or quantity

d) remove from a place of danger to stay elsewhere for the duration of the danger

e) put a thing back in the place where it is normally kept

f) lay money etc. aside for future use

g) put a thing etc. in a particular place or state, arrange

h) in the right position, suitable

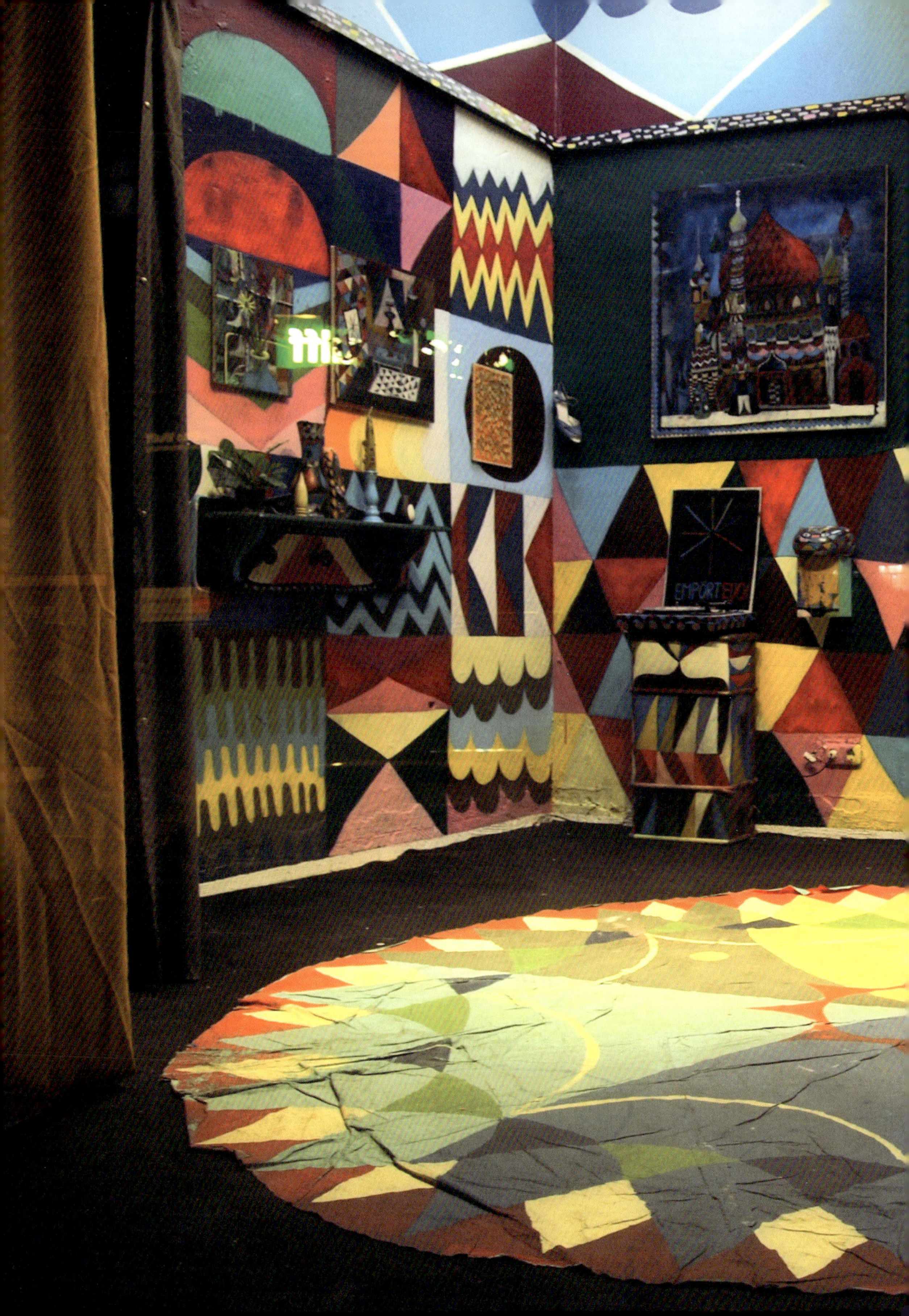
EMPORT

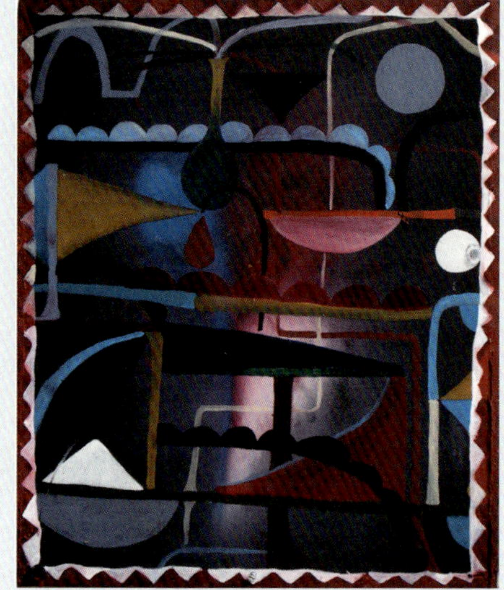

Monika Michalko geboren *born* 1982 in Sokolov

Man sagt, Raum erträgt die Leere nicht. Leere Räume seien bestrebt, flüssige oder fließende Stoffe in sich aufzunehmen, eben um nicht länger leer sein zu müssen: »horror vacui«. Und so umreißen die Linien die Leere, schmücken Farben, Formen oder schlanke Glasgefäße wie in einem Mosaik die Zwischenräume, Decken und Teppiche legen sich auf Böden und Wände. Ein filigranes Gleichgewicht von Volumen, Flächen und Silhouetten und eine immense Verdichtung, bis die Welt angefüllt und aufgerichtet zur Ruhe kommt.
Purportedly, space does not endure emptiness. Empty space is eager to pull into itself fluid or fluent substances, just to be devoid not any longer: »horror vacui«. Thus, lines contour the void, colours, forms or vitreous vessels fill up the gaps as in a mosaic, blankets and carpets embrace walls and floors. A delicate equilibrium of volume, planes and silhouettes. An immense compression until, finally, the world is erected and complete.

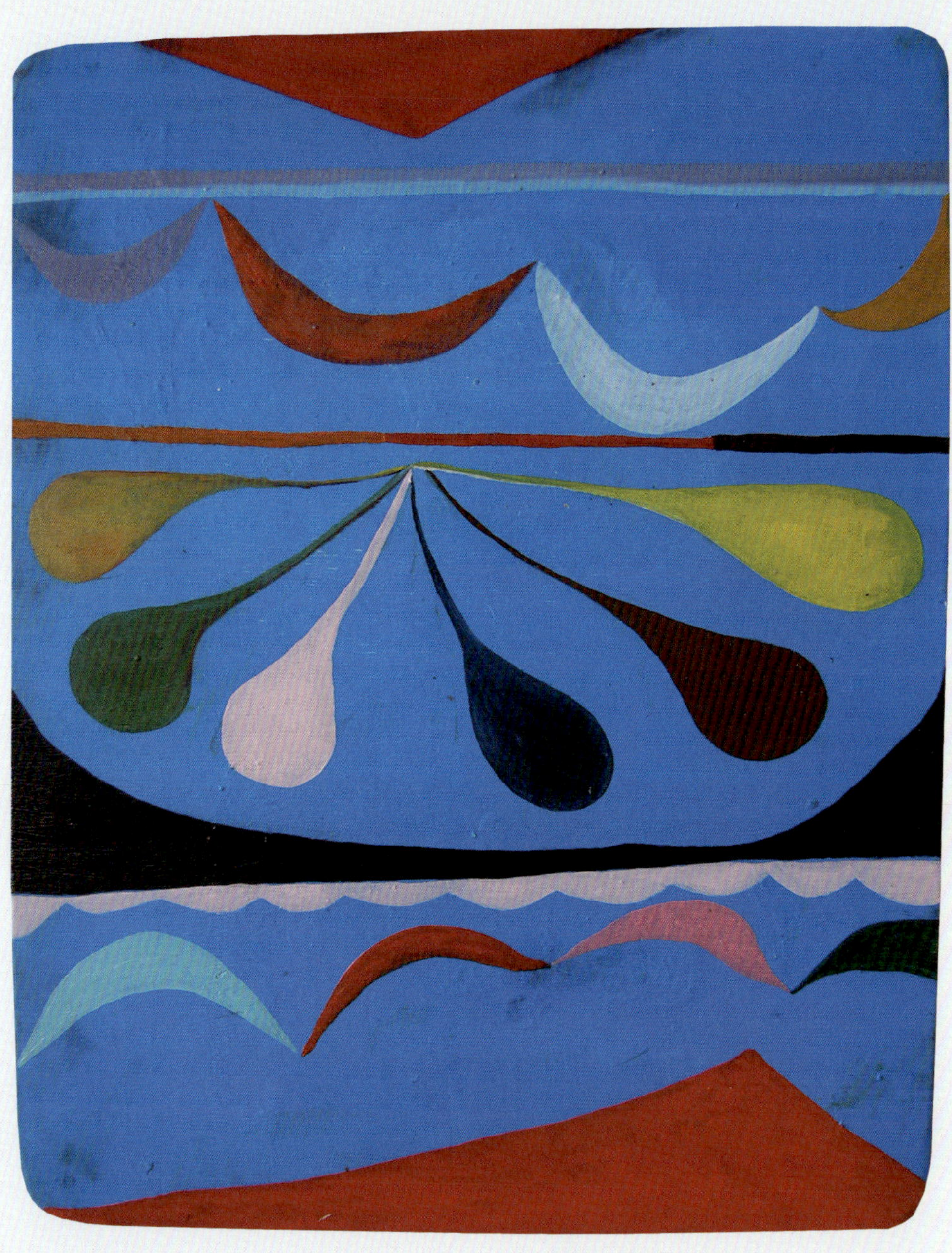

Moria
2009
Öl auf Holz *Oil on wood*
30 x 38 cm
courtesy die Künstlerin und *the artist and* Produzentengalerie, Hamburg
Fotografie *Photograph*: Jan Michalko

schleifen, abbeizen, abkratzen

a) durch gleichmäßiges Reiben der Oberfläche an etwas Rauem schärfen
b) die Oberfläche von etwas bearbeiten, sodass eine bestimmte Form entsteht
c) hart ausbilden, drillen
d) Farbe, Lack o. Ä. mit einem chemischen Lösungsmittel entfernen
e) durch Kratzen reinigen
f) sterben

grind, corrode, kick the bucket

a) scrape or wear away by rubbing
b) polish by rubbing
c) reduce to small particles or powder by crushing
d) move with a crushing action
e) reduce, sharpen, or smooth by friction
f) be destroyed, suffer death or ruin, deteriorate, rot

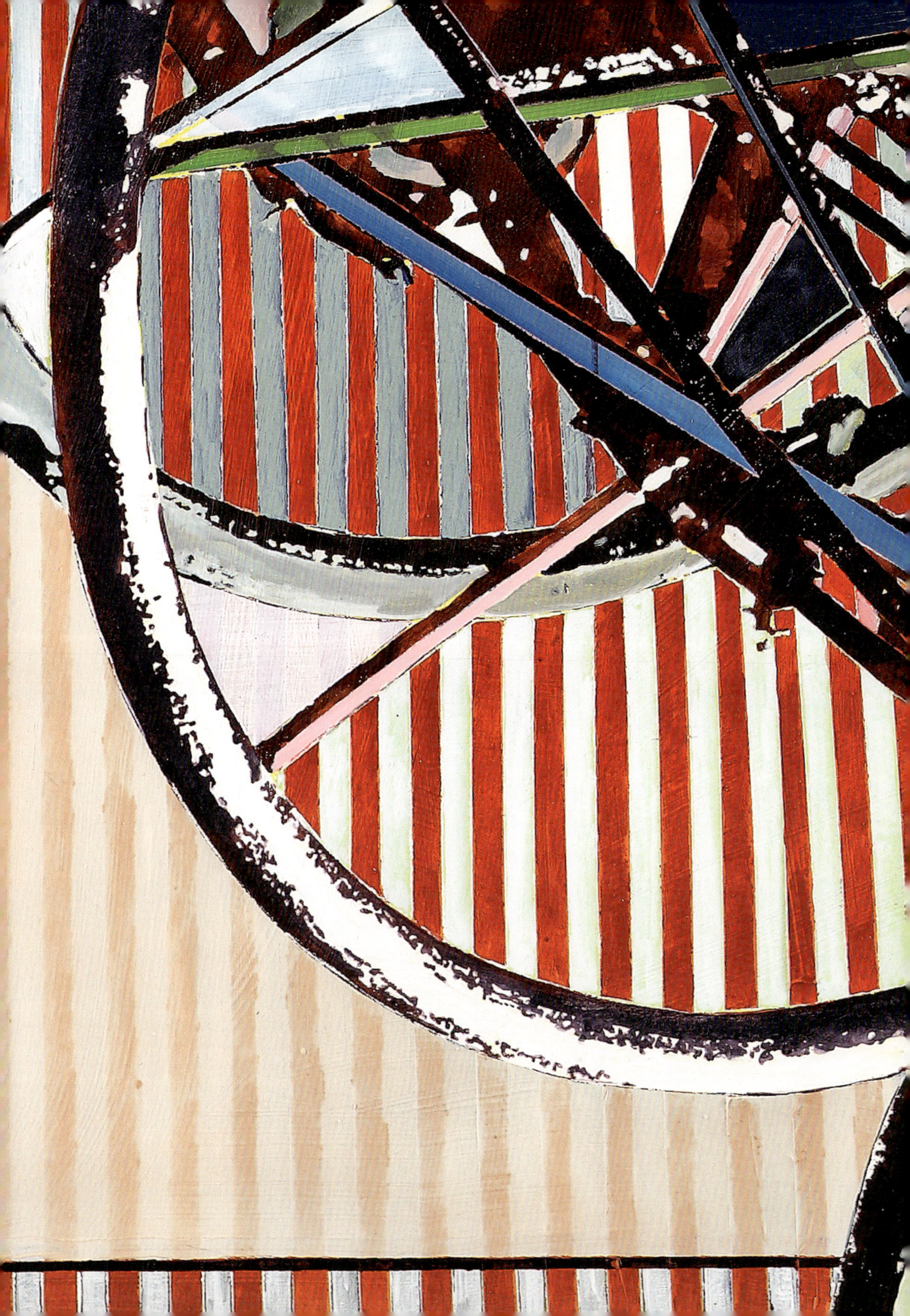

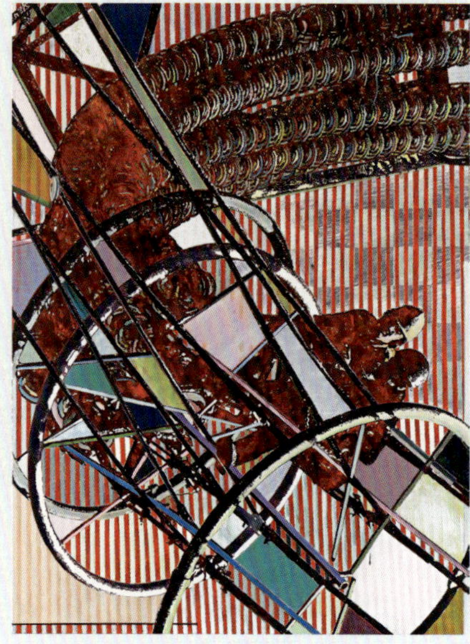

Wenn die ›heile Welt« fragwürdig und nicht länger idyllisch abbildbar ist, muss man sie entkleiden und artistisch wiederherstellen. Industrieanlagen, technisches Gerät und Stahlkonstruktionen als Platzhalter des Realen, die systematisch demontiert werden, um zu einer konstruktiveren Bild- und Weltauffassung zu gelangen. *If the ›ideal world‹ became disputable and undepictable, it has to be dismantled and artistically reassembled. Industrial plants, technical equipment and steel constructions revealed as proxies of reality. One has to demolish them in order to achieve a more constructive conception of the image and the world.*

Jan Muche

geboren *born* 1975 in Herford

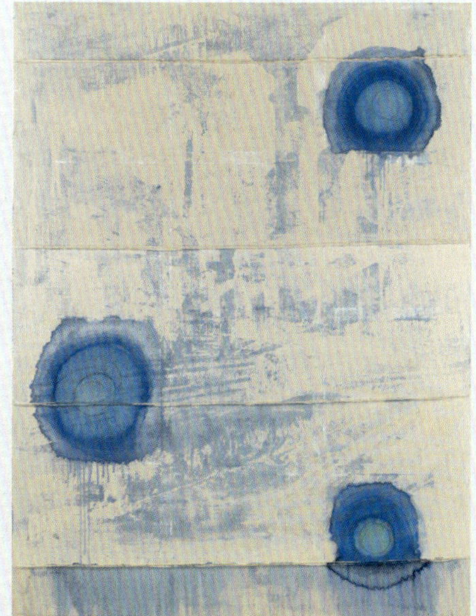

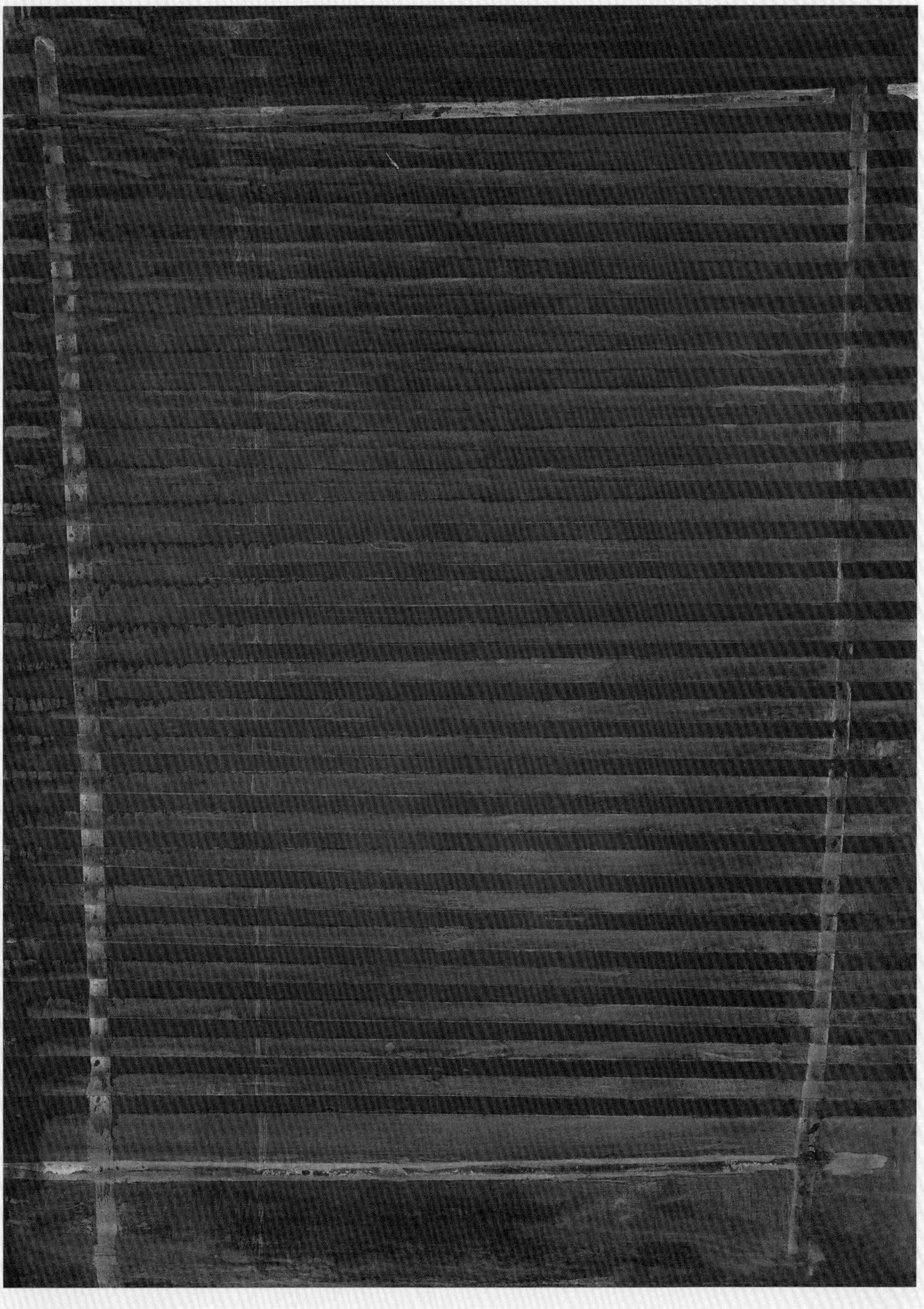

schmücken, dekorieren, verschönern, drapiern
a) mit schönen Dingen, mit Schmuck ausstatten, verschönern, mit etwas Verschönerndem versehen
b) eine Person oder Sache durch Verzierung wirkungsvoll verschönern
c) ausschmücken, künstlerisch ausgestalten
d) schöner, ansprechender machen
e) kunstvoll in Falten legen
f) mit kunstvoll gefaltetem Stoff behängen, schmücken

adorn, decorate, grace, drape
a) add beauty or lustre to
b) be an ornament to
c) provide with adornments
d) provide a room or a building with new paint, wallpaper, etc.
e) add grace to, enhance, confer honour or dignity on
f) hang, cover loosely, or adorn with cloth etc., arrange cloth carefully in folds

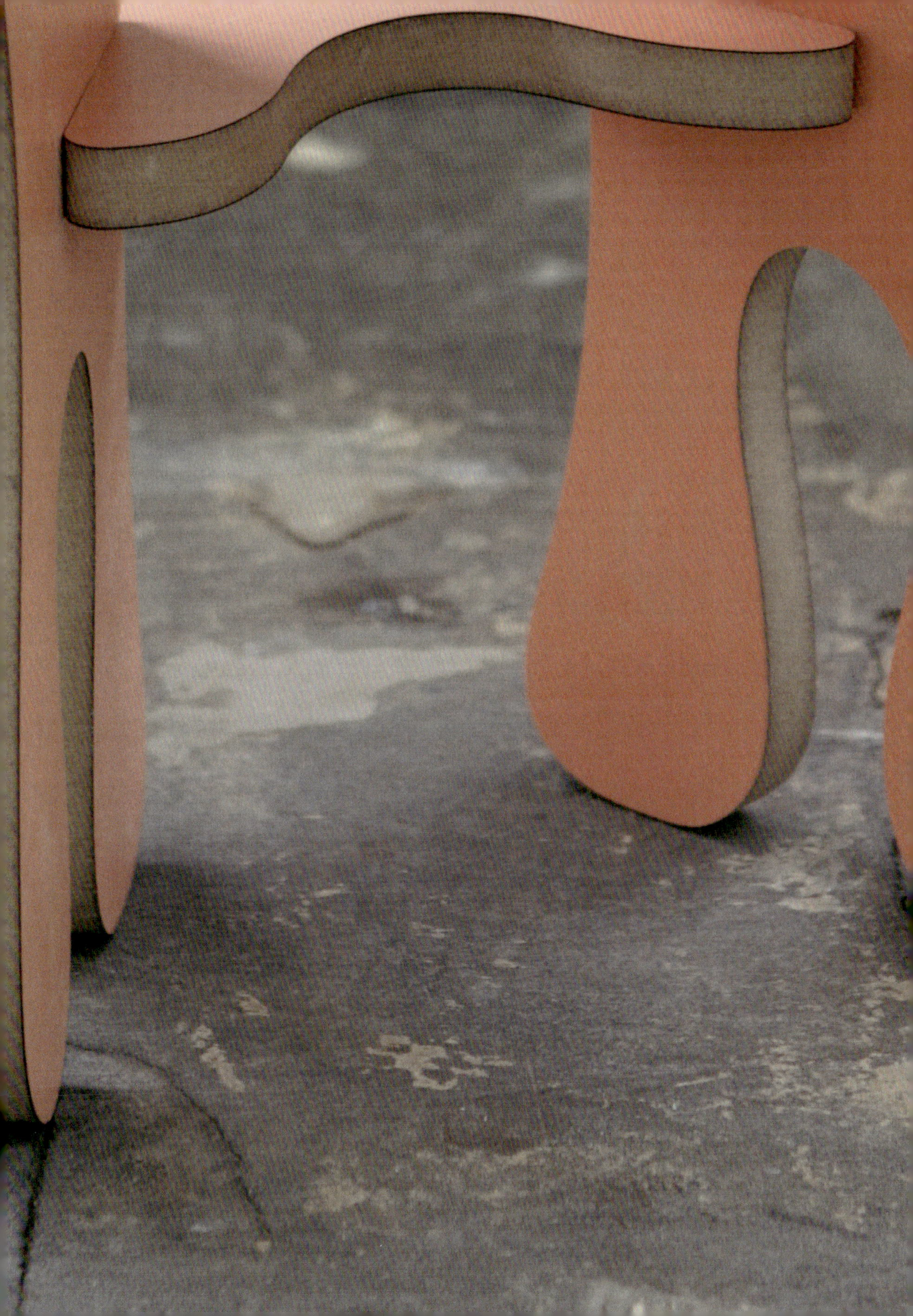

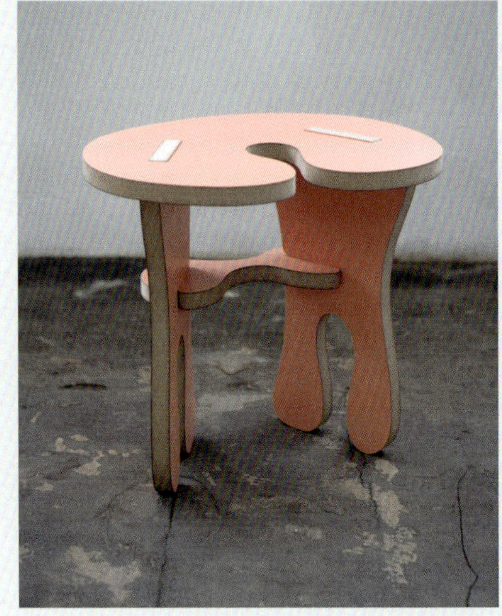

Broto Banco (Sprout Bench)
2007
lackiertes *coated* MDF
39 x 40 x 33 cm
sechsteilig in verschiedenen Farben *six parts in different colours*
courtesy der Künstler und *the artist and* Galerie Max Hetzler, Berlin
alle Fotografien *All photographs*: Ernesto Neto, Holger Niehaus, Michael Schulze

Biomorphe Gebilde im Raum, die die Begegnung und Interaktion mit dem Betrachter suchen. Mit spielerisch kindlicher Neugierde kann dieser sie anfassen, bewegen, auf ihnen Platz nehmen oder gar eine Plattform besteigen, um sich aus dem gewohnten Trott zu erheben, Gedanken auszusprechen und dabei durch den partizipatorischen Orts- oder Perspektivwechsel selbst verändert aufzuleben.
Biomorphic entities in space longing for the encounter and interaction with the beholder. Curiously they are to be touched, moved, to be sat upon or to be mounted in order to rise from the daily grind, to speak one's mind and by this change of place and perspective to come alive alteredly.

Ernesto Neto

geboren *born* 1964 in Rio de Janeiro

Stand up, Speak up, See up
2007
Sperrholz *Plywood*
149 x 82 x 95 cm
Auflage *Edition*: 4
courtesy der Künstler und *the artist and*
Galerie Max Hetzler, Berlin

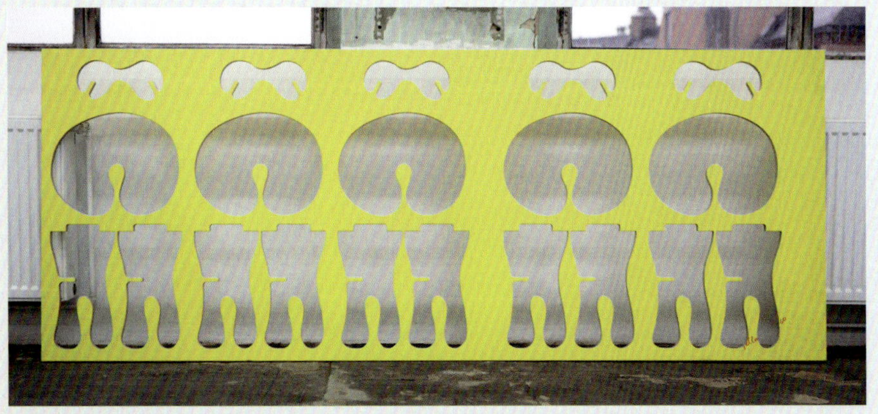

We are Arriving
2007
lackiertes coated MDF100 x 250 cm
Auflage *Edition*: 6 in verschiedenen
Farben *in different colours*
courtesy der Künstler und *the artist and*
Galerie Max Hetzler, Berlin

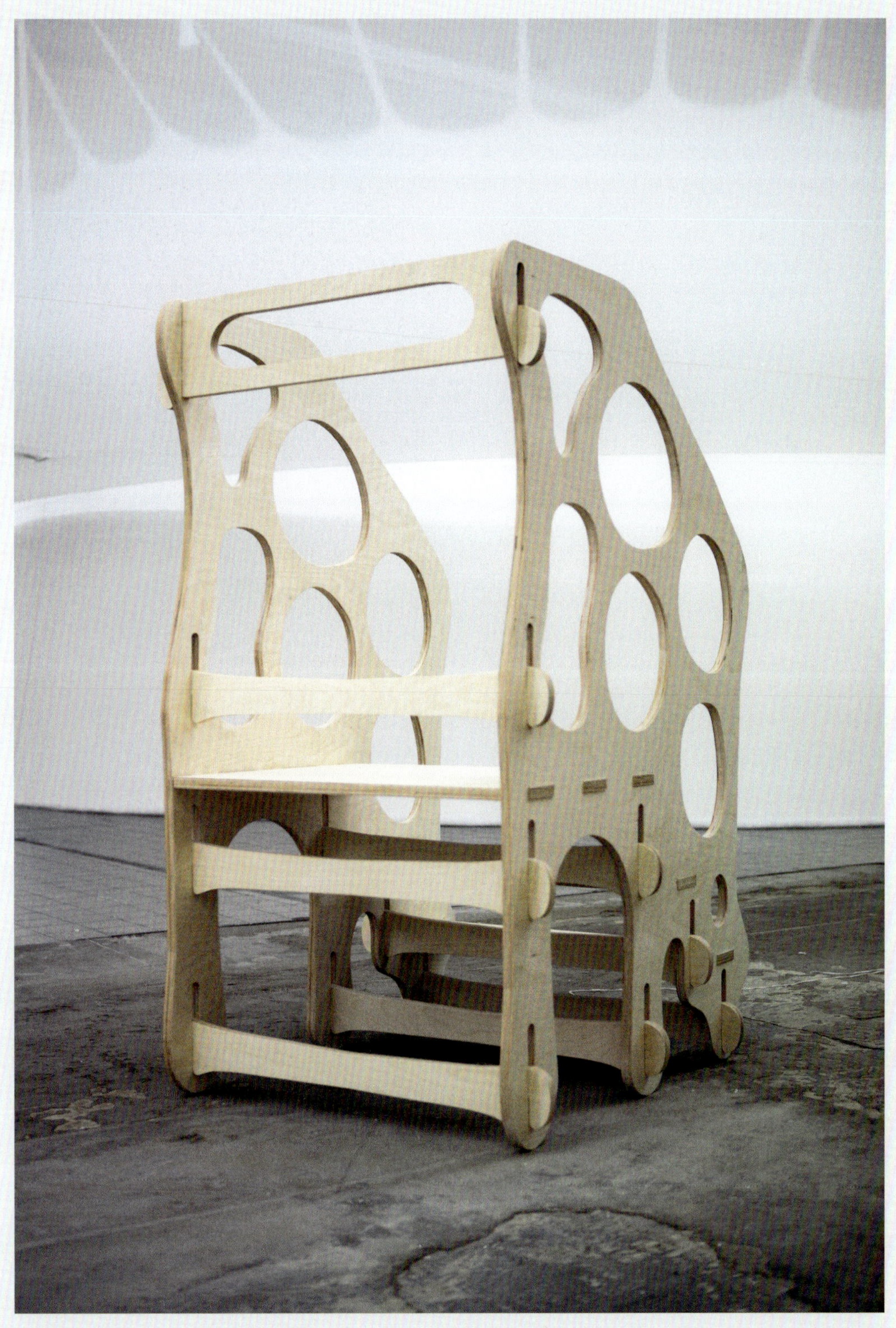

setzen, besetzen, aneignen

a) sich irgendwohin begebend eine sitzende Stellung einnehmen

b) drückt aus, dass jemand bestimmte Verhältnisse für sich herstellt

c) zu bestimmtem Zweck an eine bestimmte Stelle bringen und eine gewisse Zeit dort belassen

d) in einer bestimmten Form aufstellen, lagern

e) bei einer Wette, einem Glücksspiel als Einsatz geben

f) in Bezug auf etwas eine bestimmte Anordnung treffen, etwas festlegen, bestimmen,

g) mit etwas verzieren, was aufgenäht, aufgeklebt o. Ä. wird

h) belegen; reservieren, für sich in Anspruch nehmen

i) ein Gebiet o. Ä. erobern, einnehmen und beherrschen

j) in Besitz nehmen

k) sich in den Besitz einer Sache setzen; etwas an sich nehmen

l) sich in etwas üben, bis man es beherrscht; sich etwas zu eigen machen, etwas lernen

sit, occupy, appropriate

a) adopt or be in a position in which the body is supported more or less upright by the buttocks resting on the ground or a raised seat etc.

b) cause to sit

c) place in a sitting position

d) be engaged in an occupation in which the sitting position is usual

e) be engaged in business

f) fit or hang in a certain way

g) take a position outside a city etc. to besiege it

h) the way a dress etc. sits on a person

i) reside in, be the tenant of

j) take up or fill space or time or a place

k) take forcibly e.g. military possession of a country, region, town, strategic position

l) take possession of, esp. without authority

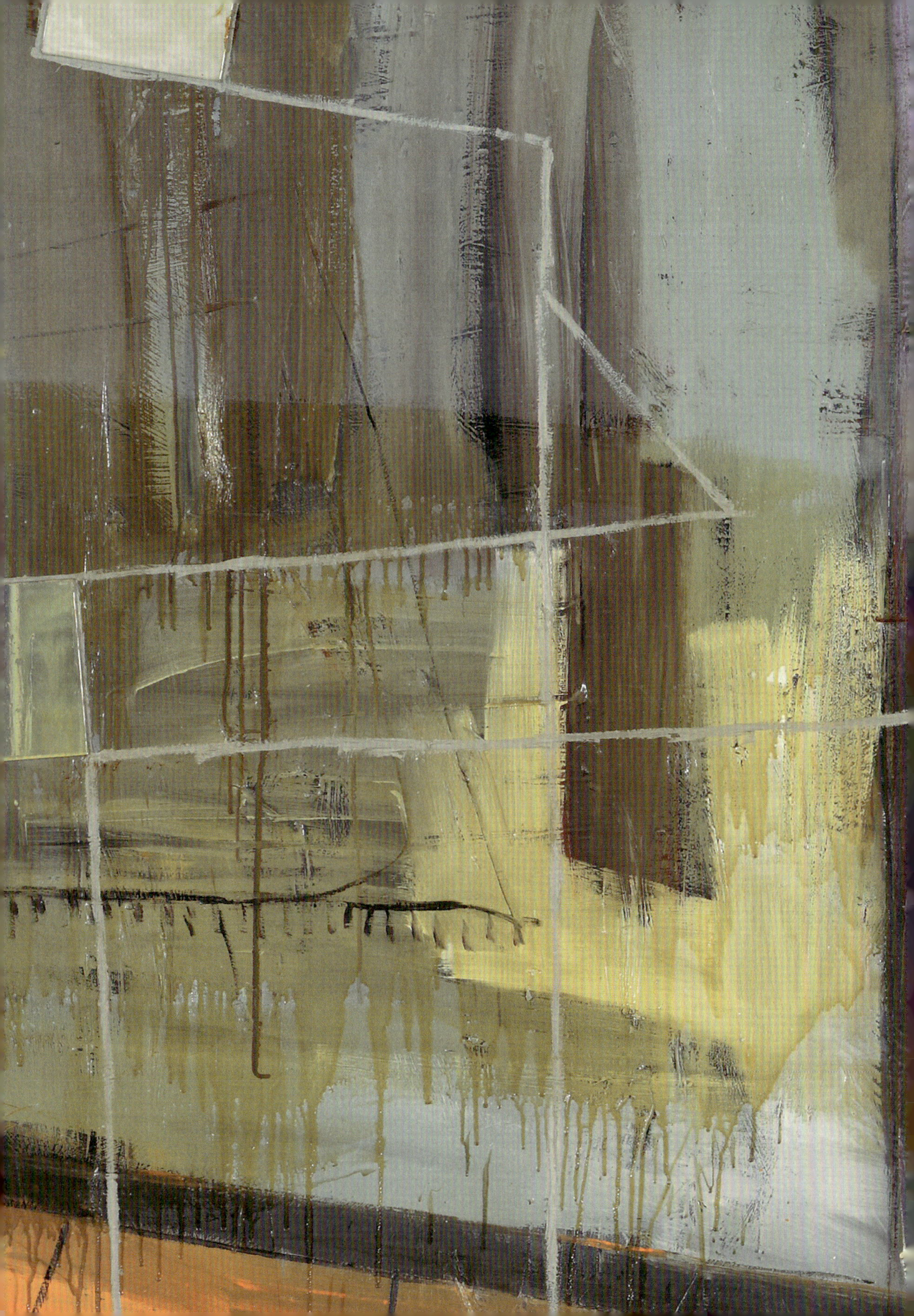

Ein wüst zerstrichenes Interieur, eine Zimmerecke mit zerfasertem Vorhang, ein Bücherregal. Fluchtende Perspektiven und klare Proportionen verlaufen sich in greller Farbigkeit. Dazu ein fragiles Gestell mit aufmontierten Spiegeln, die den Betrachter zunächst näher ans Bild holen, ihn dann aber umso harscher zurückwerfen und mit sich selbst konfrontieren (das ist Re-flexion, Um-biegung). Wo steht man also? Und wie steht es um das noch präpostungegenständliche Bild, das aber schon dabei ist sich von allen Darstellungs- und Abbildungszwängen freizumachen? *A rawly elapsed interior, the corner of a room with a frayed curtain, a bookshelf. Fleet perspectives and clear proportions deviate in dazzling colour. Furthermore, a fragile frame with mirrors mounted upon pulls the beholder near to the surface just to repellently throw him back and confront him with himself (this is re-flection, re-curvation). So, where does one stand? And what's the condition of this still pre-post-non-objective painting which already is sat in on freeing itself from all restraints of representation and depiction.*

Albert Oehlen geboren *born* 1954 in Krefeld

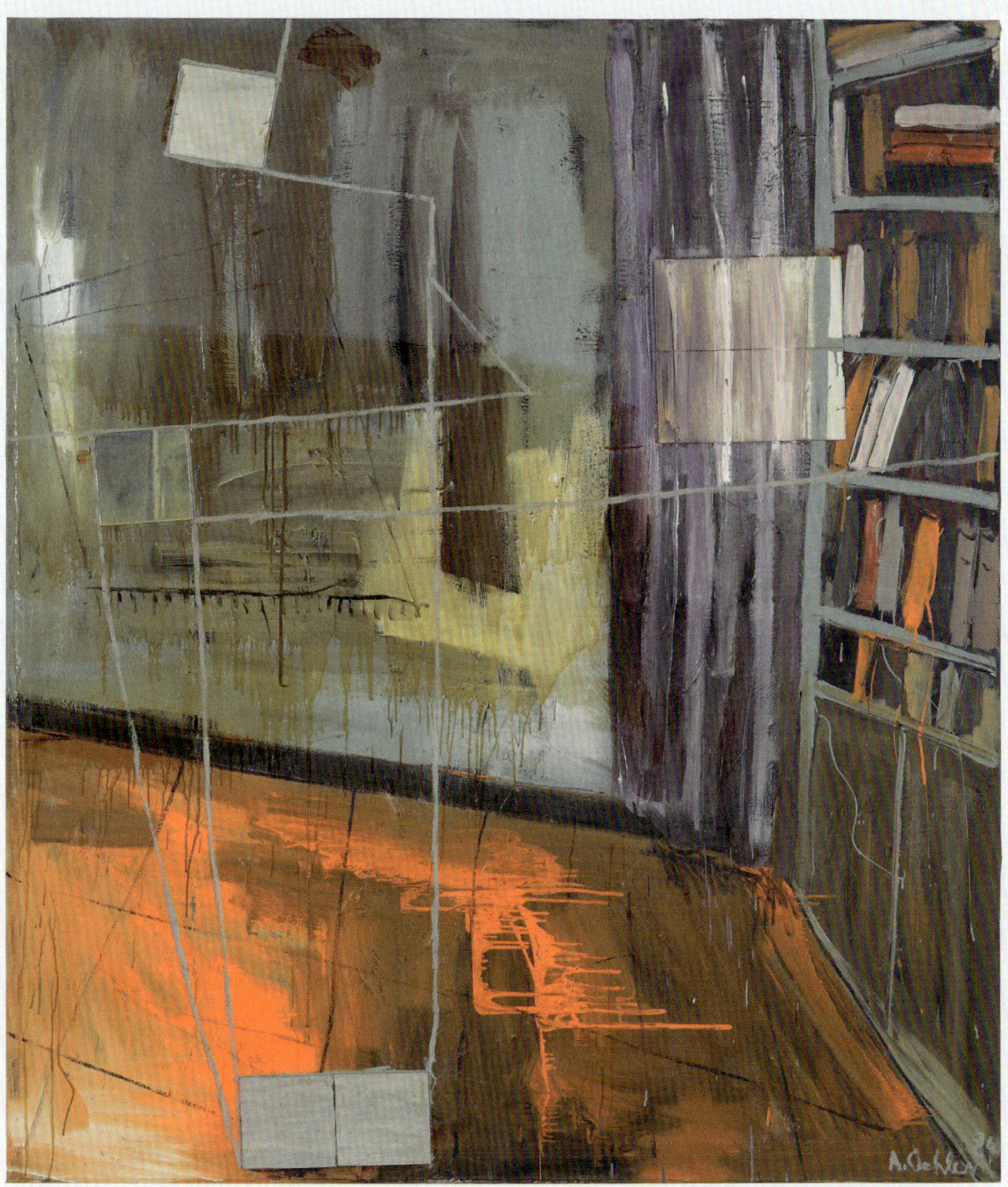

Als Erik Satie 1917 seine *Musique d'ameublement* entwarf, schwebte ihm ein Soundtrack für den Hintergrund vor. Die Rezipienten waren nicht als Zuhörer gedacht, sondern als Flaneure, denen der Klang lediglich die momentane Situation erleichtern sollte, indem er Gesprächspausen überdeckt und angenehme Atmosphäre im Raum verbreitet.

»Wir nun wollen eine Musik einführen, die die ›nützlichen‹ Bedürfnisse befriedigt. Die Kunst gehört nicht zu diesen Bedürfnissen. Die *Musique d'ameublement* erzeugt Schwingungen; sie hat kein weiteres Ziel; sie erfüllt die gleiche Rolle wie das Licht, die Wärme und der Komfort in jeder Form.«

Satie erprobte seine *Möbelmusik* zuerst zur Beschallung von Foyers in Konzertpausen, doch die Titel der fünf Stücke für ein im Raum verteiltes Kammerensemble deuten eher auf Orte abseits der Kulturtempel (z.B. »Vorhang eines Raums der Stadtverwaltung«). In seinen Kommentaren stellte Satie eine mögliche Funktion als beiläufig wahrgenommene Klangtapete in Restaurants in Aussicht:

»Diese Musik kann das oft lastende Schweigen zwischen den Gästen möblieren. Sie wird ihnen die üblichen Banalitäten ersparen. Gleichzeitig neutralisiert sie etwas die Straßengeräusche, die ungeniert ins Spiel kommen.«

Die einzelnen Abschnitte sind 8-12 Takte lang und zur stetigen Wiederholung gedacht. Es handelt sich um eine Aneinanderreihung musikalischer Phrasen, die Satie dem als klischeehaft empfundenen Musikbetrieb abgelauscht hatte. Er montierte sie nach dem Baukastenprinzip, behandelte sie also eher zirkulär als final, eher räumlich als zeitlich.
Saties Vorgehen wirkt spielerisch, trägt aber weitreichende Implikationen in sich: Er trachtet nach einer Annäherung von Kunst und Alltag, indem er der Musik den geschlossenen Werkcharakter nimmt und sie vor die Tore des Konzertsaals verlagert, als Mittel zum banalen Zweck. Er will das 19. Jahrhundert überwinden,

Andi Schoon **You may think it's the Sound of Nature**

What Erik Satie had in mind when conceptualizing his Musique d'ameublement, *or furnishing pieces, was a soundtrack that was to be played in the background. Conceived of less as listeners but more as flaneurs, its recipients were to be aided in enduring momentary situations by a music that was merely meant to bridge the gaps in conversation or spread a congenial atmosphere through a given room.*

'We would like to introduce a kind of music now, which satisfies the "useful" variety of human needs. Art does not belong to these needs. The Musique d'ameublement *generates vibrations; it has no other goal. It fulfils the same roles as do light, warmth—and every form of comfort.'*

Although Satie first put his furnishing music *to the test by employing them to fill the foyers of concert halls with sound during intermissions, the titles of the five pieces (e.g.* Wall Hanging for a Prefectural Office), *composed for a chamber ensemble that was to be distributed throughout the room, in various places, point rather toward places beyond the cultural temple, as it were. In his commentaries, Satie mentioned the prospect of a possible function among the perceived background noise of a restaurant:*

'This music can furnish the often burdensome silences between guests at the restaurants. It will spare them from the usual banalities. At the same time, it somewhat neutralizes the sounds of the street that so abashedly disrupt the scene.'

The single 'movements', or sections, are between eight and twelve measures long, having been conceived of for continual repetition. They are comprised of a succession of musical phrases that Satie had borrowed after eavesdropping on what he considered to be a cliché-riddled musical establishment. He assembled them as though according to a building-block principle, and yet handled them more circularly than final—more spatially than temporal.
Though Satie's process would appear to be a playful one, it nonetheless bears widely reaching consequences: he aspires toward achieving reconciliation between art and the everyday by stripping music of its immanence and relocating it before the gates of the concert hall, as the means to an altogether mundane end. He aspires toward overcoming the

den Geniekult, das überladene Pathos, die selbstgenügsame Filigranität. Seine Waffen sind die Ironie und Wiederholung, seine Methode die Komposition in Patterns (was ihn zu einem Vorläufer der Minimal Music und zum geistigen Vater von Brian Enos Ambient Music macht).

Auch das Bauhaus beschäftigte die Frage nach einer klanglichen Umsetzung seiner gestalterischen Ideale: Welche Musik prägt den Raum so subtil wie ein, sagen wir, Freischwinger von Marcel Breuer (ein Möbelstück, das schick aussieht, aber wohlgemerkt nicht sehr gemütlich ist). Der Anspruch des Bauhaus bestand in der Suche nach einer Avantgarde für Alle. Ziel war die Ausbildung von Gestaltern, die wieder in der Lage sein sollten, Produktionsprozesse von A bis Z zu überschauen – emotional, intellektuell, visuell, akustisch. Die Strategie der Reduktion war also nicht rein ästhetisch motiviert, sondern als politischer Akt gedacht: Die Komplexität der modernen Welt kann nur entschlüsseln, wer das jeweils kleinste Element versteht. Auf visueller Ebene haben wir es am Bauhaus deshalb häufig mit Grundfarben und -formen zu tun. Wie nun hätte eine Übertragung auf das Auditive zu klingen?
Immer wieder taucht im Bauhaus-Umfeld die Idee einer vollkommenen Klangkontrolle auf. Laszlo Moholy-Nagy etwa träumte von einer zeichnerischen Ritzschrift, mit der sich grafische Zeichen direkt auf die Grammophonplatte übertragen ließen. Nicht die Unwägbarkeiten einer Interpretation würden auf diese Weise dokumentiert; die Reproduktion wäre vielmehr das Zeugnis einer absolut festgelegten 1:1-Übersetzung.

Piet Mondrian, dem Bauhaus nahe stehend, suchte ebenfalls nach direkten Analogien seiner bildkünstlerischen Ideale auf klanglichem Terrain – schließlich dachte er den von ihm entwickelten Neoplastizismus als übertragbares Gestaltungsprinzip, das sich in verschiedenen Medien darstellen lässt. Entsprechend seiner asymmetrischen Rastergemälde forderte Mondrian einen Verzicht auf die Melodie zugunsten des Rhythmus, stark kontrastierende Klänge, schnelles Tempo sowie pausenlose Beschallung, um keinerlei subjektive Projektionen in die Stille

Klangtapeten in Geschichte und Gegenwart *Background music in the past and present*

19th century and its celebration of the cult of the genius and overloaded pathos. His weapons are irony and repetition, his method that of composing in patterns (making him the precursor to Minimal music and the intellectual father of Brian Eno's Ambient music).

The Bauhaus was also concerned with the question of integrating sound into its design ideals: which kind of music would be capable of subtly influencing the given space—similarly to how, let us say, a cantilever chair by Marcel Breuer might do (a piece of furniture that looks fancy but is by no means very comfortable). The aspirations of the Bauhaus were toward discovering an avant-garde for one and all. The goal was to train designers so that they were able to oversee the process of production from A to Z again—emotionally, intellectually, visually and acoustically. Thus the strategy of reduction was not purely motivated by aesthetics only but also conceived of as a political act: the complexity of the modern world can only be decoded by those who understand its smallest elements. That is why, on the visual level, we often encounter primary colours and basic forms. How, though, was a transfer of these principles into the auditory realm to sound?
Time and again, the idea of a quintessential ability to control sound emerges in association with the Bauhaus. Laszlo Moholy-Nagy, for example, dreamed of creating a graphic engraving script, which could be employed to transfer graphic signs directly onto gramophone records. It was not the intricacies of an interpretation that were to be recorded, however, but rather the testimony of an absolutely fixed and predetermined 1:1, literal translation.

In many ways close to the Bauhaus, Piet Mondrian also searched for direct analogies to his visual ideals within tonal terrain—after all, he viewed the Neo-Plasticism he had invented as being a transferable design principle, that could be expressed through various mediums. In accordance with his asymmetric grid paintings, Mondrian called for a forgoing of melody in favour of rhythm, strongly contrasting sounds, a quick tempo and pauseless sonance, in order to prevent any subjective projection into silence. Furthermore, he was considering how to involve a 'mechanistical intervention',

zuzulassen. Zudem schwebte ihm ein »mechanistischer Eingriff« vor, der eine genaue Kontrolle von »Wellenlänge und Schwingungszahl« erlauben sollte. Allein: Mondrian war kein Komponist.

Dafür hatte er in der Künstlergruppe De Stijl Jakob von Domselaer an seiner Seite. Der 18 Jahre jüngere Komponist versuchte sich in der Klaviersuite *Proeven van Stijlkunst* (1913-1917) an einer angemessenen Verklanglichung der Gedanken des Meisters – womöglich beeinflusst von den kargen Patterns eines Erik Satie (jedoch einige Jahre bevor jener mit der *Musique d'ameublement* auf den Plan trat). Domselaer brauchte keinen »mechanistischen Eingriff«, um die Bilder Mondrians vor das geistige Auge zu rufen. Seine Stücke sind flach, repetitiv, sparsam, kaum modulierend. Sie drehen sich wie ein Mühlrad in stetigem Tempo. Domselaer war ein Kind der abseitigeren Tendenzen seiner Zeit. Doch wo etwa Satie inzwischen als Mensch und Komponist (als auch für Werbezwecke aller Art) gut erschlossen ist, steht die Aufarbeitung des Wirkens Domselaers schwer begreiflicher Weise noch aus.

Ideologisch ganz anders gelagerte Klangmöblierung finden wir in den zahllosen Versuchen, den Soundscape am Arbeitsplatz und während des Einkaufs zu gestalten. Musik knapp unterhalb der Wahrnehmungsschwelle war etwa das Metier der 1934 gegründeten Muzak Inc., die mit Weichspülversionen bekannter Melodien zahllose Shoppingmeilen, Büros und Fahrstühle einfärbte.

Als Konkurrenz strahlte die BBC zwischen 1940 und 1967 wochentäglich das Programm Music While You Work aus, mit beschwingter Live-Musik, die auch die Arbeitskräfte in den Fabriken zu zügiger Verrichtung ihrer Aufgaben anregen sollte. Das Programm unterlag strengen musikalischen Regeln: gleichbleibende Lautstärke, stetiges Tempo, bekannte Melodien, gut gelaunte Atmosphäre.

Akustische Beeinflussung kennt heute unterschiedliche Formen, Strategien und Ziele. Im Rahmen des Instore-Marketings kann Musikeinsatz etwa helfen, die Dauer des Aufenthalts zu verlängern. Der Kunde fühlt sich in

which would have allowed for the precise surveillance of 'wavelengths and vibrational frequencies'. Yet, the problem was: Mondrian was no composer.

To that end, however, he had Jakob von Domselaer from the De Stijl group of artists on his side. The eighteen years younger composer attempted, with his Proeven van Stijlkunst *suite for piano (1913-1917), to arrive at an appropriate sonant realization of the master's conceptions—possibly also influenced to a degree by the austere patterns of none other than Erik Satie (although several years prior to the emergence of the* Musique d'ameublement*). Domselaer had no need for any 'mechanistical interventions' in order to conjure up the paintings of Mondrian before the mind's eye. His pieces are flat, repetitive, sparse and nearly devoid of modulation. They turn like the blades of a windmill in an unchangingly steady tempo. Domselaer was a child of the more remote tendencies of his time. Yet, whereas Satie has meanwhile been well-examined as both man and composer (as well as for the widest variety of promotional purposes), consideration of the repercussions of Domselaer's work has, for no understandable reason, remained to be seen.*

Musical furnishing of an entirely different ideological nature is to be found in the countless attempts to create soundscapes in the working place and accompaniment for shopping. Music played at volumes just below the threshold of perceptibility was the metier of Muzak Inc., founded in 1934, which doused innumerable shopping locations, offices and elevators in its fabric-softened versions of well-known melodies.

Serious competition was provided when the BBC aired its weekly broadcast of 'Music While You Work' between 1940 and 1967, featuring peppy live music that was also to encourage the workforces of the factories toward a more expeditious performance of their duties. The program was developed according to strict musical rules: unvarying volume levels, a steady tempo, well-known melodies, and a cheery atmosphere.

These days, the use of music as a manipulative influence takes on many forms and strategies with a variety of goals. Employing music within the framework of in-store marketing, for example, can positively influence the amount of time the consumer spends inside the store. The customer feels comfortable in the non-intrusive acoustic environment,

einer unaufdringlichen Klanglandschaft wohl und verweilt darin, bis gewisse (etwa visuelle) Botschaften zum Tragen kommen bzw. wahrgenommen werden. Auch lässt sich eine Atmosphäre des Hochwertigen herstellen, die dazu verleiten kann, mehr Geld auszugeben oder sich für ein ganz bestimmtes Produkt zu entscheiden. Die akustische Markenkommunikation beschränkt sich jedoch nicht auf die Beeinflussung innerhalb von Warenhäusern. Sie setzt auf langfristige Kundenbindung über dessen Identifikation mit einer Klanglandschaft bzw. durch Verklanglichung eines bestimmten Lifestyles. Der Klang unterstützt die Vermittlung des angestrebten Markenimages, sei es nun jung und urban oder auch zeitlos und solide. Im Zentrum steht dabei zunehmend die Soundtextur (und weniger die Komposition musikalischer Themen).

Ein schönes Beispiel liefert uns ein zeitgenössischer Werbeclip für die E-Klasse von Mercedes: schwarzer Bildschirm, Rauschen, Vogelgezwitscher. Dann nacheinander folgende Einblendungen, unterbrochen von weiteren Schwarzblenden:

»Listen.«
»You may think it's the sound of nature.«
»It's the sound of an E-Class.«
»Introducing the silent KOMPRESSOR engine.«

Ein Spot, der hängen bleibt, aber auch eine wahrlich sinistre (letztlich aber wohl doch unfreiwillige) Verbeugung zu John Cages 100. Geburtstag, dem großen Förderer Erik Saties und Verteidiger der Stille als künstlerisches Element! Was Satie noch nicht wissen konnte und Cage höchstens erahnt hat: Dass der CEO von heute einen Sounddesigner zur Gestaltung des Hintergrunds angestellt hat und im Management-Seminar konzentriert in die natürliche Klanglandschaft lauscht.

and lingers on while specific (often visual) cues are perceived, either consciously or subconsciously. The perception of a heightened sense of quality can also be reinforced, inducing the consumer to spend more money, or to decide on a specific product. Acoustic branding, however, is not just used to influence consumers within department stores. Its goal is rather that of achieving long-term customer loyalty through associating soundscape with particular lifestyles. Sound underscores the mediation of the brands image, be it young and urban, or timeless and durable. More and more, this relies on sound texture rather than composition or musical themes.

A current commercial for the Mercedes E-Class is a good example: Black screen, a rushing sound, birds chirping. Pictures fade in and fade to black again.

'Listen,'
'You may think it's the sound of nature.'
'It's the sound of an E-Class.'
'Introducing the silent KOMPRESSOR engine.'

A catchy advert that sticks, it is also a truly sinisterly, deep (though, finally, most likely unwittingly) bow—on the occasion of what would have beenhis 100th birthday—to John Cage, a great champion of Erik Satie and staunch defender of silence as an artistic element! What Satie could not yet have known, and what Cage could, at best, have only anticipated is: that the CEO of today has secured the employment of a sound designer for the development of the background and is highly concentrated upon hearkening unto the natural sound-landscape of a management seminar.

sitzen, besitzen

a) eine Haltung eingenommen haben, bei der man mit Gesäß und Oberschenkeln auf einer Unterlage ruht und die Füße auf den Boden gestellt sind

b) sich auf etwas, an einer bestimmten Stelle aufhalten, niedergelassen haben

c) an einem Ort leben und tätig sein

d) wegen einer Straftat längere Zeit im Gefängnis eingesperrt sein

e) sich an einer bestimmten Stelle befinden

f) in Schnitt, Form, Größe den Maßen, dem Erscheinungsbild des Trägers entsprechen; passen

g) so eingeübt sein, dass man das Gelernte perfekt beherrscht anwenden, ausführen kann

h) richtig treffen und die gewünschte Wirkung erreichen

i) als Besitz haben; sein Eigen nennen, haben

be seated, possess

a) sitting

b) put or fit in position

c) sit down

d) by instinct rather than logic or knowledge

e) being imprisoned

f) hold in one's possession or at one's disposal

g) be provided with

h) hold in a certain relationship

i) be subjected to a specified state

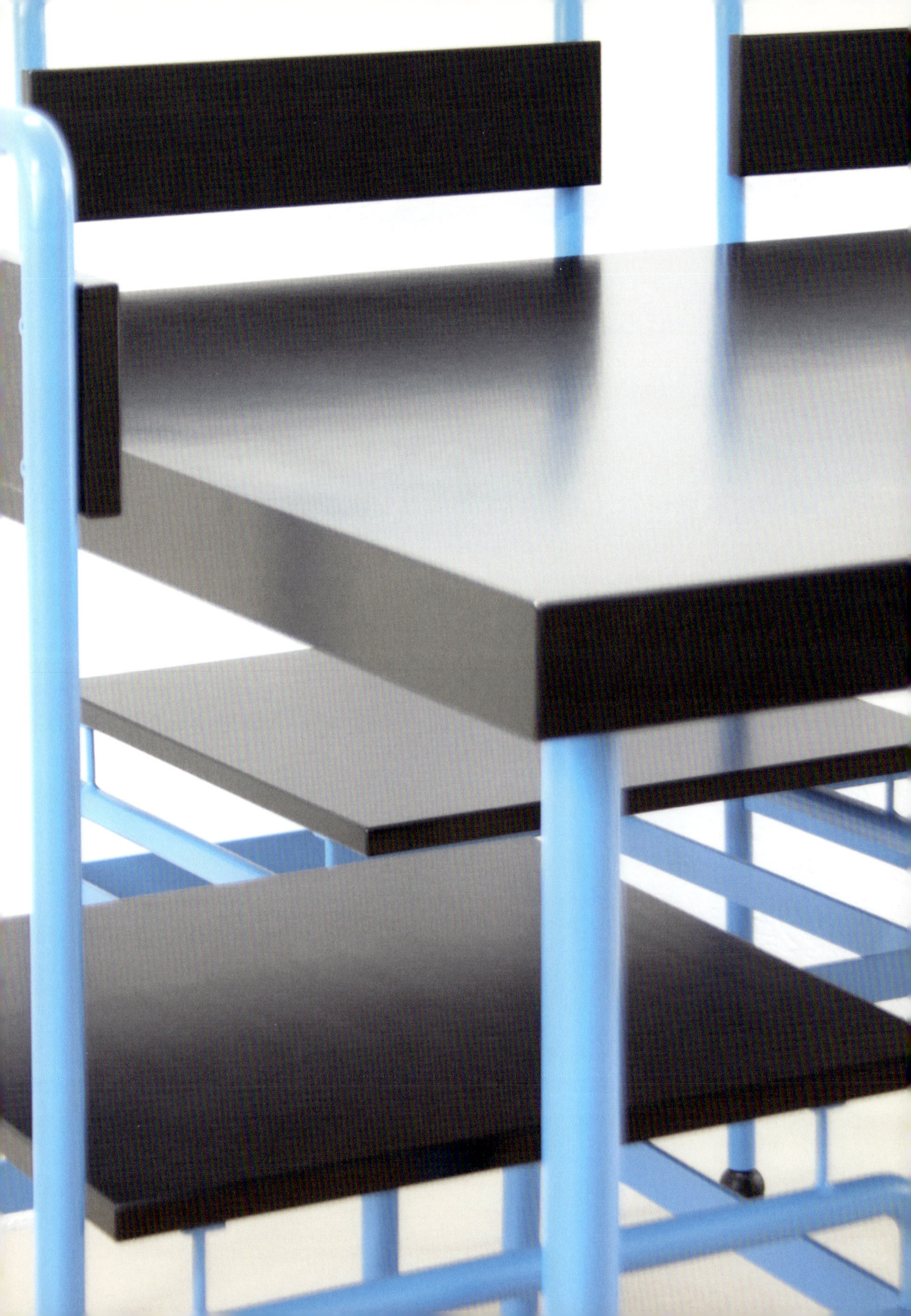

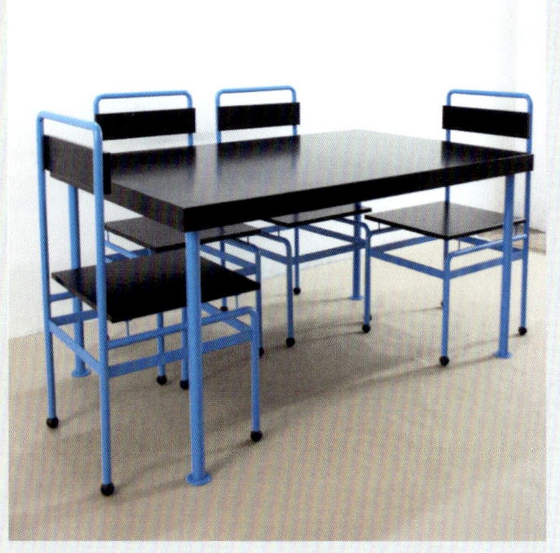

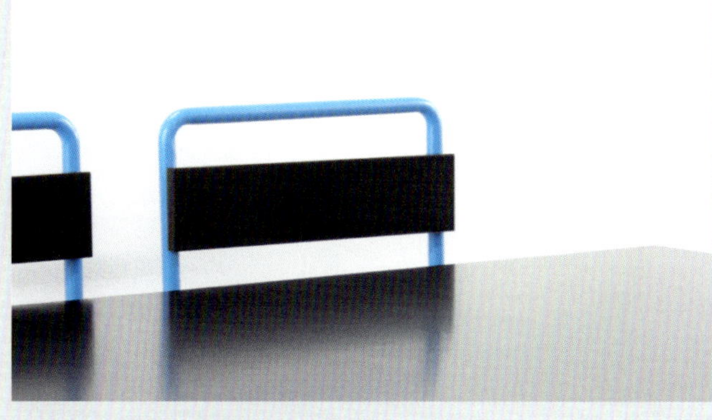

Tisch mit vier Stühlen *Table and four chairs*
1927 (Replik nach *Replica after* 1979)
Metall, Holz *Metal, Wood*
Tisch *Table*: 75 x 140 x 90 cm
Stuhl *Chair*, 91 x 42 x 45 cm
Privatsammlung *Private collection*, Berlin

»Das Kunstwerk muß der Weg sein, die Neue Gestaltung als unsere Umgebung zu realisieren. Malerei und Architektur werden zur konsequenten Durchführung einer Komposition von Geraden in sich aufhebender Gegenüberstellung, der Zweiheit des unveränderlichen rechtwinkligen Standes. Die Neue Gestaltung zeigt die neuen Gesetze, auf denen die neue Realität gebaut werden muß. Der Mensch wird dann ein freier Mensch sein. *The work of art is the way to realise the New Plastic as our environment. Painting as well as architecture will consequently realize a composition of straight lines in mutual confrontation, the duality of the firm rectangular stand. The New Plastic reveals the laws from which the new reality has to be built. Man will be free then.*« Piet Mondrian, 1922–1923

J.J.P. Oud
geboren *born* 1890 in Pumerend, gestorben *died* 1963 in Wassenaar

Gerrit Rietveld
geboren *born* 1888 in Utrecht, gestorben *died* 1964 in Utrecht

Überkommene Architektur- und Möbelformen werden aufgegeben und zu dynamischen, frei kombinierbaren Modulen im Raum, bezogen auf die Grundrichtungen und Grundfarben. Umbau der Lebenswelt, modernistische Utopien, Neue Gestaltung. *Superseded forms of architecture and furniture are forfeit and transformed into dynamic, freely combinable modules in space related to the elementary directions and colours. Alteration of the Environment, Modernist Utopias, New Plastic.*

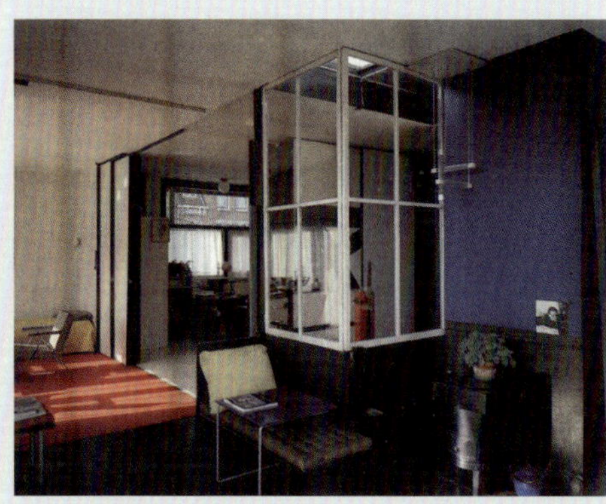

Rietveld-Schröder-Haus
Rietveld-Schröder-House
1924
Utrecht
Wohn- und Arbeitszimmer
Living room and study, nach *after* 1980

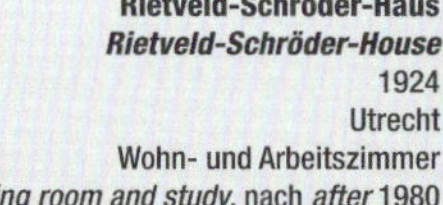

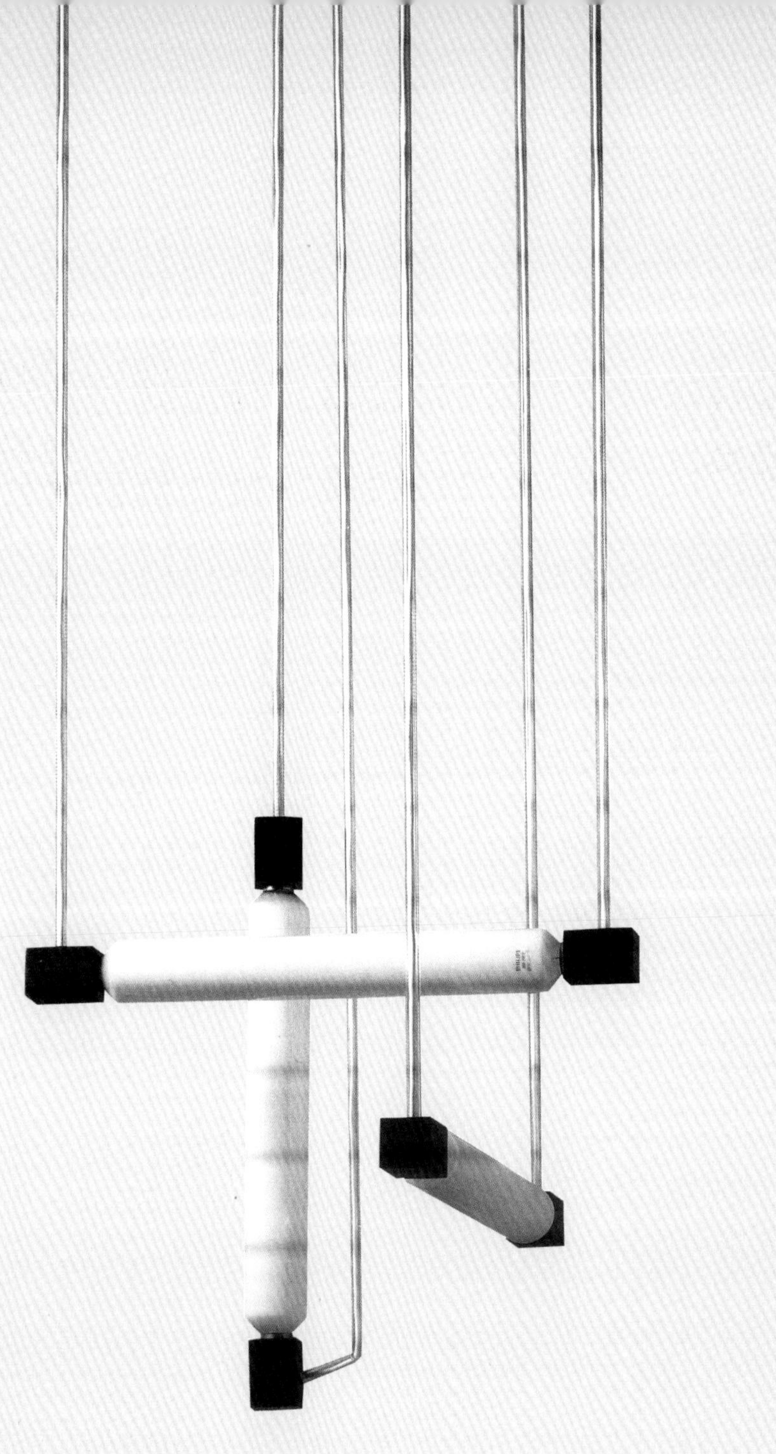

L40
1920 (Replik nach *Replica after* 1986)
Leuchtröhren, Holz, Kunststoff *Fluorescent lamp, plastic, wood*
155 x 40 x 40 cm
Privatsammlung *Private collection*, Berlin

stapeln, aufreihen
a) zu einem Stapel schichten, aufeinanderlegen
b) sich in großer Menge zu Stapeln aufhäufen
c) hintereinander auf einen Faden aufziehen
d) in einer Reihe aufstellen
e) sich in einer Reihe aufstellen

accumulate, string
a) acquire an increasing number of quantity
b) produce or acquire a resulting whole in this way
c) supply with a string or strings, tie with string
d) arrange in or as a string
e) put in a straight line or bring into line

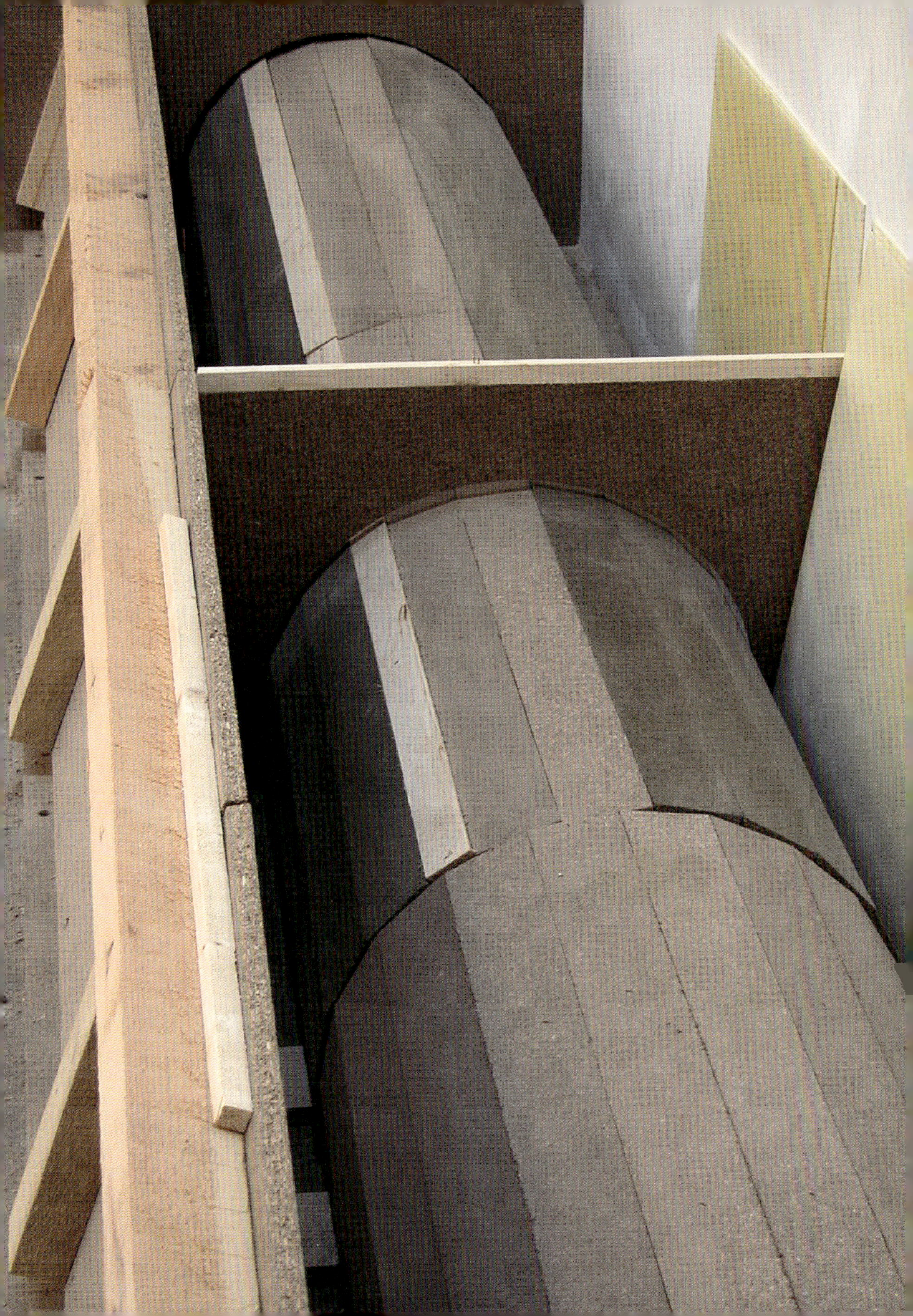

Manfred Pernice

geboren *born* 1963 in Hildesheim

Eine ausladende Bank, die wohlig ausgestreckt auf dem ›Bauch‹ liegt und sich demonstrativ vom erschöpften Fußgänger abwendet. Fast so, als ruhe oder faulenze sie ausnahmsweise einmal selbst. Eine suspendierte Zweckdienlichkeit, die umso bewusster macht, dass wir der Untergebenheit von Stadtmöbeln und Gebrauchsgegenständen vielleicht doch nicht allzu gewiss sein sollten. *A protruding bench lies comfortingly on its ›belly‹, averted from any exhausted pedestrian with ostentation. Almost as if it, for once, was reposing or lazing around for itself. This suspended serviceability makes aware that one should never take the subordination of urban furniture and other commodities for too granted.*

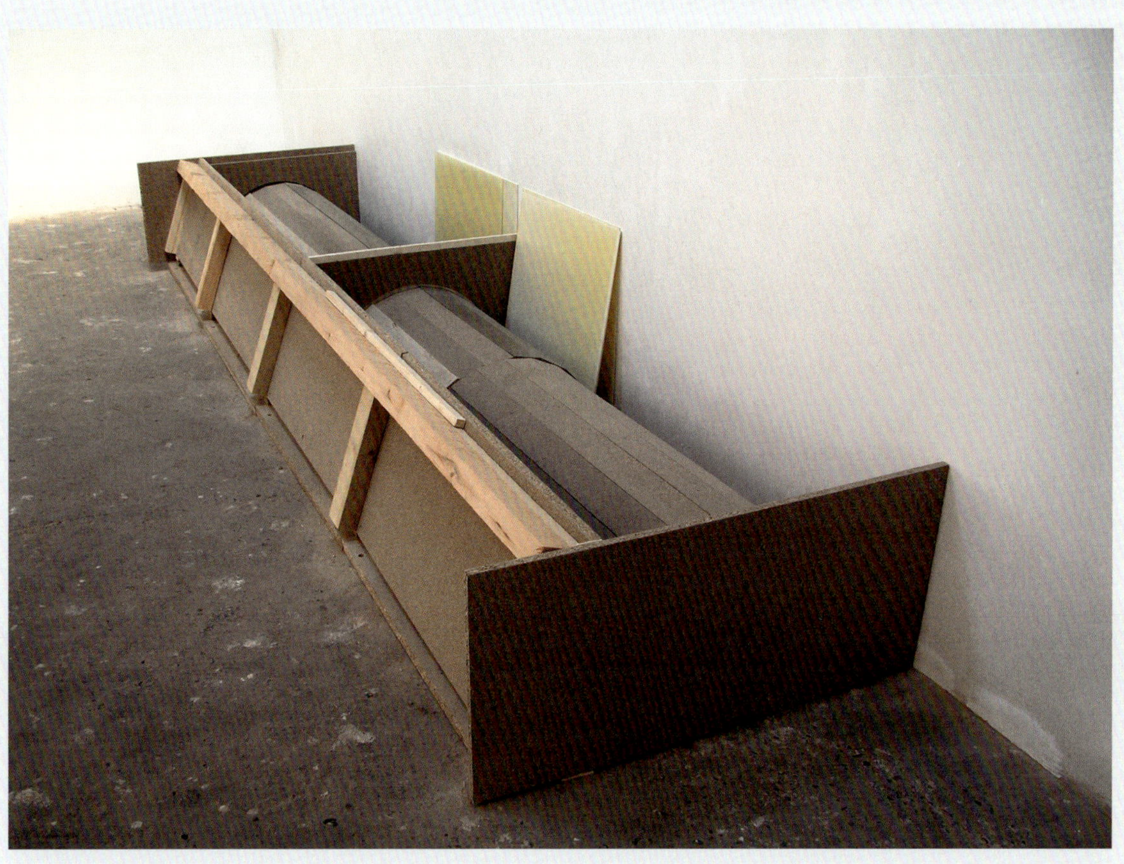

Bank 03
2003
Holz, Plastik *Plastic, wood*
63 x 378 x 93 cm
FPMcollection, Viersen / courtesy Galerie Neu, Berlin

stehen

a) sich in aufrechter Körperhaltung befinden; aufgerichtet sein, mit seinem Körpergewicht auf den Füßen ruhen
b) sich in aufrechter Stellung an einem bestimmten Ort, einer bestimmten Stelle befinden
c) als Bauwerk vorhanden sein
d). in bestimmten, besonders finanziellen Verhältnissen leben
e) ein bestimmtes Verhältnis zu jemandem haben
f) im Hinblick auf die Vorbereitung o. Ä. von etwas fertig, abgeschlossen sein
g) sich zu etwas bekennen
h) jemandem beistehen, zu jemandem halten
i) zu jemandem in bestimmter Weise passen; jemanden kleiden
j) leben, angestellt, beschäftigt sein
k) von jemandem, einer Sache besonders angetan sein, eine besondere Vorliebe für jemanden, etwas haben

stand

a) have or take or maintain an upright position, esp. on the feet or a base
b) be situated or located
c) be of a specified height
d) be in a specified condition
e) place or set in an upright or specified position
f) move to and remain in a specified position
g) take a specified attitude
h) maintain a position, avoid falling or moving or being moved
i) assume a stationary position, cease to move
j) endure without yielding or complaining, tolerate, e.g. pain
k) provide for another or others at at one's own expense

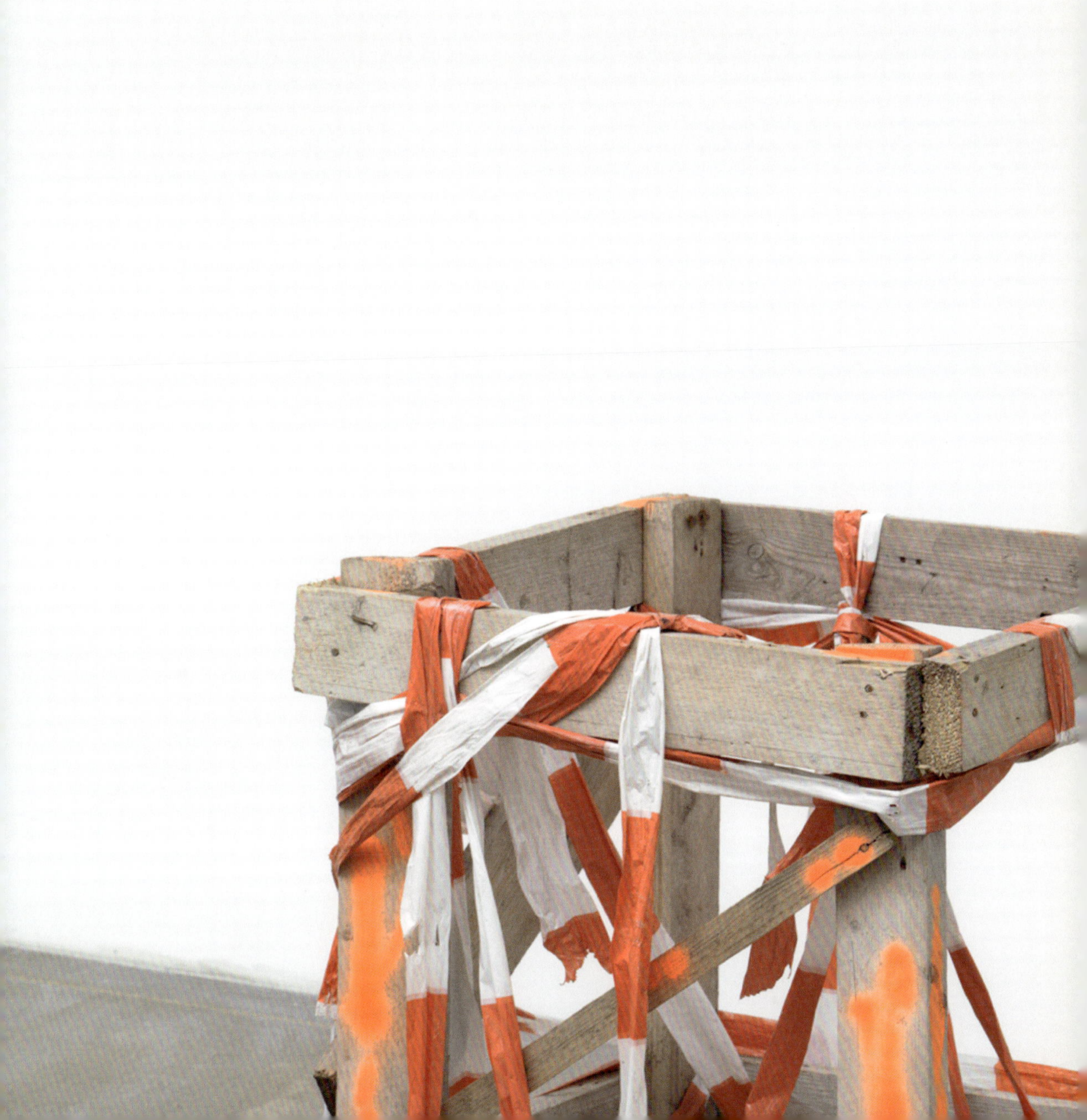

Eine mobile und sogar tragbare Baustellenabsperrung, rau aus Latten zusammen gezimmert und mit warnendem Signalband umspannt. Da sie nichts Bestimmtes, sondern eigentlich nur sich selbst abschirmt, wird diese Barriere zu einem vielfältig einsetzbaren Werkzeug und universell einsetzbar. Denn »out there is always a construction site«. *A mobile and even portable exclusion-zone. Roughly timbered together from laths and enclosed with warning tape. As it is not protecting anything but itself, this barrier becomes a versatile, all-purpose tool, for »out there is always a construction site«.*

Thomas Rentmeister geboren *born* 1964 in Reken

Baustelle
2010
Absperrband, Farbe, Holz *Barrier tape, solour, wood*
100,5 x 74 x 74 cm
courtesy der Künstler und *the artist and* Aurel Scheibler, Berlin
Fotografie *Photograph*: Bernd Borchardt

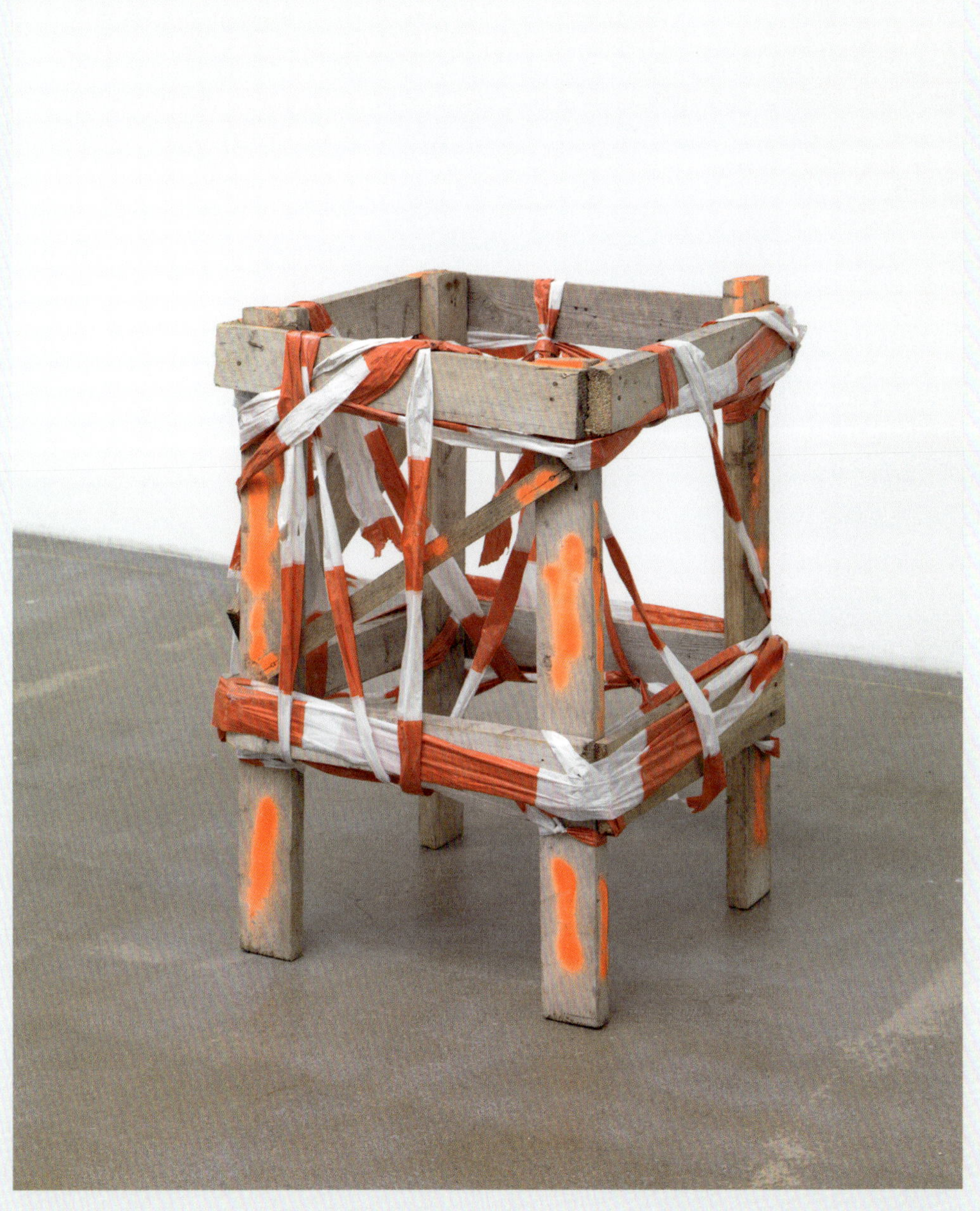

steigen
a) sich an einen höher oder tiefer liegenden Ort, eine höher oder tiefer liegende Stelle begeben
b) im Niveau höher werden, ansteigen
c) sich an Umfang, Wert o. Ä. erhöhen, größer werden, zunehmen
d) an Bedeutung, Wichtigkeit zunehmen, sich mehren
e) stattfinden

ascend
a) move upwards, rise
b) slope upwards
c) lie along an ascending slope
d) rise in rank, status, or pitch
e) go along e.g. a river to its source

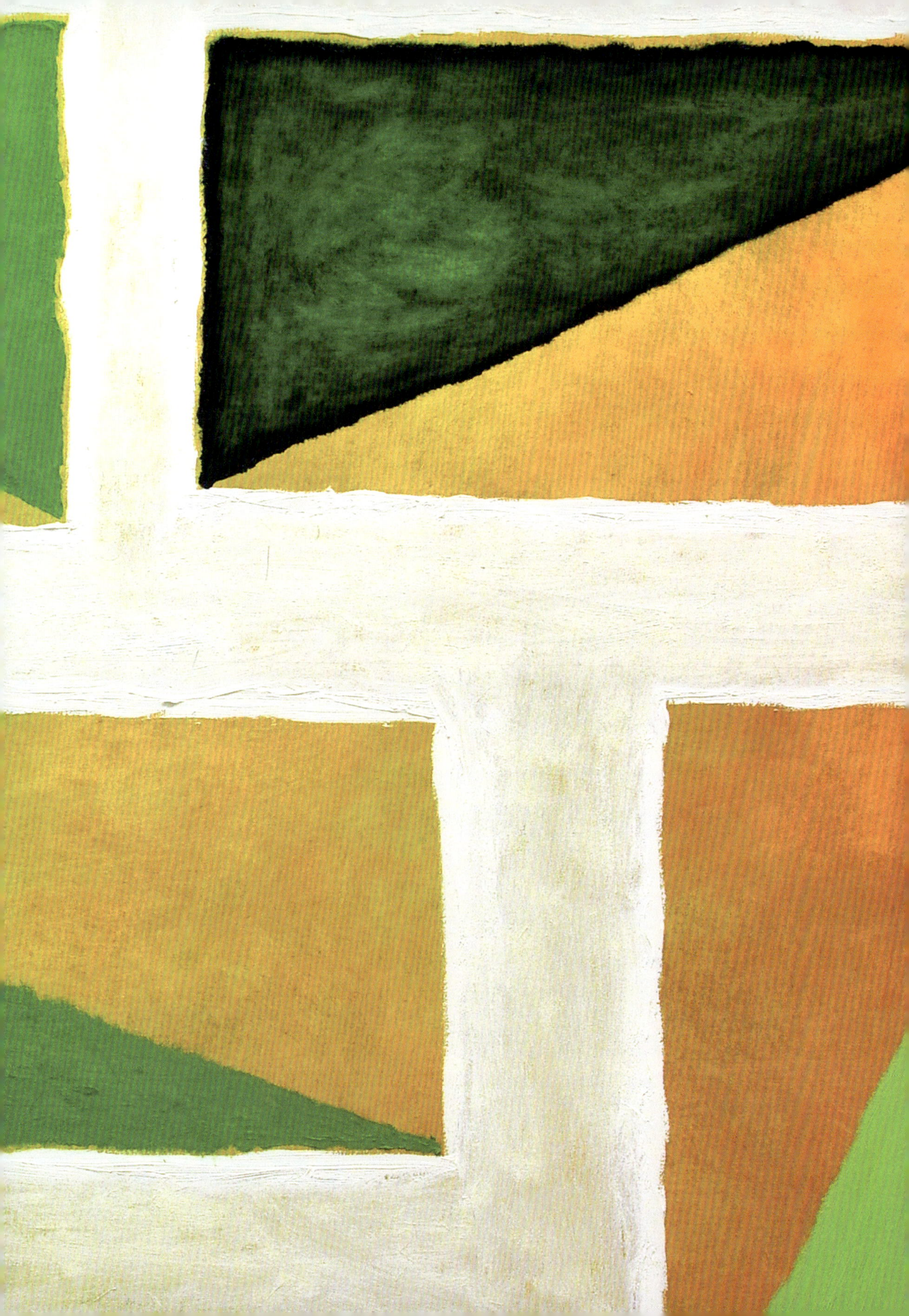

Malewitschs bäuerliches Spätwerk, Rudolf Steiner und die frühe Rap-Kultur. Dazu ein abstraktes Grundvokabular aus Punkten, Linien oder Flächen, Dreiecken, Kreisen, Trapezen oder Kreuzen in abseitiger Farbigkeit. Und die offene Wunde zwischen frühmodernem Pathos und der Ernüchterung des fortgeschrittenen 20. Jahrhunderts. Wie lebt es sich in Weltbildern? *Malevich's peasant late work, Rudolf Steiner and early Rap culture. Added to this is an abstract elementary vocabulary consisting of points, lines and plane, triangles, circles, trapezes or crosses in awkward hues; keeping open the friction between modernist pathos and the disenchantment of the advanced 20th Century. How is to be lived within world views?*

»Waum?«
2012
Öl auf Leinwand *Oil on canvas*
150 x 200 cm
courtesy Galerie Börgmann, Krefeld

Philipp Schwalb

geboren *born* 1984 in Filderstadt-Schönaich

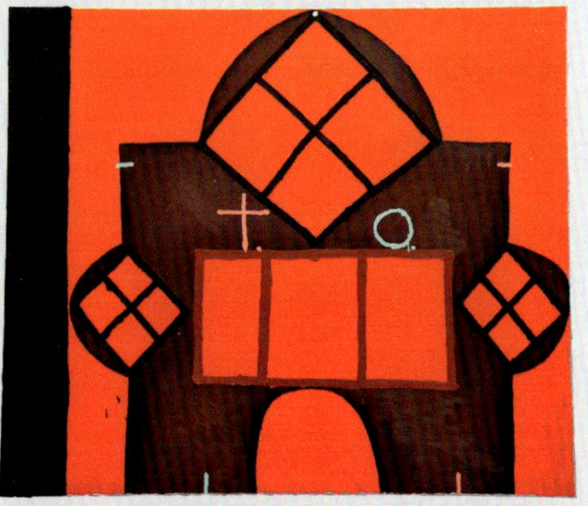

Univesszal-Penni-Biozit
2011
Öl auf Leinwand *Oil on canvas*
190 x 220 cm
courtesy Galerie Börgmann, Krefeld

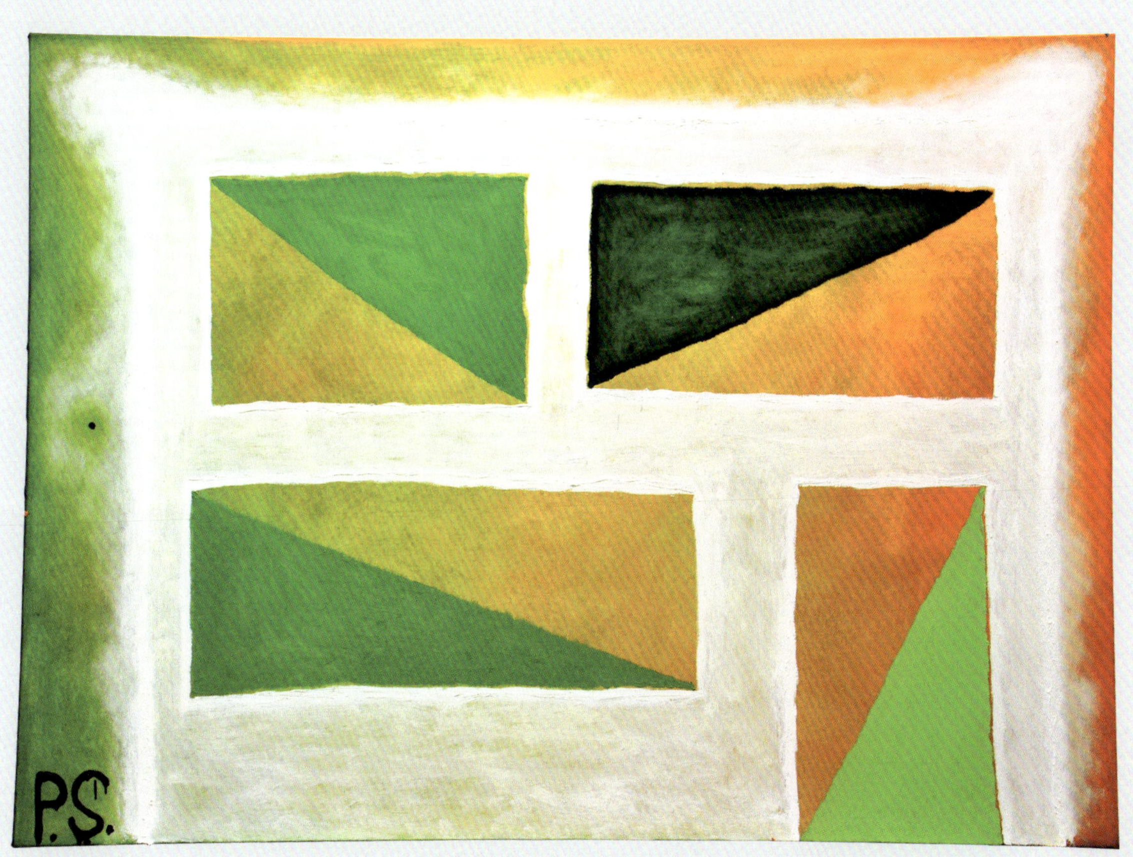
P.S.

In dem Film *Profondo Rosso* beobachtet der Protagonist von der Straße aus, wie in einer Galerie ein Mord verübt wird. Als er zur Hilfe eilt, durchquert er einen langen Gang voller Gemälde, die an ihm – und der Kamera – vorüberziehen wie die Einzelbilder eines Filmstreifens. Er übersieht dabei, dass es sich bei einem der Bilder um einen Spiegel handelt und bei dem scheinbaren Porträt darauf vielmehr um das Gesicht der Mörderin, die sich noch im selben Raum versteckt hält.

Diese Sequenz ist ein Beispiel dafür, wie die Linearität der Montage und der Kamerabewegung oft vergessen lässt, dass ein Film sich ebenso sehr über seine Simultaneität definiert; etwa durch die gleichzeitige Staffelung von Figuren in der – hier nur vorgespiegelten – Raumtiefe. Das im schnellen Kameraschwenk zweidimensional erscheinende ›Gemälde‹ öffnet bei näherem Hinsehen einen Abgrund, der sich schließlich doch nur als flache Reflektion dessen erweist, was außerhalb des Blickfeldes lauert.

Eine Steigerung verunsichernder Wahrnehmungen: Zunächst von dem zwar unheimlichen, aber nur repräsentierenden Gesichtsporträt zu einem lebendigen Signifikat, das sich als sein Signifikant getarnt hat. Wenn freilich der Bilderrahmen seinen Inhalt nicht mehr bannt, droht die Absorption des Betrachters in sein eigenes Blickfeld (und damit wird für uns auch der erweiterte Rahmen des Filmbildes in Frage gestellt). Diesem vermeintlichen Verlust der »Vierten Wand« zwischen Subjekt und Objekt folgt die Erkenntnis, dass vielmehr der Betrachter es ist, der von seinem Objekt aus einem toten Winkel heraus angestarrt wird.

An tatsächlichen Gemälden lassen sich die diversen Niveaus der Raumgestaltung natürlich ebenso nachvollziehen. Auch sie können Dreidimensionalität täuschend echt simulieren oder materiell in die Dimension des Publikums vordringen, schon durch die Textur der Farbe. Die nächste qualitative Stufe wäre es, den Raum an sich in Frage zu stellen, die Objektivierung durch den Betrachter auf diesen zurückzuwerfen und sich durch eine solche Irritation der Einordnung in ein lineares Kausalitätssystem zu widersetzen.

Slavoj Žižek nennt in *Metastasen des Begehrens* als Beispiel für diesen Effekt René Magrittes *La Lunette d'approche*, auf dem ein Fenster durch seine Scheiben eine »Realität« sehen lässt, deren Semantik wir zu verstehen gelernt haben. Wir wissen: diese Zeichen stellen einen bewölkten Himmel dar. Ein Fensterspalt offenbart jedoch anstelle des Himmels nur Schwärze – in Žižeks Deutung Platzhalter für »das Reale«. Dieses lässt sich nicht konkret

Volker Pietsch Das Fenster zum Nichts *The Window to Nothingness*

In the film Profondo Rosso, *the protagonist witnesses, from his standpoint on the street, a murder taking place in a gallery. While dashing toward the scene of the crime to help, he traverses a long hallway filled with paintings that stream past him— and the camera—like the single stills of a film roll. In his sense of urgency, he fails to notice that one of the paintings is, in fact, a mirror, which—having the appearance of a portrait—reflects the face of the murderer still hiding in the same room. This sequence exemplifies the way in which the linearity of cinematic montage and the movement of the camera often obscures the fact that film is likewise defined by the illusion of simultaneity, apparent here through the layering of the figures, for instance, in what—in this case—is merely the simulated spatial depth. The two-dimensional 'painting' fleetingly captured by the quick pan of the camera first appears, upon closer inspection, to unfold a kind of abyss, which is then finally revealed as a mere flat reflection of what lurks beyond the bounds of the picture frame.*

The viewer is confronted with an augmentation of unsettling perceptions: at first, that of the rather sinister but yet merely representational facial portrait of a living signified that has masked itself as its own signifier. In that the picture frame may well have ceased to confine its content, the beholders are exposed to the danger of being consumed by their own fields of view (thus also calling the larger frame that would bind the cinematic image into question). This purported loss of the 'fourth wall' between subject and object emerges from the realization that it is the beholders, in this case, who are being stared at by their object from the camera's blind spot.

Actual paintings can, of course, be equally revealing of the various nuances of spatial architecture. They too are capable of simulating three-dimensionality with astonishing efficacy or of even penetrating the dimension of the audience itself—if simply through the texture of the paint alone. The next qualitative step would be to question the surrounding space itself, to reverberate the objectification on the part of the beholder back onto that space and, through the resulting irritation, to defy integration into any linear system of causality.

In his Metastases of Enjoyment, *Slavoj Žižek elucidates this effect by recalling René Magritte's* La Lunette d'approche, *in which a 'reality' that we have learned to understand semantically is revealed through a windowpane. We know: the signs we see represent a cloudy sky. The crack in the opened window, however, exposes but sheer blackness in place of that sky. This nothingness, according to Žižek's interpretation, is a* place-holder *for 'the real'. The latter cannot be represented in any concrete terms, regardless of which system of reality one might settle upon. Still, there may be 'something' in its place that,*

repräsentieren, gleichgültig, auf welches System von »Realität« man sich verständigen mag. Aber vielleicht findet sich an dieser Stelle »etwas«, das zumindest nicht naheliegend »etwas anderes« repräsentiert, sondern unsere Projektionen einfacher Bedeutungen abweist.

Bei der Schöpfung solcher Fremdkörper hat die bildende Kunst dem Film voraus, dass ihre Gegenstände ohnehin der Linearität enthoben zu sein scheinen. Große Teile ihres Publikums akzeptieren die Abstraktion, während man vom Film immer noch die »Verfilmung« von realen oder fiktionalen Vorlagen erwartet. Der übersehene Spiegel aus *Profondo Rosso* irritiert zwar die lineare Rezeptionshaltung, lässt sich aber doch als folgerichtiges Element der Erzählung einordnen. Der nachträgliche Hinweis auf das Versteck der Mörderin wird als erhellender Akzent des kriminalistischen Kausalzusammenhangs genießbar.

Doch welche Bilder gibt es im nichtexperimentellen Spielfilm, die Risse in unserer Wahrnehmung des Raum-Zeit-Kontinuums erzeugen können, wie jenen Riss, der sich durch Poes »Haus Usher« zieht?

Beispielhaft sei hier ein Raum gewählt, der sich in seinen Grenzen als bestimmtes Objekt manifestiert: das Haus. Häuser können für den Filmzuschauer als Objekte der Sehnsucht inszeniert sein – die idyllischen Schauplätze des Heimatfilms wie der »Immenhof« oder die englischen Landhäuser des Kostümfilms wie »Howards End« – oder sie überwältigen durch Imposanz wie die Wolkenkratzer in *Metropolis*. Die Wohnräume in konventionellen Sitcoms hingegen werden durch ihre Parallelität zum Zuschauerraum zu dessen zusätzlichen Zimmern. Ihre statischen Guckkastenbühnen sind häufig ebenfalls auf den Fernseher als Zentrum ausgerichtet; die Kontinuität der Platzzuordnung wird stets wiederhergestellt (man denke an die Kämpfe um den Lieblingssessel in *Frasier* und *The Big Bang Theory*).

Der Zusammenhang größerer Innenräume wurde in älteren Filmen noch vermittelt, indem die Figuren ausgiebig beim Hinaus- und Hineingehen, Treppensteigen und Türenöffnen gezeigt wurden. Dagegen ist der zeitgenössische Zuschauer an die Zuordnung rasch aneinander montierter Orte gewöhnt. Die langwierige Durchquerung eines Flures lässt nun eher einen Schockeffekt erwarten, als ob die Überbetonung der Raummaße eine plötzliche Störung ihrer Ordnung vorbereiten würde.

Häuser im Film sind mit konventioneller Symbolik aufgeladen. Sie erscheinen regelmäßig als Manifestationen

No live organism can continue for long to exist sanely under conditions of absolute reality … Shirley Jackson, The Haunting of Hill House, 1959

instead of closely representing 'something else', at least repels our projections of simplistic meaning.

When attempting to create these kinds of alien elements, painting and sculpture have an advantage over the medium of film in that the objects depicted in the former already appear as though suspended from any linear construction. Large parts of their audiences readily accept abstraction, whereas, with film, one continues to await the 'filming' of either real or fictional occurrences. Although the overlooked mirror from Profondo Rosso *certainly disturbs the inclination toward linear modes of reception, it can still be recognized as a sequacious element within the narration. The tell-tale clue as to the whereabouts of the murderer are gratifying as a highlight within the criminological causal coherency.*

Yet, what kind of images might there be from non-experimental motion pictures that, like a certain fissure which runs through Poe's House of Usher, *have the capacity to generate clefts in our perceptions of the time-space continuum?*

Let us, by way of example, consider a space which, through its perimeters, manifests itself as a specific object: that of a building or house. For film audiences, houses can be staged as objects of yearning—as the idyllic settings for the nostalgic Heimatfilm [sentimental film set in a specific regional context], as in Immenhof, *or the English country estates of period films such as* Howards End; *or they can overwhelm through their imposing presence like the sky scrapers of* Metropolis. *The living spaces portrayed in conventional sitcoms, on the other hand, provide the viewer—through their parallelism to the home viewing space—with additional virtual rooms. Their static peep show stages are likewise centrally positioned on the television; the continuity of the spatial order is perpetually re-established (one recalls the battles over the favourite armchair in* Frasier *and the* Big Bang Theory).

In older films, the coherence of larger interior spaces was still conveyed by repeatedly portraying figures while entering or exiting rooms, going up and down stairs and opening doors. The modern viewer, by contrast, is accustomed to interpreting various locations as part of a single whole through correlating a rapid series of cuts. The protracted traversal of a hallway now rather produces the anticipation of a coming shock-effect, as though the overemphasis of the spatial dimension were to precede a disruption of its order.

In films, houses are loaded with conventional symbolism. They regularly appear as manifestations of the psyche, whether as id (cellar), ego (ground floor), super ego (top floor or attic)—as with the house in Psycho—*or the dream—as with*

der Psyche, von »Es« (Keller), »Ich« (Erdgeschoss) und »Über-Ich« (Dachgeschoss) – so die Villa in *Psycho* –, und des Traums – »Manderlay« (*Rebecca*), »Hill House« (*The Haunting of Hill House*), »Tara« (*Gone With the Wind*) oder 1428 Elm Street (*Nightmare On Elm Street*). In der meist weiblichen Träumerin mag das Klischee des Nestbautriebes wirken, auch die Gleichsetzung des Hauses mit der Gebärmutter. Solche kausalen Erklärungen sind zugleich Domestizierungen: Der verstörend obszöne Effekt der atmenden Türen in *The Haunting of Hill House* kann eine ähnliche Irritation bewirken wie Meret Oppenheims pelzige Tasse. Die einfache symbolische Zuordnung beider Phänomene zu weiblichen Geschlechtsorganen schwächt diese Wirkungen jedoch ab.

Andere Deutungsansätze, etwa aus soziologischer Perspektive, sind natürlich möglich: in *Danse Macabre* sieht Stephen King das Spukhaus aus *The Amityville Horror* als Ausdruck der Immobilienkrise und Möbel lassen sich als Warnungen an das Besitzbürgertum sowohl mit expliziter (*Die fetten Jahre sind vorbei*) als auch mit impliziter Didaktik (*Poltergeist*) verrücken. Behausungen können ferner die Rezeptionsbedingungen des Filmpublikums versinnbildlichen. Oft tritt das Fenster (*Rear Window*), seltener die Wand, anstelle der Projektionsfläche (die Höhlenmalereien in *Ice Age*, die einen eigenen Animationsfilm ergeben).

Raum kann filmisch in allen Stilrichtungen gestaltet sein, allerdings unter Bedingungen, die eine radikale Herausforderung linearer Sehgewohnheiten erschweren: Die Dreidimensionalität des Films lässt sich jenseits der Animation nicht auflösen. Selbst *Das Cabinet des Dr. Caligari* muss für die Schauspieler einen begehbaren, funktionierenden Raum schaffen, so sehr ein Darsteller wie Conrad Veidt auch danach trachtet, in seinen Bewegungen mit der expressionistischen, teilweise aufgemalten Kulisse zu verschmelzen. Die zeitliche Linearität des Films erzwingt wiederum eine wenigstens rudimentäre Narration.

So ist der »Störfall« des radikal veränderten Raums zumeist einem »Störfall« in der Handlung zugeordnet. In avantgardistischer Architektur hausen Schurken: der Satanist Hjalmar Poelzig [!] in seinem Bauhaus-Schloss (*The Black Cat*), James Bonds Gegenspieler in *Space-Age*-Bauten oder Tim Burtons Außenseiter in zu Monumenten des Kitsches übersteigerten Kinderzimmern, postmodernen Neuschwansteins. Wie ihre Äquivalente in Musik und Malerei findet sich moderne Baukunst in den Genres der Komödie oder des Horrorfilms, dort also, wo heftigen Affekten vorübergehend die Priorität gegenüber der Raum-Zeit-Kontinuität eingeräumt wird, wo diese Brüche aber

Manderlay in Rebecca, *Hill House in* The Haunting of Hill House, *Tara in* Gone with the Wind *or 1428 Elm Street in* A Nightmare on Elm Street. *With what are usually female dreamers, the nesting instinct cliché often plays a role, as does the equation of the house to the womb. Causal assertions, such as these, are, at the same time, domestications: the disturbing obscenity of the breathing doors in* The Haunting of Hill House *are apt to produce an irritation similar to that achieved by Meret Oppenheim's fur-lined teacup. The simplistic symbolic allocation of both phenomena to female genitalia, in fact, softens the impact of these effects, however.*

Other modes of interpretation—from a sociological perspective, for example—are, of course, also possible: in Danse Macabre, *Stephen King describes the haunted* Amityville Horror *house as an expression of the real estate crisis, and furniture is sent reeling as a warning to the property-owning bourgeoisie with both explicit (*Die fetten Jahre sind vorbei*) and implicit didactics (*Poltergeist*). Moreover, dwelling places can also typify the conditions of reception stipulated by the audience. Windows often appear (*Rear Window*) to supplant the projection screen, as do walls—albeit more rarely (as with the cave paintings in* Ice Age, *which yield an animated film of their own).*

In cinematic terms, interior space can be designed and formed into any imaginable style, though nonetheless posited on conditions that impede any radical challenge to linear visual conventions: the three-dimensionality of film is simply not, without resorting to animation, to be dismantled. Even The Cabinet of Dr. Caligari *must necessarily create a functional space through which the actors can walk—regardless of the extent to which a performer such as Conrad Veidt might aspire toward employing his movements so that he coalesces with the expressionistic, partly painted stage set. Likewise, the temporal linearity of the film demands at least a rudimentary degree of narration.*

*In this regard, the 'breakdown' of the radically changed space is usually understood as correlating to a breakdown in the plot. Avantgardistic architecture most often houses miscreants: the Satanist Hjalmar Poelzig [!] in his Bauhaus Palace (*The Black Cat*), James Bond's adversaries in* Space Age *buildings, or Tim Burton's outsiders set amongst children's rooms that have been elevated to monuments of kitsch as post-modern interpretations of Neuschwanstein. As is also true of their equivalents in music and painting, modern architecture emerges in the filmic genres of comedy or horror—that is, at the junctures in which extreme emotions are given priority over the space-time continuum, but also where such breaches are nonetheless greatly defused by the respective expectations of the viewer.*

eben durch die entsprechende Erwartungshaltung entschärft sind.

Den Zuschauer nicht nur identifikatorisch, sondern scheinbar auch physisch in den filmischen Raum zu entführen, erzeugt weniger Brüche, als dass es eine Realität in die andere integriert. Solche Illusionen dekonstruieren sich jedoch selbst: die 3D-Brille ruft die Künstlichkeit der Filmwelt nur etwas subtiler ins Bewusstsein als Jack Hills performativen Kinovorführungen in den 1960er mit vibrierenden Sitzen und über die Zuschauerköpfe hinweg gezogenen Plastikskeletten.

Nachhaltiger wirkt die Durchbrechung der »Vierten Wand«, die auch den definitorischen Mythos der Filmwirkung begründet hat: das Publikum, das 1896 angeblich vor einem auf die Kamera zufahrenden Zug flüchtete. Doch auch der Kommentar in die Kamera oder der aus einem TV-Bildschirm hervor kriechende Geist (*The Ring*) erweitern die Grenzen des Raumes nur innerhalb des narrativen Zusammenhangs. Sie stabilisieren die räumliche Wahrnehmung letztlich, wenn sie durchschaut werden oder sich als Metafiktion durchschaubar machen. Nur wenn sie als beispielhaft für mögliche Wahrnehmungstäuschungen in der Lebenswelt gedeutet werden, entfalten sie ihre kritische Wirkung.

Was hat aber nun das Potential, den Erzählzusammenhang des Films wie auch unserer Realität zu sprengen oder ihm wenigstens ›Verdauungsbeschwerden‹ zu bereiten? Denkbar wären Objekte, die überdeutlich, übergroß und überlang ins Bild gerückt werden, ohne erkennbare Funktion für die Handlung, etwa eine glänzende Stuhlkante in *Opera*. Eine Ähnlichkeit bestünde hier zu Alltagsgegenständen, die durch ihre Platzierung in einer Ausstellung die Repräsentation ihres Nutzens hinter sich lassen. Doch auch diese Objekte ließen sich als deskriptive Elemente in den Erzählkontext des Films integrieren.

Was der Film hingegen vermag, ist den Auflösungsprozess der Objektwelt zu zeigen, zwar in den Grenzen des linearen Kausalzusammenhangs, aber doch so konsequent, dass in der letzten Einstellung nichts mehr davon übrig bleibt. Wenn Laurel und Hardy in *Big Business* ein Haus zerlegen und diese anfängliche Affekthandlung immer mehr Züge einer perfektionistischen l'Art pour l'Art annimmt, so dass selbst der Besitzer, statt sein Heim zu retten, in den Zerstörungswettstreit mit ihnen eintritt, dann dringt durch einen Magritteschen Fensterspalt Atemluft ins Kino.

Enticing the viewer, not only through identificatory means but also physically, into the filmic space results less in a breach of perception than in an integration of the one reality with the other. Illusions of this kind deconstruct themselves, however: 3D glasses are only somewhat more subtle in recalling the artificiality of the experienced work to mind than were Jack Hill's cinema-based performances in the 1960s (with their vibrating seats and plastic skeletons that were strung over the heads of the audience).

More lasting repercussions have resulted from the still palpable penetration of the 'fourth wall', which was instrumental in establishing, among other things, the defining myth of cinematic effectuality: the audience which, in 1896, purportedly fled the cinema when confronted with a train that appeared to be steaming straight toward the camera's position. Nonetheless, the dialogue with the camera, or even the spirits that emerge from the television screen (The Ring), expand a given room's boundaries only within the context of the narrative at hand. In fact, they only serve to stabilise the sense of spatial perception when their schemes become transparent or when they, as metafictions, consciously reveal their own devices. It is only when they are understood as embodying the entire possible range of illusory phenomena in the world of the living that they are able to unfold their critical efficaciousness.

What then retains the potential to burst apart the narrative cohesion of film as well as that of our own reality—or at least to provide it with digestive difficulties? Conceivable would be objects that were shifted into the frame with blatant obviousness, oversized presence, or for conspicuously long periods of time, without any recognizable function toward developing the plot line—such as the gleaming edge of a chair in Opera. *An analogy could then be drawn to the way that everyday objects leave the representation of their utilitarian qualities behind them when placed into an art exhibition. Yet, even objects such as these could be easily integrated, as descriptive elements, into the narrative of a film.*

On the other hand, what film is clearly capable of is showing the process of disintegration to which the world of objects is subjected—admittedly within the bounds of linear causality, but nonetheless so consequently that, in the very last frame, there is nothing left at all. When Laurel and Hardy begin to dismantle a house in Big Business, *and the initially emotional act increasingly takes on the aspect of the perfected* l'Art pour l'Art, *so that even the owner—instead of saving his own house—is drawn into the contest over destructive prowess, a Magritte-like crack in the window is opened, letting fresh air waft into the cinema.*

stellen, aufstellen, errichten, platzieren
a) sich an einen bestimmten Platz, eine bestimmte Stelle begeben und dort stehen bleiben
b) etwas an einen bestimmten Platz, eine bestimmte Stelle bringen, sodass es dort steht
c) aufstellen
d) in die richtige oder gewünschte Stellung, auf den richtigen oder gewünschten Wert o. Ä. bringen
e) bereitstellen
f) einen bestimmten Zustand vortäuschen
g) zum Stehenbleiben zwingen und dadurch in seine Gewalt bekommen
h) sich freiwillig zur Polizei o. Ä. begeben, sich dort melden
i) einer Herausforderung o. Ä. nicht ausweichen; bereit sein, etwas auszutragen
j) sich in bestimmter Weise jemandem, einer Sache gegenüber verhalten; in Bezug auf jemanden, etwas eine bestimmte Position beziehen, Einstellung haben
k) festlegen; arrangieren, aufstellen, postieren, formieren
l) erstellen, aufstellen
m) etwas in einer bestimmten Ordnung o. Ä., an einen vorgesehenen Platz stellen, hinstellen
n) errichten, aufbauen
o) Umgestürztes wieder aufrecht hinstellen
p) sich so formieren, organisieren, dass man für zukünftige Aufgaben gerüstet ist
q) erringen, erzielen
r) Kapital oder Wertpapiere an der Börse oder bei Anlegern unterbringen
s) in einen bestimmten Zusammenhang stellen

place, set up, erect, pose
a) put a thing etc. in a particular place or state, arrange
b) identify, classify
c) assign to a particular place, locate
d) appoint to a post
e) find a situation, living, etc. for
f) consign to a person's care
g) assign rank, importance, or worth to
h) dispose of goods to
i) make an order for
j) have confidence etc.
k) invest money
l) state the position of
m) make room for
n) frame
o) in exchange of, instead of
p) a favourable situation, position, etc.
q) imagine oneself in another's position
r) be substituted for, replace
s) remember correctly

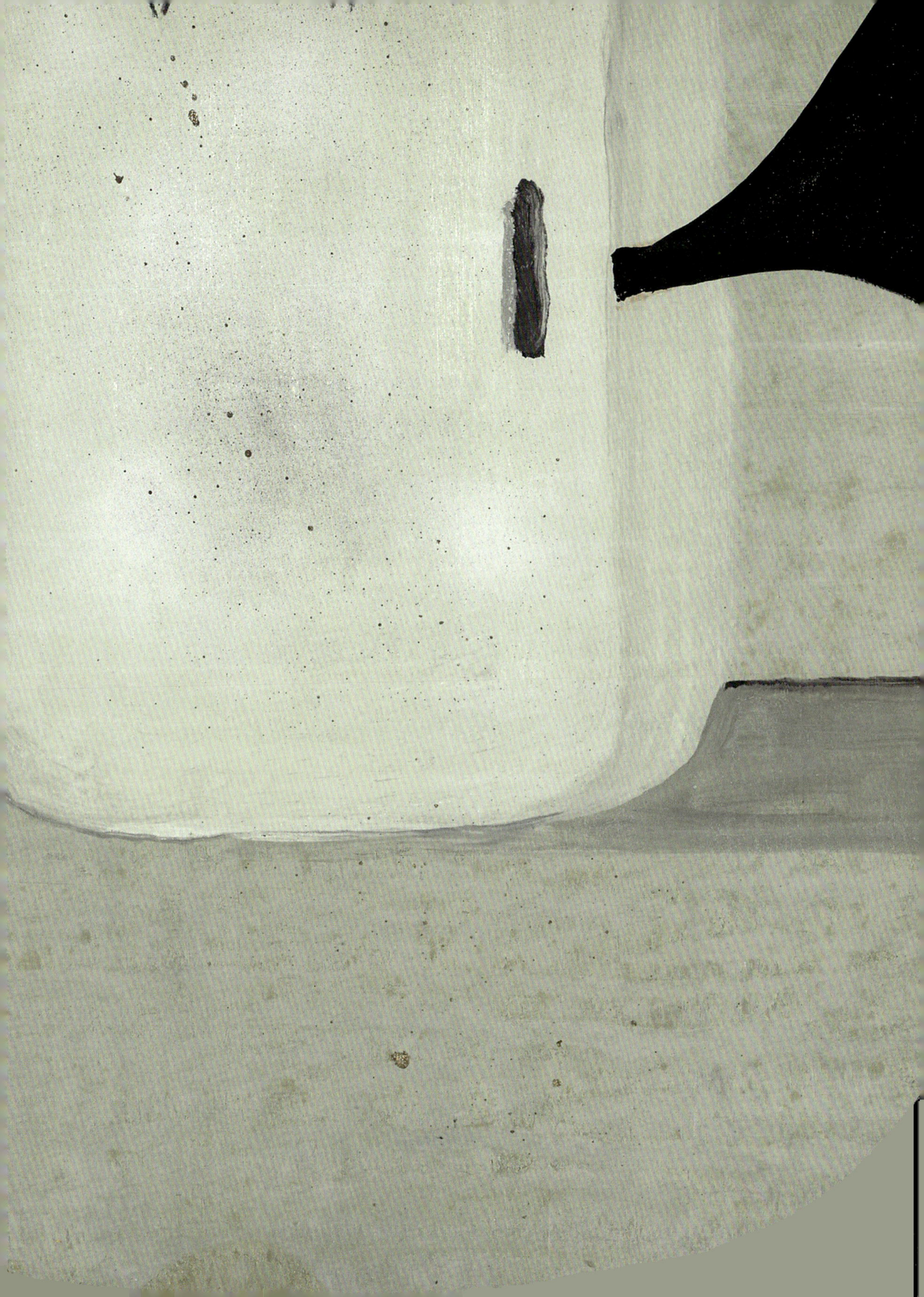

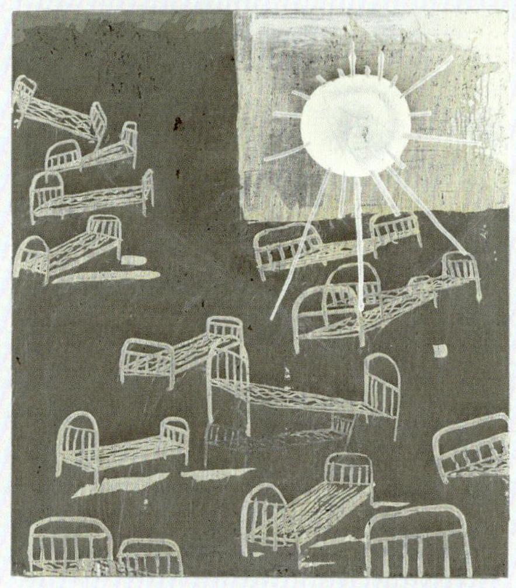

Der große Saal 2011
Öl auf Leinwand *Oil on canvas*
150 x 130 cm
courtesy Contemporary Fine Arts, Berlin

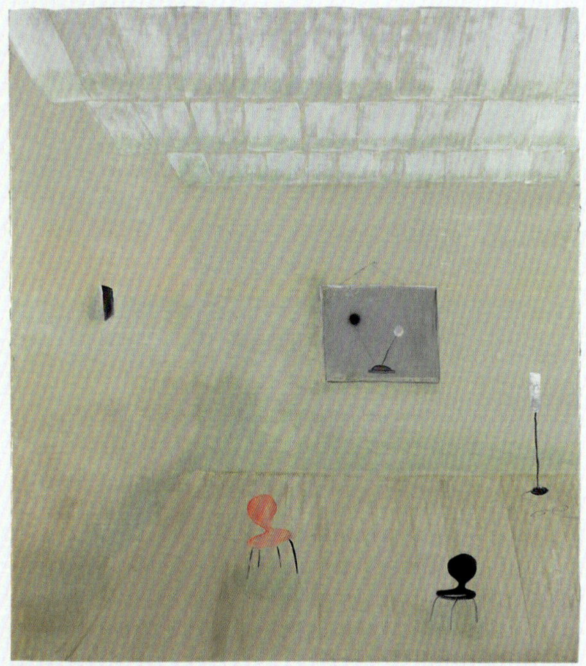

Atelier Zero
2009
Öl auf Leinwand *Oil on canvas*
150 x 130 cm
courtesy Contemporary Fine Arts, Berlin
alle Fotografien *All photograph*: Jochen Littkemann

Kalter Schrank
2010
Öl auf Leinwand *Oil on canvas*
50 x 40 cm
courtesy Contemporary Fine Arts, Berlin

Norbert Schwontkowski geboren *born* 1949 in Bremen

Karge Räume, gedämpftes Licht. Die Dinge sind anwesend und doch nicht ganz. Ohne Gebrauch sind sie einzig bei sich. Und man weiß nie, ob sie erwartungsvoll ihrer abwesenden Besitzer harren oder eigenen Beschäftigungen nachgehen: Den Raum abmessen. Mit den einfallenden Sonnenstrahlen tanzen. Sich einfach zueinander stellen. Eine der hinteren Bildecken ausleuchten. Und brennt im Kühlschrank noch Licht bei all dem Schwarz? *Sparse rooms, muted light. Things are present and yet not just. Without usage they are left to themselves. And one never knows what they're up to. If they were expectantly awaiting their masters or pursuing their own occupations: Measuring space. Dancing with incident beams of sunlight. Simply standing together. Illuminating one of the reward corners of the painting. And, for all the black, is there still light in the fridge?*

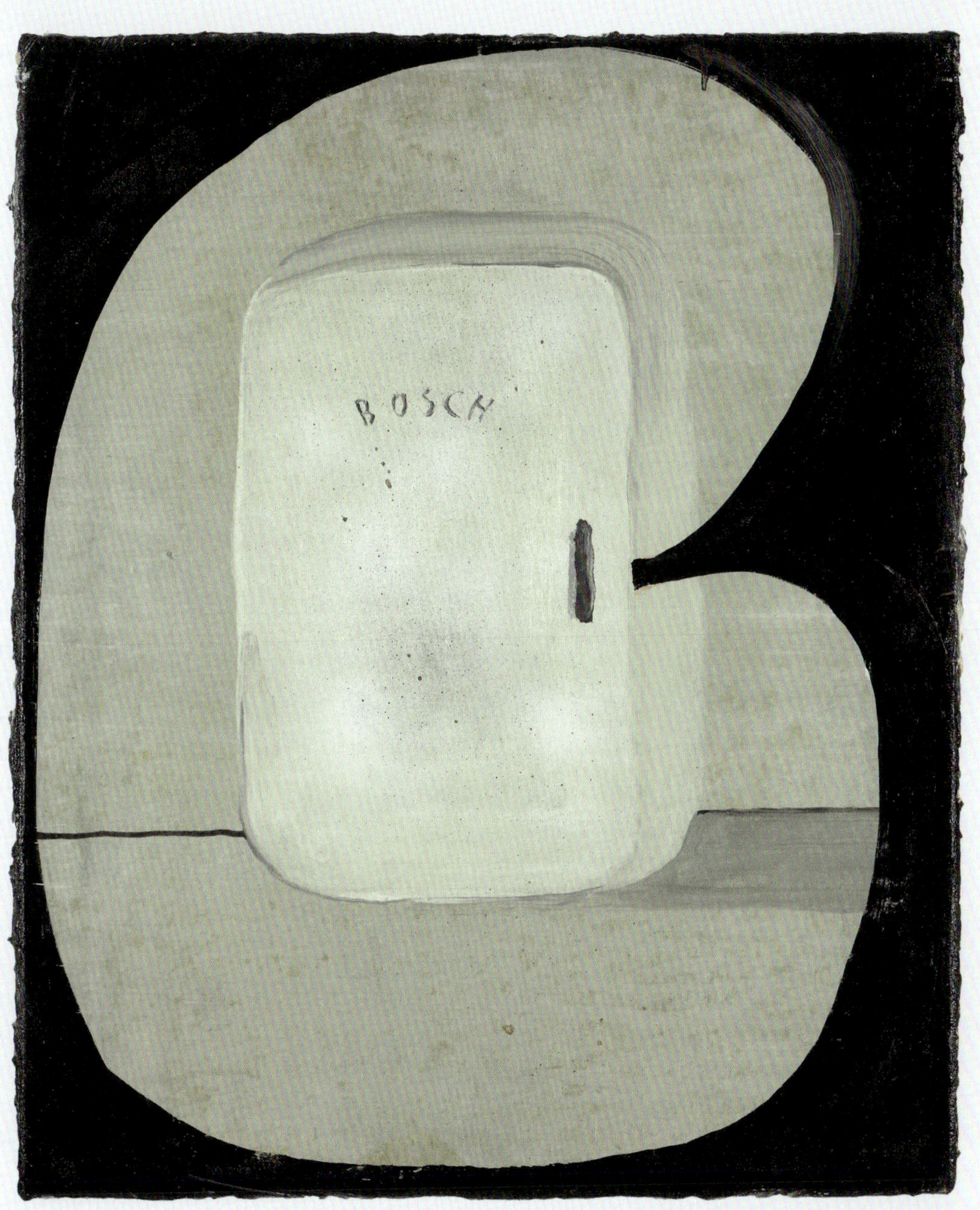
BOSCH

tapezieren, anstreichen, streichen, lackieren
a) Wände mit Tapeten bekleben, verkleiden
b) Polstermöbel mit Stoff beziehen
c) Farbe auf etwas streichen
d) durch einen Strich kennzeichnen, hervorheben
e) anzünden
f) mit einer gleitenden Bewegung über etwas hinfahren, hinstreichen
g) etwas in einer Schicht über etwas anderem verteilen
h) mithilfe eines Pinsels o. Ä. mit einem Anstrich versehen; anstreichen
i) etwas durch einen oder mehrere Striche ungültig machen, tilgen; ausstreichen
j) sich ohne erkennbares Ziel, ohne eine bestimmte Richtung irgendwo umherbewegen
k) Lack auftragen, mit Lack bestreichen
l) hereinlegen

paper, brush, efface, varnish
a) apply paper to
b) decorate a wall etc. with wallpaper
c) cover a hole or blemish with paper
d) disguise or try to hide
e) sweep or scrub or put in order with a brush
f) treat a surface with a brush so as to change its nature or appearance
g) remove e.g. dust with a brush
h) apply a liquid preparation to a surface with a brush
i) rub or wipe out a mark etc.
j) obliterate
k) daub or mark with a greasy or sticky substance or with something that stains, blot, smudge, obscure
l) gloss over a surface or a fact

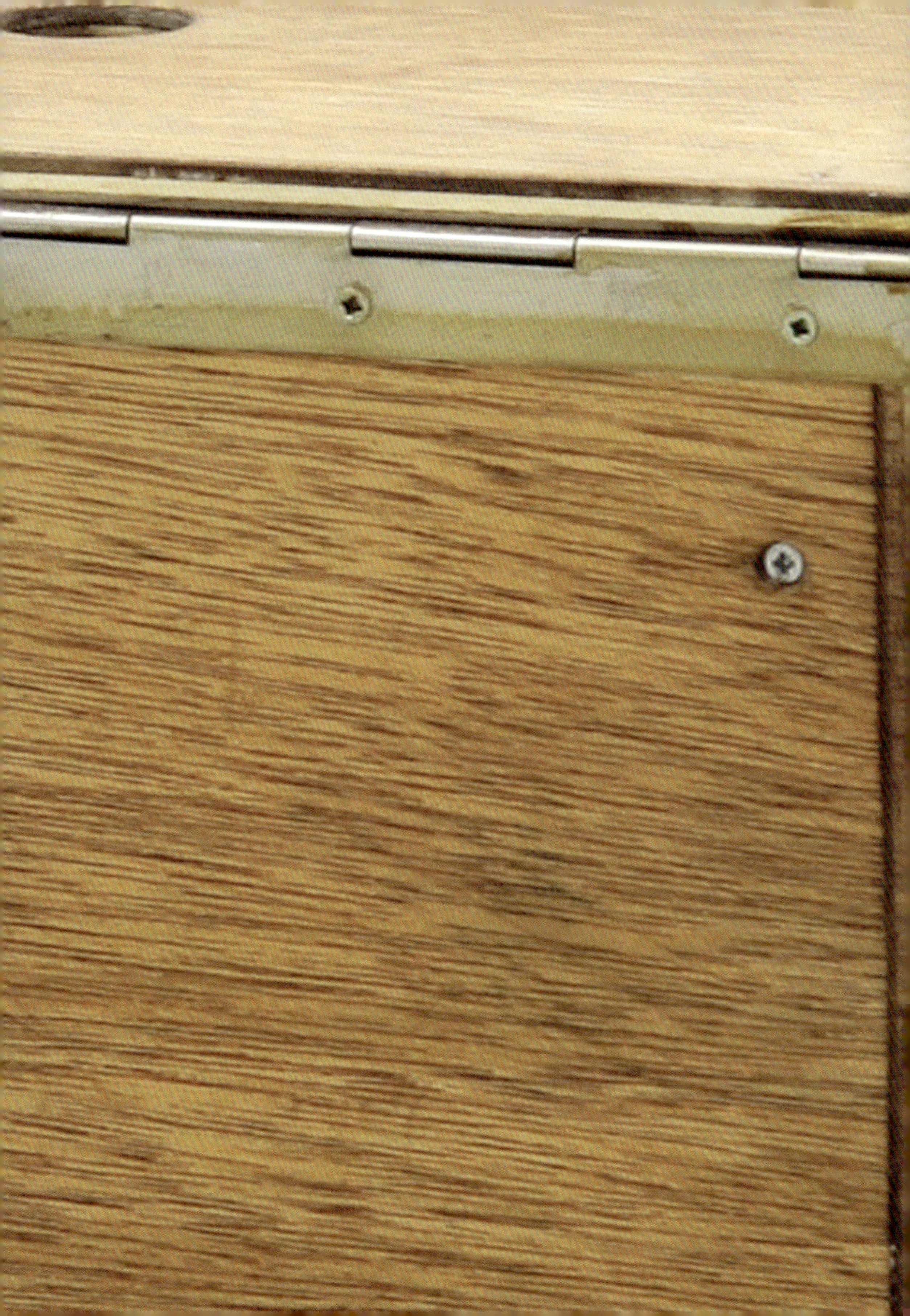

Rattenfalle
1987 / 1998
Holz, Metall, Speck *Bacon, metal, wood*
26,5 x 29 x 19,5 cm
courtesy der Künstler und *the artist and* Produzentengalerie, Hamburg
Fotografie *Photograph:* Peter Sander

Andreas Slominski
geboren *born* 1959 in Meppen

Eine kleine, mysteriöse Kiste auf schlanken Beinen und einer Bodenplatte, akkurat verschraubt, ein Scharnier, ein Deckel mit Loch zum Anheben. Erst bei genauem Hinsehen entdeckt man eine versteckte Rattenfalle. Doch wer ist hier die Ratte, wer der Fänger? Unversehens gerät der allzu neugierige Betrachter mit seinem Blick selbst in die Falle, die zuschnappt und jener überrascht festhängt. *A small, mysterious box on slim legs and a plate. Screwed together meticulously. A hinge, a lid with a hole to lift it. On closer inspection one discovers a hidden rat trap. But who's the rat and who's the catcher? Unawares, the all too curious inspector's gaze is trapped, there is a snap and one is caught.*

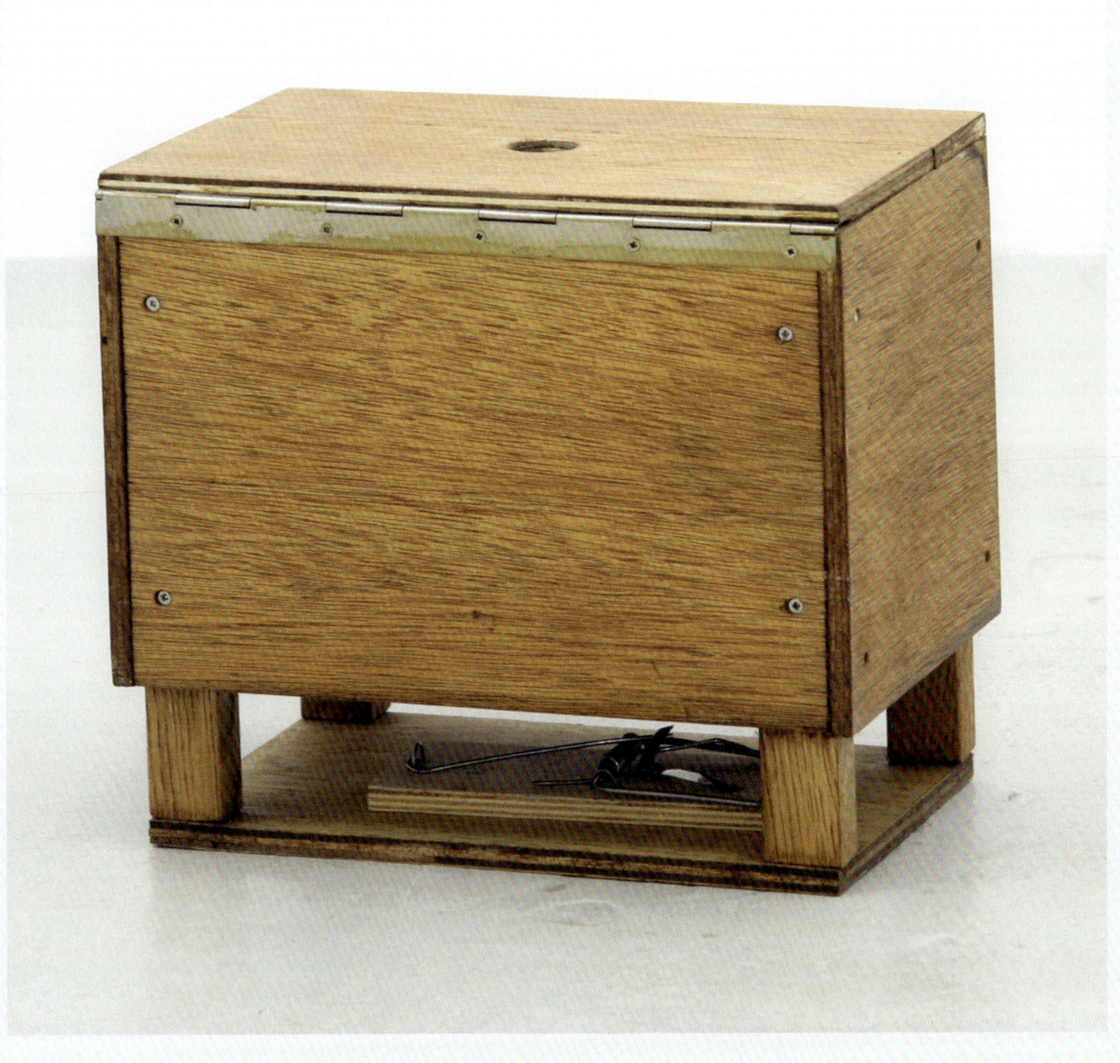

umgestalten, umbauen, tätig sein
a) etwas anders gestalten
b) etwas baulich in seiner Struktur verändern
c) handwerklich, körperlich arbeiten; praktisch tätig sein, schaffen
d) einen Beruf ausüben
e) aktiv handeln

alter, transfigure, act
a) make or become different, change
b) configure again or differently
c) design again or differently
d) change in form or appearance, esp. so as toelevate or idealise
e) behave, perform actions or functions, operate effectively, take action, exert energy or influence

Schonungslos bloßstellende Inventarisierung des persönlichen Besitzes nach Typologie, Farbe oder Größe als Bestandsaufnahme der eigenen Existenz. Denn weiß man um das immaterielle Abhandenseinkönnen der Dinge, macht man sich frei von Verlustangst und Trauer. Wie Henri Michaux' *Besitztümer*, die zwar immer »nichts sind, aber dennoch vertrautes Gelände; sonst gibt es nur noch die Fremde«. *A relentlessly exposed inventory of private possession – according to typology, colour or size – as survey of one's own existence. Because if one knows about the possible, immaterial absence of things, one is free from grief and fear of loss. Just like Henri Michaux's* propriétés *which always »are nothing but still familiar terrain; otherwise, there's only strange land«.*

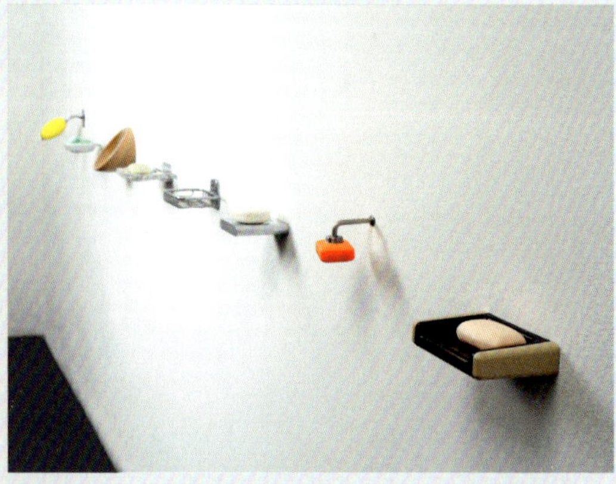

Seifen (I)
2011
Seifenschalen, Seifen *Soaps, soap dishes*
30 x 292 x 18 cm
Ausstellungsansicht *Exhibition view*
Privatsammlung *Private collection*, Köln *Cologne* / courtesy Sies + Höke, Düsseldorf
Fotografie *Photograph*: Achim Kukulies

Florian Slotawa geboren *born* 1972 in Rosenheim

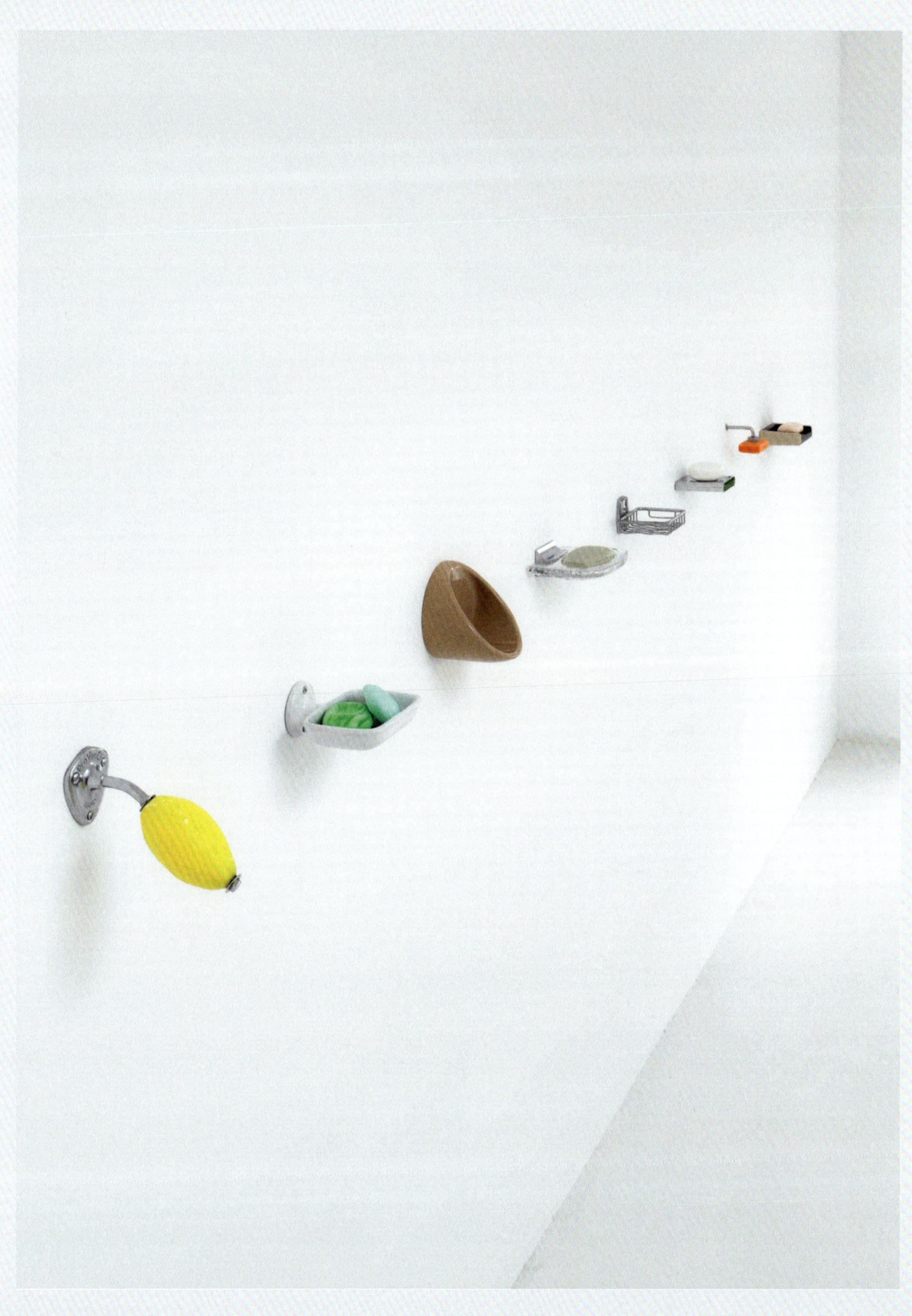

verdunkeln, abdunkeln, abblenden
a) dunkel machen
b) gegen nach außen dringendes Licht abdichten
c) bedecken, verdecken, verhüllen und dadurch dunkel, dunkler, finster erscheinen lassen
d) zunehmend dunkler, dunkel, finster werden
e) verschleiern
f) gegen den Einfall oder die Aussendung hellen Lichts abschirmen
g) Farbe dunkler machen
h) eine Lichtquelle verdecken, abschirmen
i) verlöschen, abgeschaltet werden
j) Lichteintritt verringern
k) eine Einstellung beenden

darken, dim, obscure
a) make dark or darker
b) become dark or darker
c) make or become dim or less bright
d) stupid, unintelligent
e) make obscure, dark, indistinct, or unintelligible
f) dim the glory of
g) outshine
h) conceal from sight
i) cover
j) lose or cause to lose colour, freshness or strength
k) disappear gradually, wither, grow pale, dim, or faint

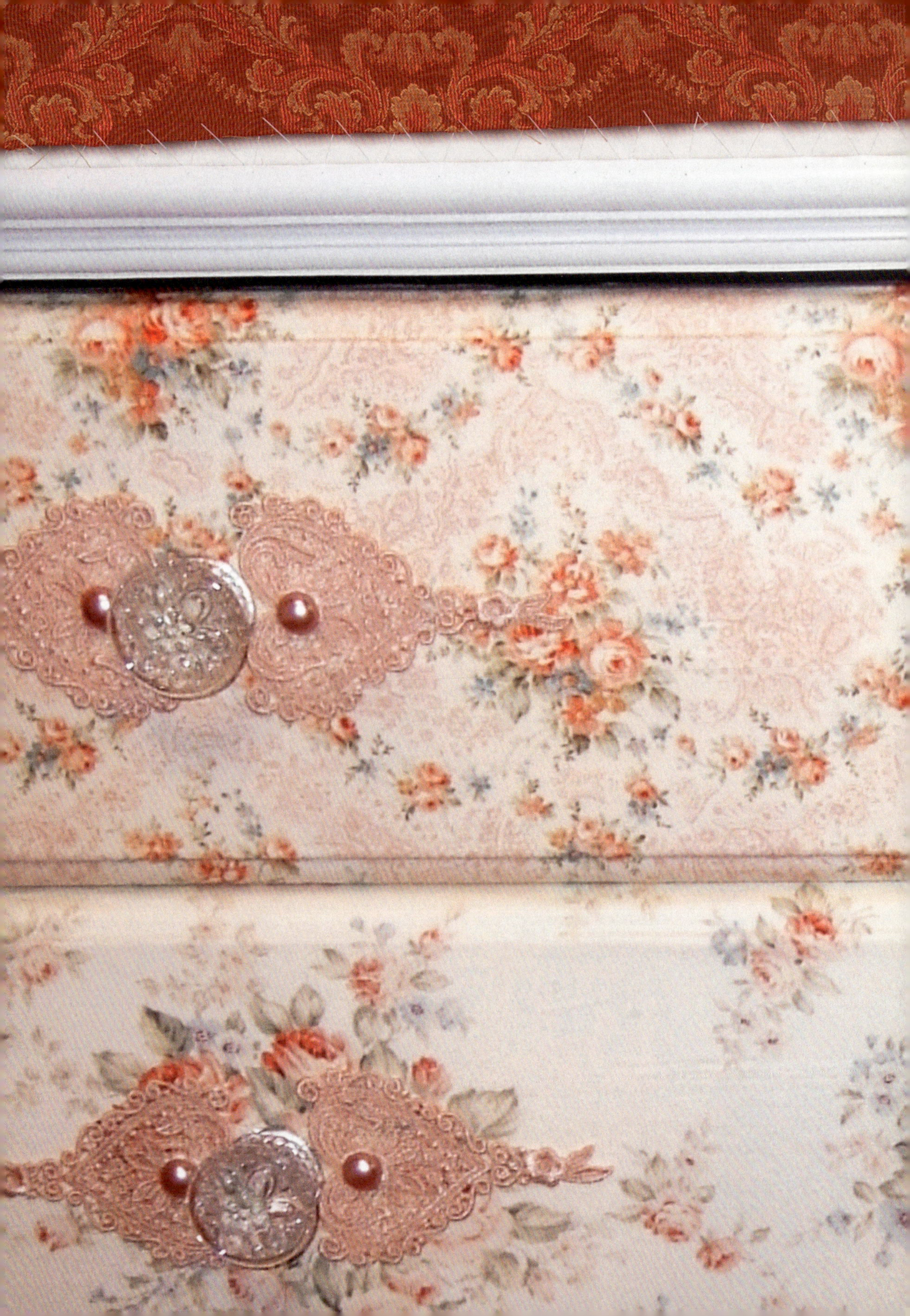

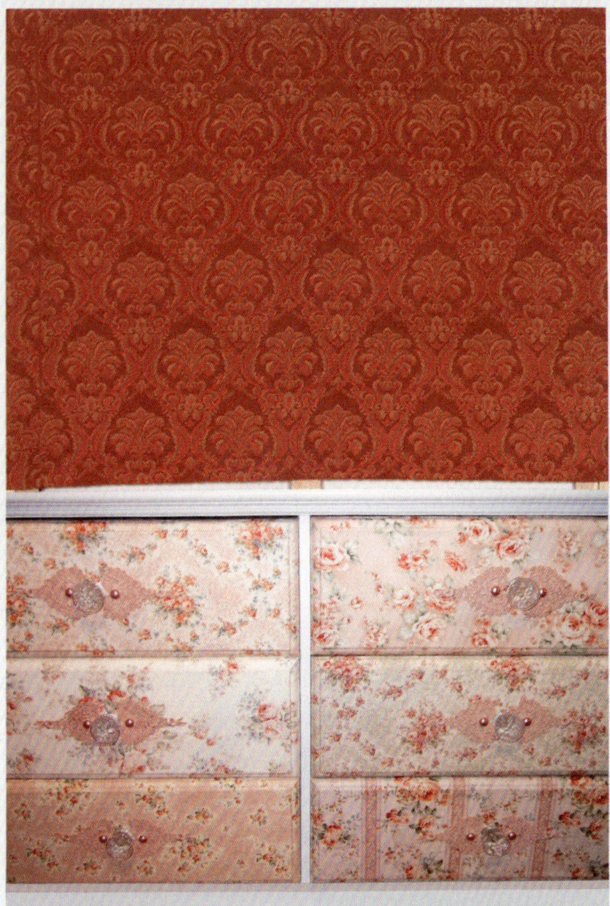

Extraction (French Country Rooster, Radiator) 4
2011
bearbeiteter Digitaldruck, Fäden und Stoff auf Leinwand
Altered digital print on canvas, fabric, thread
234 x 183 cm
courtesy Galerie Frank Elbaz, Paris

Meredyth Sparks geboren *born* 1972

Opulente Tapeten, üppige Teppiche, reich verziert mit floralen Ornamenten. Manchmal ein vereinzelter Radiator. Diese altvertraute Häuslichkeit jedoch ist Blendwerk und der Frieden trügerisch. Tiefe Wunden klaffen in den selbstversunkenen Tapeten, nur notdürftig sind sie mit grobem Faden zusammengehalten. *Opulent wallpapers, abundant carpets, richly adorned with floral ornaments. At times a single radiator. But this old familiar domesticity is a fraud and the homely peace deceiving. Deep lesions gape in these self-absorbed tapestries, scantily stitched together with coarse threads.*

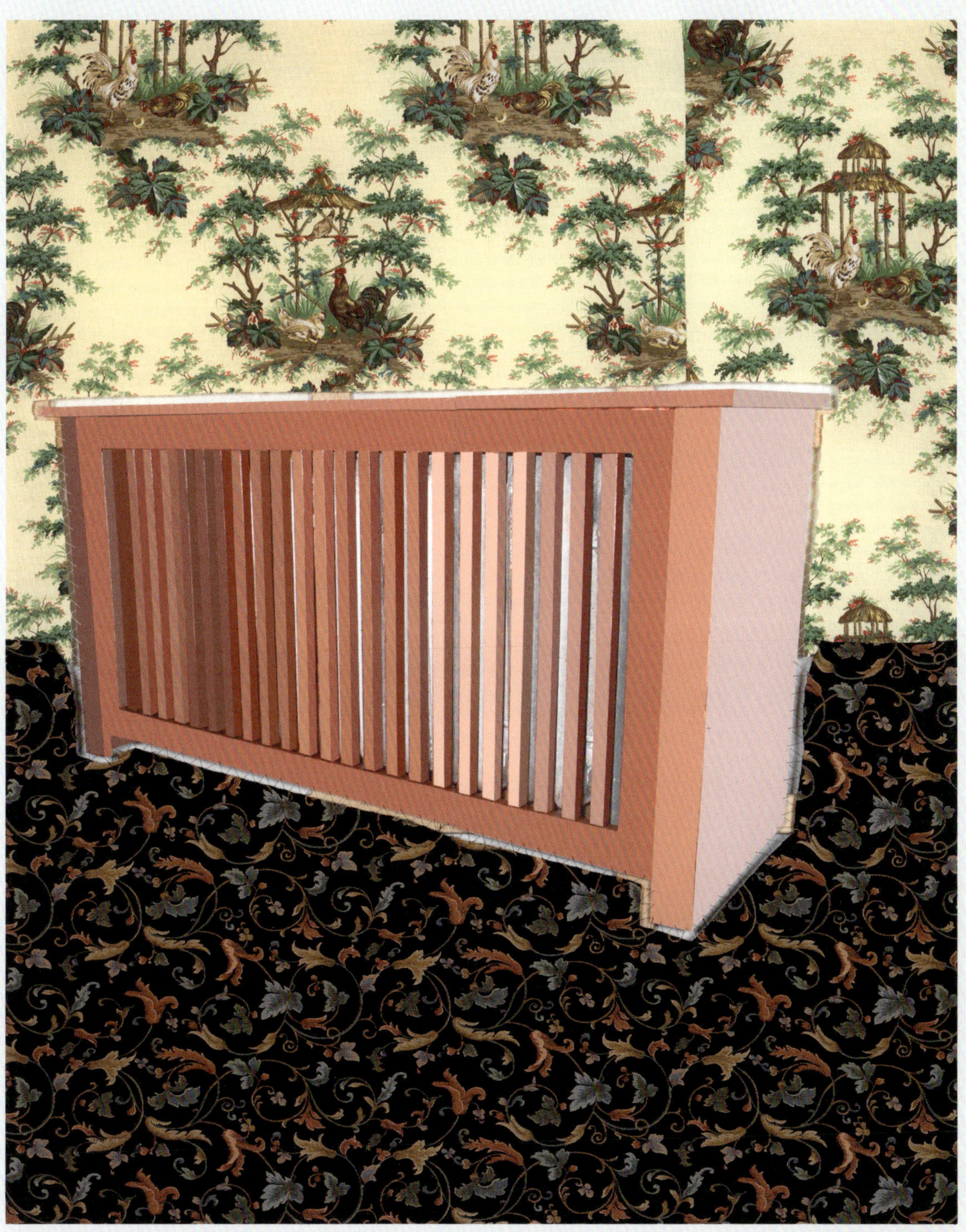

verkleiden, verblenden, auskleiden, vertäfeln, auslegen, furnieren, verschalen, verglasen, betonieren
a) mit einer verhüllenden Schicht, Abdeckung o. Ä. versehen; verhüllen; bedecken
b) unfähig zu vernünftigem Überlegen, zur Einsicht, zur richtigen Einschätzung der Lage o. Ä. machen
c) etwa mit einem schöneren, wertvolleren Material verkleiden
d) etwas mit Brettern, Holzplatten o. Ä. bedecken, verkleiden, auskleiden
e) zur Ansicht, Einsichtnahme o. Ä. hinlegen, ausbreiten
f) an den dafür vorgesehenen Flächen ganz mit etwas bedecken, auskleiden
g) mit einer Einlegearbeit schmücken
h) jemandem eine Geldsumme vorübergehend zur Verfügung stellen
i) in bestimmter Weise deutend interpretieren
j) auf eine bestimmte Leistung o. Ä. hin anlegen, einrichten, konstruieren
k) mit Furnier belegen
l) mit einer Glasscheibe versehen
m) glasig, starr werden
n) zur Endlagerung bestimmte hoch radioaktive Abfälle in Glas einbetten

blind, screen, veneer, lag, glass, glaze, plank, cast, concrete
a) look or be positioned towards or in a certain direction
b) cover the surface of a thing with a coating
c) put a facing on
d) deprive of sight, permanently or temporarily
e) deceive
f) apply a veneer to wood, furniture, etc.
g) disguise an unattractive character with a more attractive manner
h) enclose or cover in lagging
i) being send to prison
j) provide, cover, or floor, with planks
k) put a thing, person, etc. down roughly
l) fit with glass, reflect as in a mirror
m) the form into which any work is thrown or arranged
n) cover or embed in concrete

sick
of
good buys

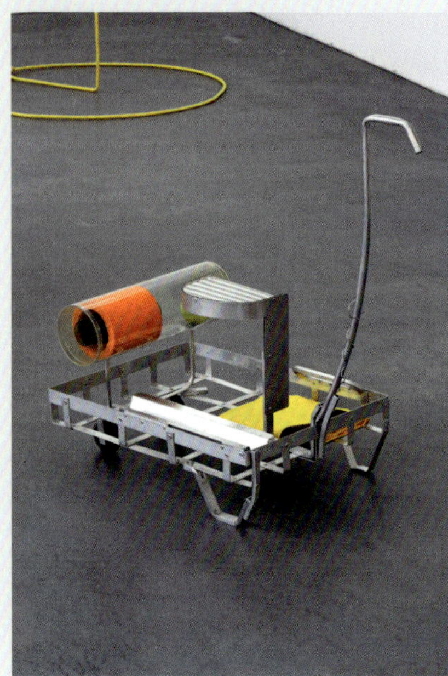

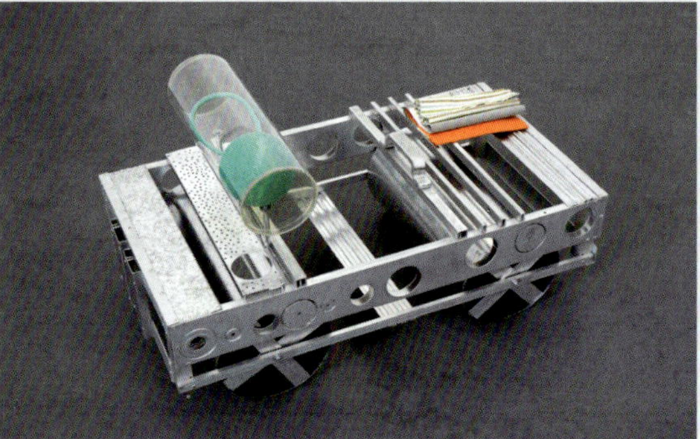

Equilibre
2008
Aluminium, Gummi, Lachfarbe, Plexiglas, Stoff *Aluminium, cloth, lacquer, paper, plexiglass*
51,5 x 89 x 47 cm
courtesy Adamski Gallery, Berlin

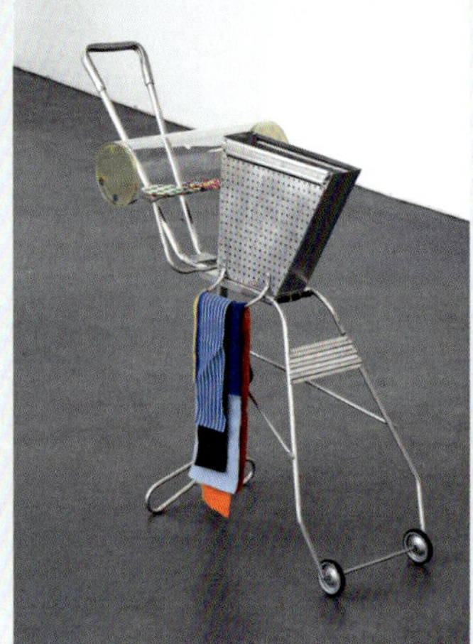

Tilt
2008
Aluminium, Glas, Holz, Plexiglas, Schaumstoff, Stoff *Aluminium, cloth, glass, plexiglass,rubber foam wood*
83 x 83 x 43 cm
courtesy Adamski Gallery, Berlin
alle Fotografien All *photographs*: Simon Vogel

Closed Circuit
2008
Aluminium, Gummi, Papier, Plexiglas, Stoff
Aluminium, cloth, paper, plexiglass, rubber
98 x 85 x 40 cm
courtesy Adamski Gallery, Berlin

Ein vorfabriziertes Leben, unaufhörlich von der Stange produziert, mit penetranten, sich aufdrängenden ›günstigen Gelegenheiten‹ an jeder Ecke und für jede Lebenslage? Oder doch lieber selbstgenügsame Maschinen, deren Bestimmung niemand kennt, die freudig vor sich hin werkeln und wankend das eigene Gleichgewicht halten? Vielleicht sogar eine Sackgasse, die am Ende gar keine ist, sondern ein sich selbst bewusst werdender (Um)Wendepunkt? »Sick of Good Byes«? Nein. Nur »Sick of Good Buys«! *A prefabricated life, hand-me-down-ready-mades, obtrusive bargains on every corner and for all circumstances? Or rather self-sufficient machines with indeterminable disposition pottering about and waveringly keeping their balance? Maybe even a dead-end which, in the end, isn't one at all but a (self) conscious turning-point? »Sick of Good Byes«? No. »Sick of Good Buys«!*

Ulrich Strothjohann

geboren *born* 1954 in Köln

Sick of Good Buys
2008
Elektrik, Lack, Siebdruck, Stahl, Zinkblech *Electrics, lacquer, silkscreen, steel, zinc sheets*
203 x 83,5 x 220 cm
courtesy Adamski Gallery, Berlin

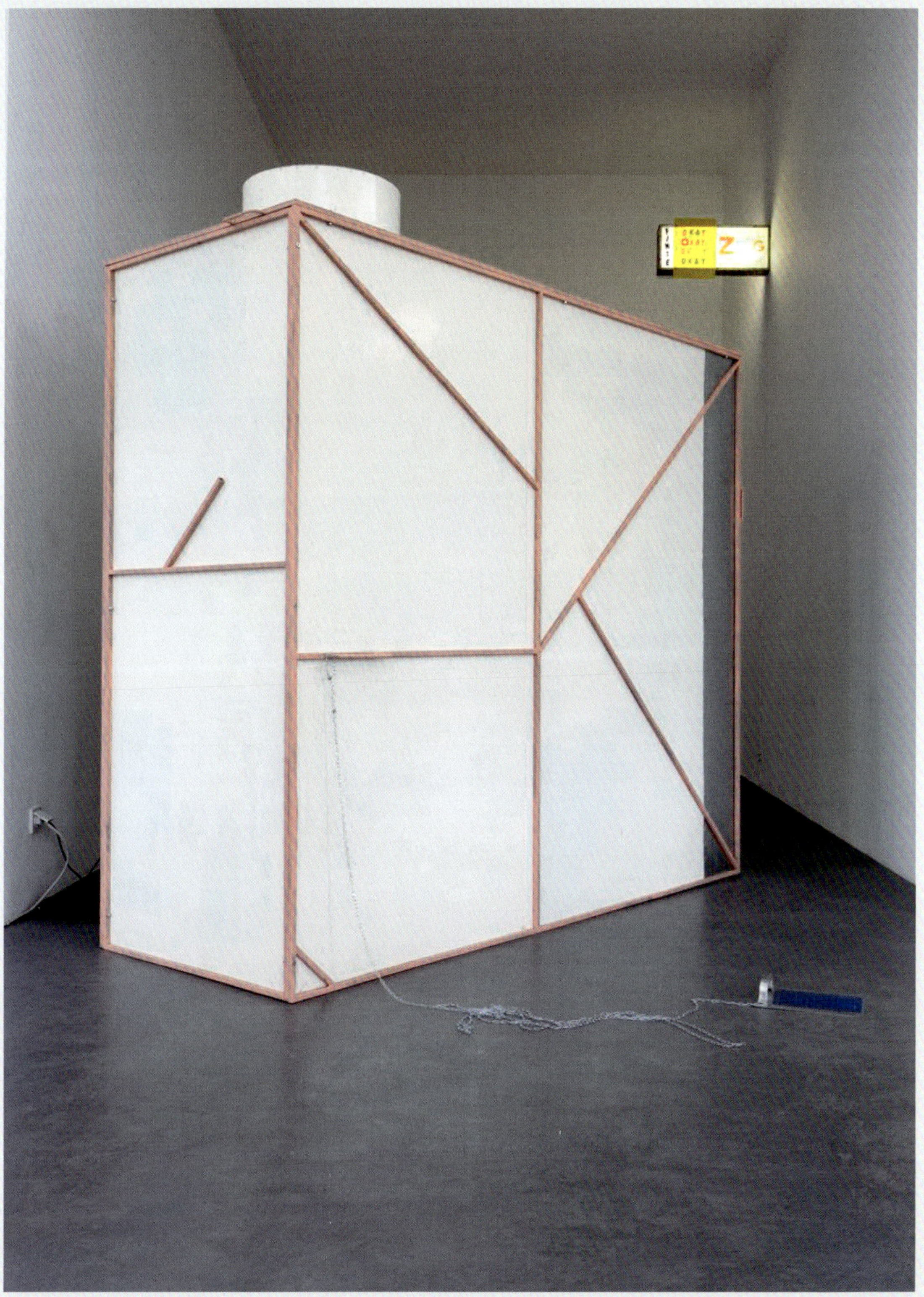

Kunst ist Form.

So lapidar dieser Satz klingt, so schwer ist er zu ergründen. Was ist die Form und was ist der Inhalt? Wer ein Bild betrachtet, eine Plastik, begegnet dem Werk zunächst einmal durch Anschauung. Wo und wie grenzen sich ab äußere und innere Anschauung etwa beim Betrachten eines Bildes, wieviel früher schon Angeschautes tritt als Erinnertes wieder zutage, verbindet sich mit dem hier und jetzt Gesehenen: in jenem unerklärbaren Sinne von Bildwerdung, bildlicher Gestaltung im Auge.

Ich stelle das alles sehr bewusst einmal in Frage, weil ich der Auffassung bin, dass im Laufe der Jahrhunderte unter den ästhetischen Theoriegebirgen begraben wurde, was etwa das Wort *ästhetisch* von der Wurzel her meint: sinnlich wahrnehmbar.

Dem Satz von Gottfried Benn, das Gegenteil von Kunst sei nicht Natur, sondern gut gemeint, ist Adornos Hammerschlag hinzuzufügen: »Der Gegenbegriff zum ästhetischen Verhalten schlechthin ist der des Banausischen, vielfach ins Vulgäre hinüberspielend, davon unterschieden durch Gleichgültigkeit oder Haß, wo Vulgarität mit Gier schmatzt.«

Kunst ist Form. Benn erweitert dieses Diktum noch um viele Varianten, er spricht vom *formalen Absolutismus*, von der *Sucht zur Form, Leidenschaft zur Form*, von der *Erlösung im Formalen*.

Verstehen kann man ihn nur vor dem Hintergrund der Geschichte, der Geschichte der Kunst und ihrer Verkommenheit zum Salonartikel und Gemütswärmer. Das 19. Jahrhundert hatte für gründliche Versumpfung gesorgt. Die generelle Verlogenheit als Gerede von der Eigentlichkeit der Inhalte hatte letztlich den artistischen Widerstand provoziert.

Schlimmer noch war die zum ästhetischen Stoßgebet verfestigte Formel von der Identität des Guten, Wahren und Schönen. Nichts war nötiger, als gerade in diesem Punkte die Dinge vom Kopf auf die Füße zu stellen. Das

Bruno Hillebrand **Kunst — Form und Theorie** *Art — Form and Theory*

Art is form.

However laconic this statement may sound, it is equally difficult to grasp. What is the form, and what is the content? When beholding an image, or a sculpture, one first encounters the work through one's own way of seeing. Where and how do inner ways of seeing and outer ways of being seen delineate themselves—when looking at a painting, for example; how much of what has already been seen becomes visible again as recollection, and to what extent then unified with the beheld in the here and now: in that certain indescribable sense of coming to be as an image, of pictorial creation before the gaze.

The reason for my calling all of this so deliberately into question is because I am of the view that, over the centuries, the imposing range of theoretical aesthetic disciplines has nearly buried what the root of the word aesthetic *actually means: sensuously perceptible.*

Gottfried Benn's assertion that the opposite of art is not nature but rather well-meant *must be appended by Adorno's unforgiving statement: 'The counterterm to aesthetic behaviour per se is that of Philistine baseness that repeatedly plays over into the vulgar and is yet distinct from the latter through its utter indifference or disposition toward hatred— whereas vulgarity simply smacks of greed.'*

Art is form. *Benn expands this dictum into numerous variations; he speaks of* formal absolutism, *of the* addiction to form, *the* passion for form, *and of* deliverance into the formal.

He is only to be understood, however, before the backdrop of history—the history of art and its degeneration into an article of the salon and a easer of the mind. The 19th century had been thorough in its creation of the mire. The general mendacity, in the form of chatter about the authenticity of the content, had finally provoked the artistic revolt.

Still worse was the formula employed, having meanwhile been compounded into a kind of daily recited prayer, for the identity of all that is good, true and beautiful. There was nothing that was needed more, particularly with regard to

Schöne ist hässlich und das Hässliche schön, ganz einfach weil es wahr ist. »Das Wesen aber, das wirkliche Sein, die Substanz des Gegenstandes ist seine Form.« So Benn.

Sein Kampfwort heißt: *Wirklichkeitszertrümmerung.* Wenn der Kosmos sich enthüllte als Verlogenes, blieb als Heilung nur das Chaos. An die Stelle Gottes trat schon lange vorher das Nichts. »Gott ist Form.« Noch ein Wort von Benn.

Die Traditionskette ist ebenso lang wie tiefgründig verankert: »Die große Form eines Kunstwerkes wird ans Licht treten, wenn der Künstler die Form in seinem Wesen hat!« Nietzsche. »Man ist um den Preis Künstler, daß man das, was alle Nichtkünstler *Form* nennen, als *Inhalt,* als *die Sache selbst* empfindet.« Auch er sprach, wie Benn nach ihm, von *artistischen Leidenschaften,* von der *Hingebung an die Form.*

Die Kunst hat im Laufe der Geschichte dies als wichtigste Botschaft – nicht Theorie – hinterlassen: Kunst ist Form.

Von der Antike bis ins 18. Jahrhundert galt die Formel: Kunst ist Mimesis. Erst gegen Ende dieses Jahrhunderts erfolgte theoretisch der Abschied vom Prinzip der Nachahmung, ob nun Nachahmung innerer oder äußerer Natur. Nachahmung heißt in diesem revolutionären Jahrhundert zunächst immer noch, dass es etwas gibt, das nachzuahmen ist, dass die Kunst in Form bringt, was als Natur oder Wirklichkeit identisch ist mit dem Allgemeinverbindlichen, Typischen. Dass die starren Form-Vorbilder als verbindlich galten, bewirkte nicht zuletzt ihre Existenz als Serien von Totgeburten.

Das Denken Nietzsches steht nicht ohne Grund so außerordentlich stark im Banne der Ästhetik, weil in ihr, wie in einem Brennpunkt, Metaphysik und Ethik konvergieren bis zur Selbstaufgabe. Offenbar ist die ästhetische Wirklichkeit der Austragungsort heutiger Bewusstseinsreflexion auf Neubestimmung der Wirklichkeit hin. In

Für eine Ästhetik des Sensuellen *For an Aesthetic of the Sensuous*

these issues, than an absolute inversion of things to put them back on their feet. What is beautiful is ugly, and what is ugly is beautiful—for the simple fact that this is true. 'The essence though, the real being, the substance of the thing is its form', according to Benn.

His battle cry is: reality wrecking. When the cosmos reveals itself as fraudulent, the only cure available is that of chaos. In place of God, there was, long before, already nothingness. 'God is form'—another assertion of Benn's.

The chain of tradition is as long as it is deeply rooted: 'The great form of a work of art will come to light when the artist has finally managed to incorporate form into his own being!' Nietsche. 'Being an artist requires that one perceives of all that which non-artists refer to as being form as content, as the thing itself.' Thus he too spoke, as Benn did after him, of artistic passions and the devotion to form.

Art has, over the course of history, left the following, single most important message—not theory: art is form.

From Antiquity up into the 18th century, the following formula was held to be true: art is mimesis. It was not until the end of this century that the theoretical discourse on the departure from the principle of emulation emerged—whether of an internal or external nature. At first, emulation still means, in this revolutionary century, that there is something that can be emulated, something that art can provide with form, which—as nature or reality—is identical to the generally accepted, the typical. That the rigid models for form were viewed as compulsory resulted in, if nothing else, their existence as a series of stillbirths.

It is no accident that Nietzsche's vision was so exceedingly bound by the spell of aesthetics, in which metaphysics and ethics converge to the point of self-abandonment—as though in diffused in a blur circle. It would appear that the aesthetic real is the place of occurrence for contemporary reflections on consciousness, one that strives toward a redetermination of reality itself. Over the past few years, formal manifestations of artistic work have become utterly

den letzten Jahren hat die Theorie die Erscheinungsformen der Kunstwerke vollends überwuchert.

Zum Glück gibt es die Kunst für den, der sehen und staunen kann, auch heute noch – als ungetrübtes Phänomen. Das griechische Wort meint ja als transitives Verb (phaino) nichts anderes als: etwas ans Licht bringen, ans Tages Licht, etwas erscheinen lassen, sichtbar machen, auch hörbar; dann im erweiterten Sinne des Erkennens: verkünden, offenbaren, verheißen.

Dass Nietzsche im Bereich der Metaphysik gründlich aufgeräumt hat, ist bekannt, er als erster ist konsequent für eine Ästhetik des Sensuellen eingetreten, er selbst prägte das Wort von der Physiologie der Kunst. Nietzsche hat jene Erlebniskräfte, die früher ausgerichtet waren auf eine wie immer geartete Transzendenz, umgebogen ins Immanente. In einem neu gedachten metaphysischen Sinne ist die Kunst dem Leben verpflichtet, als steigernde und überhöhende Kraft stilisiert Nietzsche sie zur *eigentlichen Aufgabe des Lebens*.

Die Konzeption des Lebens ist zugleich die Konzeption des Werkes. »Man soll nicht mit künstlerischen Formen spielen, man soll das Leben umschaffen, daß es sich nachher formulieren muß.« Das widerspricht allen postmodernen Fehldeutungen Nietzsches, es widerspricht insgesamt dem experimentellen Spieltrieb des Modernismus, es widerspricht durch den äußersten Anspruch auf existentielle Verbindlichkeit.

Das also hatte Benn bei Nietzsche gelernt. Die äußerste Verbindlichkeit dieser Ästhetik ist zugleich ihr Wertmesser, diese Kunst, sagt Benn, ist das »Ergebnis der Transferierung von Substanz in Form, eine anthropologische Erlösung im Formalen.«

Der so streng postulierte Immanenzanspruch der Kunst ist seit dieser Zeit oft genug ins Schleudern geraten, zuletzt noch einmal bei Benn, der zeitlebens keinen Hehl gemacht hat aus seinem *Fanatismus zur Transzendenz*. Spätestens an dieser Stelle spüren wir den unendlichen Abstand zu einem Glauben, der die Form geheiligt hatte. Was eigentlich steckte hinter den artistischen Zauberformeln, die so lange und so standhaft kulminierten in der

swamped in theory.

Fortunately, there is still art, for those who are able to see and to marvel, even today—as an unclouded phenomenon. Indeed, the Greek word phaino *means, as a transitive verb, nothing other than to bring something to light, illuminate something, unveil something, bring something into view, make something visible, or even audible; and then, in the expanded sense of realization, to enunciate, reveal, and proclaim.*

That Nietzsche made a clean sweep in the area of metaphysics is well established; it was he who first argued the case with consequence for an aesthetic of the sensuous, and he himself who preached the physiology of art. Nietzsche took hold of those certain experiential capacities that had previously been oriented toward the perpetual notion of transcendence and redirected it toward the immanent. Viewed from the purely metaphysical conception, art is beholden to life; Nietzsche, however, accords it with elevated and super elevating powers, and stylizes it as the true task of life.

The conception of life is analogous to the conception of works. 'One should not play with artistic formulas: one should reshape life so that it has to formulate itself thereafter.' This confutes the sum of postmodern misconceptions over Nietzsche and contraverts the whole experimental ludic drive of modernism through its extreme reliance upon existential continuity.

That is thus what Benn had learned from Nietzsche. The absolute existential continuity of this aesthetic is simultaneously its value meter; this art, according to Benn, is the 'result of the transference of substance into form—an anthropological deliverance into the formal.'

Often enough, this so strictly postulated pretension toward immanence with regard to art has since spun out of control—finally even with Benn, who, throughout the course of his life, never made any secret of his fanaticism *with respect to transcendence. We now—no later than at this juncture—really sense the endless distance from a belief system that had so consecrated*

Zone von Vollendung, Verklärung und Glanz? Es ist doch mehr als eine Vermutung, dass es ein Glaube war, der dahintersteckte, die verzweifelte Gläubigkeit nämlich, dass im Europa des Nihilismus wenigstens dieses noch standhalten musste den Anfechtungen: die Kunst.

Es gibt jedoch eine geheime Schwingungszahl, die etwas in Bewegung setzt, in der Kunst wie im Leben.
Sie lässt sich nur erfahren, nicht erfassen, weder kategorial noch diskursiv, schon gar nicht normativ. Das ist der Grund, warum ästhetische Theorie sich so schwer tut, bei aller kriminalistischen Anstrengung, den geheimen Vektor ästhetischer Wirkung zu verhaften.
Kunst ist Form. Das könnte seine Gültigkeit behalten, aber alles ist abgefallen von dieser Formel, was einmal angesiedelt war im Bereich des Hieratischen, des Dogmatischen, des Fanatischen.
Vieles spricht für eine Ästhetik des Sensuellen, für eine vorurteilsfreie Anschauung, für die künstlerische Antwort, die potentiell in jedem Betrachter, Zuschauer, Leser, Hörer steckt. Das Kunstwerk ruft auf zur Auseinandersetzung, zur Mitarbeit. Eine Ästhetik des Sensuellen sollte sich einrichten auf dem Felde sinnlicher Wahrnehmung.
Der exorbitante Diskursverschleiß der letzten Jahrzehnte hat die Sinne begraben unter Müllhalden von Ideologie, ästhetischer Theorie, die sich aufwarf zu penetranter Autonomie. Die Kunstwerke selbst standen nicht mehr zur Diskussion – geschweige zur Betrachtung.
Eine Ästhetik des Sensuellen sollte das Anschaubare anschaulich vermitteln. Anschaulich heißt nicht simpel.

the form as such. What was it, in fact, that was actually behind all of those magic artistic formulas, which so steadfastly culminated in the zone of consummate perfection, glorification and resplendence for so long? There is more than just a suspicion that it was indeed a religious belief which lies behind it—namely, the desperate faith in the notion that, amongst the nihilism of Europe, there was one thing that must be capable of withstanding the tribulations: art.

Nonetheless, there is a certain secret frequency of vibration that is capable of setting things into motion, in both art and life.
It can only be experienced, however; it cannot be grasped—neither categorically nor discursively and by no means normatively. That is why aesthetic theory, despite all criminalistic endeavouring, has such difficulty in apprehending the secret vector of aesthetic impact.
Art is form. Though this may as well retain its validity, everything belonging to the formula that resided in the sphere of the hieratic, the dogmatic or the fanatic, has since fallen away.
There is much that speaks for an aesthetic of the sensuous, for an unprejudiced way of seeing, for an artistic response— the potential which lies within each beholder, onlooker, reader or listener. The work of art calls upon involvement, even collaboration. An aesthetic of the sensuous ought to establish itself within the realm of sensuous perception.
The exorbitant breakdown in discourse over the past decades has buried the senses beneath a rubbish heap of ideology— of aesthetic theory, which has set itself up in obtrusive autonomy. The works of art themselves have no longer stood under consideration—let alone observation.
An aesthetic of the sensuous ought to impart the visible visibly. Visibly does not mean simplistically.

vernageln, verschrauben, vernieten, verschweißen, verlöten, verdrahten, verkabeln
a) nagelnd, mithilfe von Nägeln verschließen
b) mit einer oder mehreren Schrauben befestigen
c) durch Nieten verbinden
d) durch Schweißen verbinden
e) durch Löten verschließen
f) mit Maschendraht, Stacheldraht o. Ä. unzugänglich machen, verschließen
g) durch Leitungen verbinden
h) als Kabel verlegen
i) mithilfe von Kabeln an ein Netz anschließen

nail, screw, fuse, weld, solder, wire, cable
a) fasten with a nail or nails
b) fix or keep fixed, e.g. a thing, a person, a situation, attention, etc.
c) fasten or tighten with a screw or screws
d) twist or turn around
e) contract or contort into a tight mass
f) hammer or press pieces into one piece
g) join by fusing
h) provide, fasten, strengthen, etc. with wire, install and connect electrical circuits
i) furnish or fasten with a cable or cables

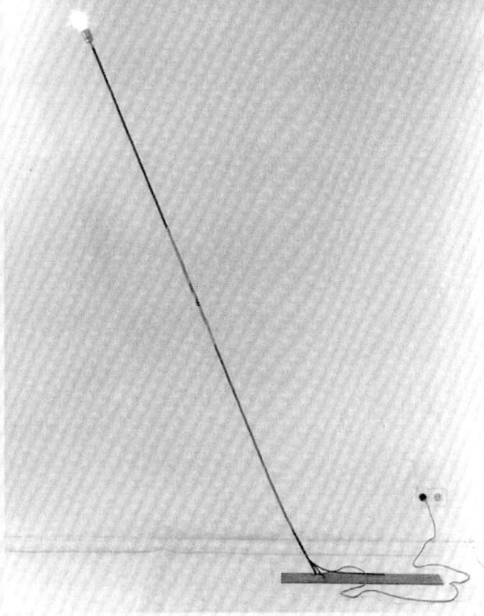

Privat Lampe des Künstlers I
1989
Eisen, Glühbirne, Kabel, Schalter *Cable, iron, light bulb, switch*
offene *open* Edition (Meta Memphis, Mailand)
235 cm
Sammlung Haubrok, Berlin
Fotografie *Photograph*: Archiv Franz West, Wien *Vienna*

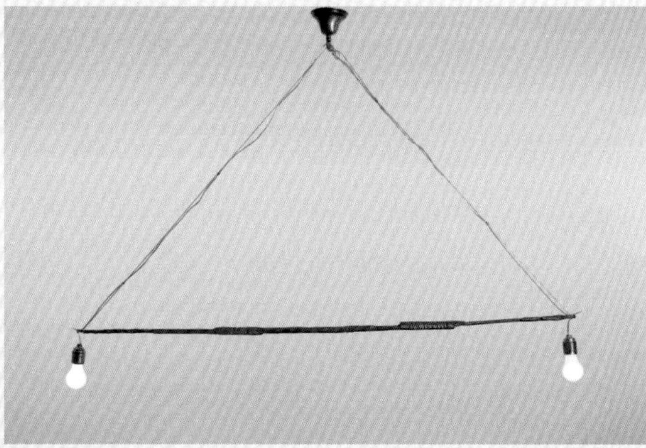

Haus Lange Lampe
1988
Bronze, Draht, Glühbirnen, Kabel *Bronze, cable, light bulbs, wire*
offene *open* Edition (Meta Memphis, Mailand)
152 cm
Sammlung Haubrok, Berlin
Fotografie *Photograph*: Archiv Franz West, Wien *Vienna*

Funktionalität gibt es nicht. Nur eigenwillige, sich frei vollziehende, wandlungs- und anpassungsfähige Aktivität. Ob als ungeprägte Form oder als Prothese, als Gewächs, Tisch, Stuhl, Paravent, als ritueller Fetisch oder Lampe, die bildhauerische Tätigkeit hält sich als ›ex-statikon‹, als Ausstand zwischen menschlichem Körper und klar gefasstem Gebrauchsgegenstand. Brauchen Kunstwerk und Gebrauchsding einander doch – das Werk das Tun und der Gebrauch die Selbstsetzung. Im Erkennen dessen gründet eine ungeahnte Lebendigkeit, die Körper, Werk und Ding versöhnt. Wenn das Licht angeht, sieht man, wo und wie man dasteht. *There is no functionality. Only wilful, adaptive and versatile activity takes place freely. Be it as unaffected form or prosthesis, as excrescence, table, chair, screen, as ritual fetish or lamp – sculptural agitation always lingers betwixt the imperfect human body and clearly cut commodities. Still, both the work of art and the utility thing need each other mutually – the artwork the use, the usage the self-assertion. Becoming aware of this spawns an unimagined vitality fusing body, work of art and thing. When the light turns on, one will see where and how one stands.*

Paravent (weiß)
2010
Acryl, Holz, Metall *Acrylic, metal, wood*
195 x 220 x 53 cm
Sammlung Haubrok, Berlin / courtesy Galerie Bärbel Grässlin,
Frankfurt am Main
Fotografie *Photograph*: Ludger Paffrath / haubrokshows

Franz West

geboren *born* 1947 in Wien *Vienna*

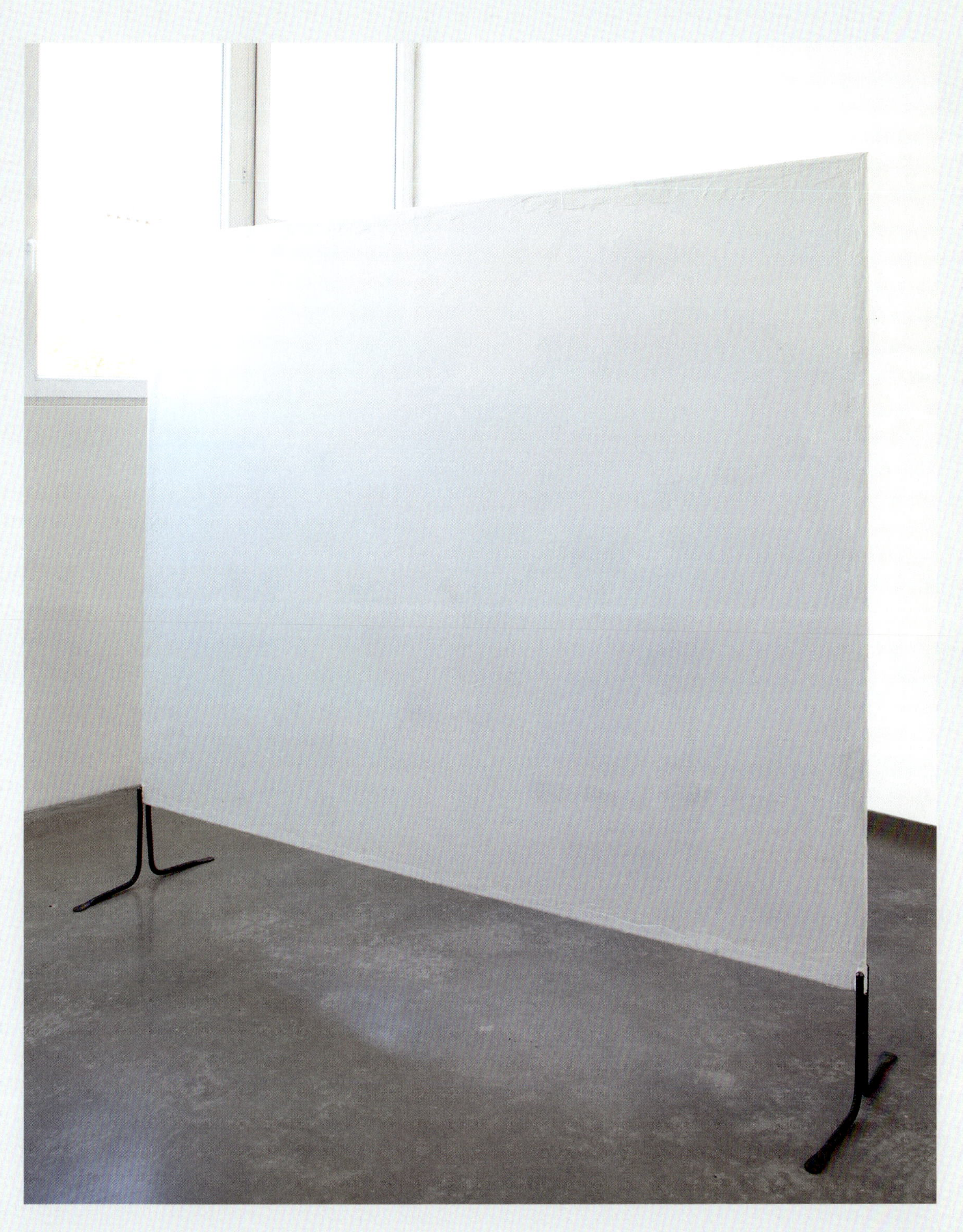

verstärken
a) stärker, stabiler, intensiver machen, werden
b) zahlenmäßig erweitern, die Stärke von etwas vergrößern

strengthen
a) make or become stronger, intensify, enforce, boost, amplify
b) make or become greater in size, amount, etc., or more numerous

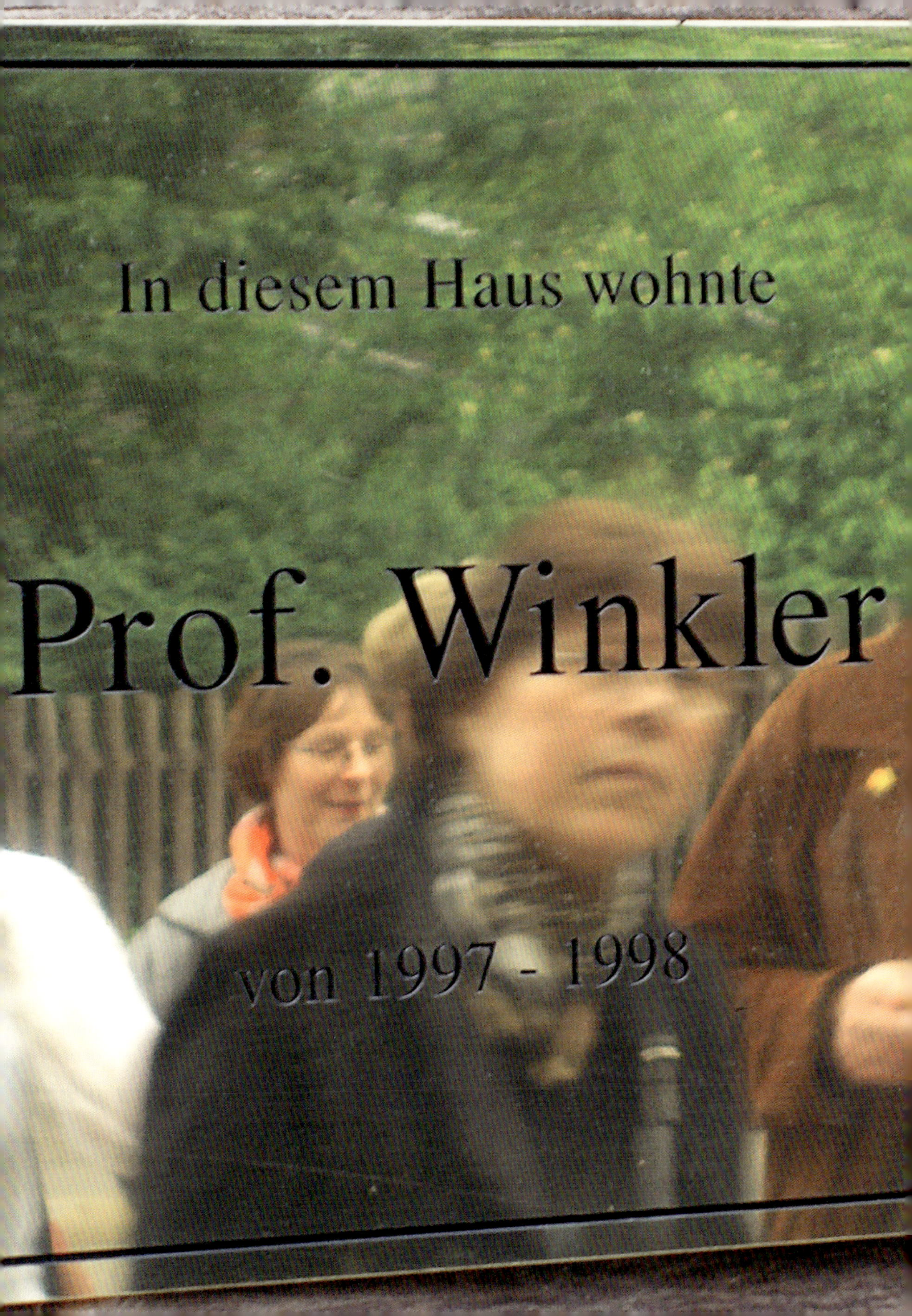

In diesem Haus wohnte

Prof. Winkler

von 1997 - 1998

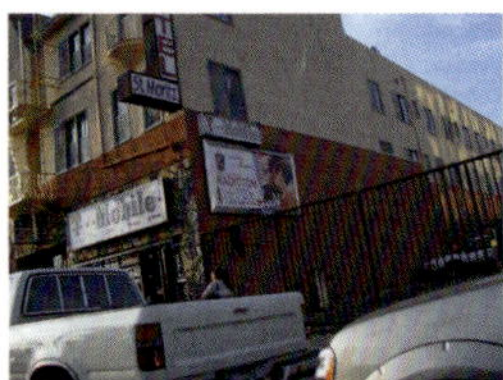

On my way to a lecture about my journeys on behalf of *Worldwide Expressionism* at the *University of California*, Los Angeles (*UCLA*).

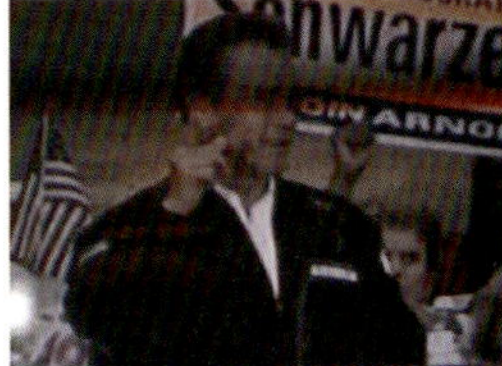

Arnold Schwarzenegger on the day of his election to Governor of California.

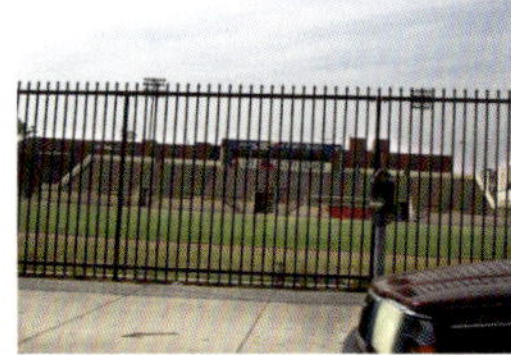

Learn More to Earn More – the slogan of the *Los Angeles City College*. I personally agree.

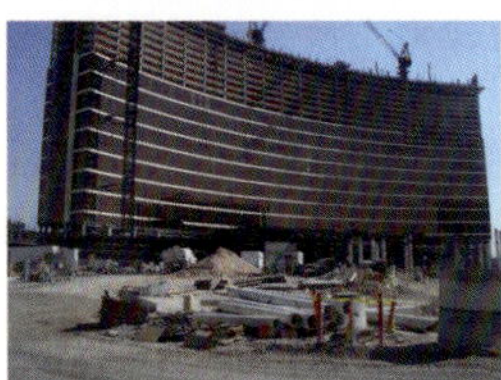

Publishing company *Heckler und Koch*, Sindelfingen.

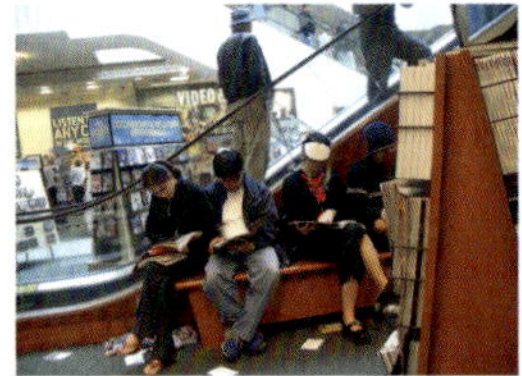

Young Americans in a book shop in Hollywood.

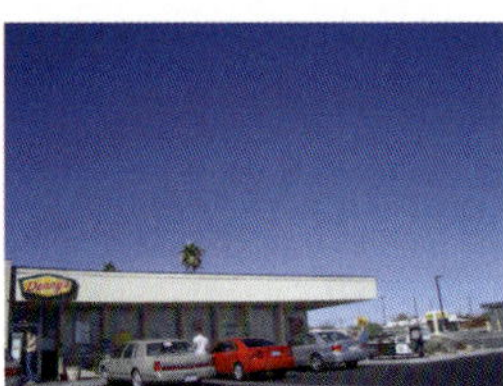

The parking lot of a restaurant chain in the desert of California. This is where I wrote parts of my now famous poem *Sand In My Shoes*, in 2004.

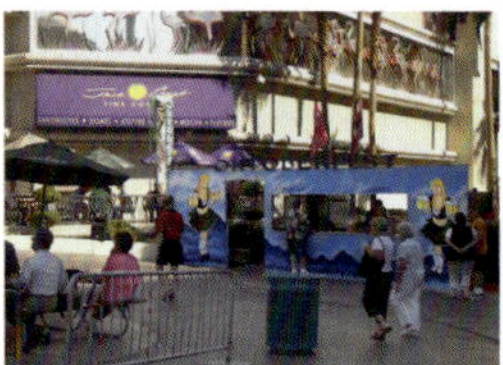

Oktoberfest in Las Vegas, 2005.

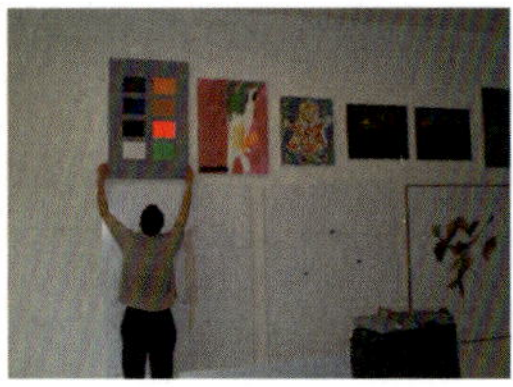

Here you can see A. Butzer, co-director of the publishing company *Heckler und Koch*, hanging my painting *Ohne Titel ('3)*, acrylic on canvas, 2007 for the group exhibition *Kommando Calvin Cohn* at *Salon 94*, New York.

Tagebuchartig angefertigte Fotografien, klar ausgelegt und mit Kommentaren oder notierten Beobachtungen versehen. Als kontinuierliche Selbstversicherung und als Frage nach Wirklichkeit und ihrer Dokumentation. Ist das, was man sieht, auch das, was man bekommt? Wer, was, wo sind wir überhaupt in der Welt? *Diary-like photographs clearly laid out with added comments and jotted down observations. As continuous self-assurance as well as an enquiry of reality and its documentation. Is what one sees really what one gets? Who, what, where are we in the world at all?*

Thomas Winkler
geboren *born* 1972 in Ostfildern

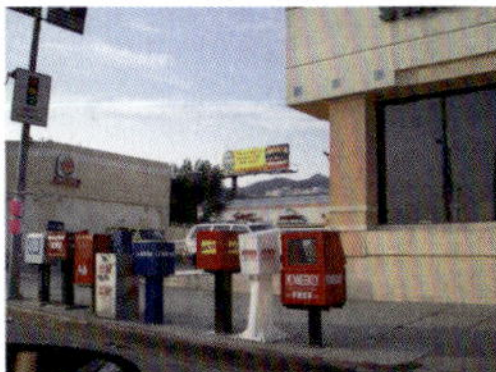

Amerika auf einer meiner zahlreichen Reisen im Auftrag des *Weltweiten Expressionismus.*

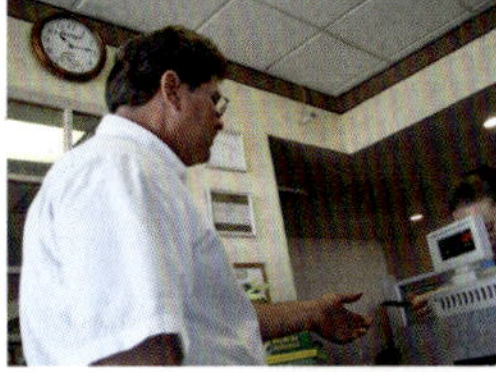

Diese Aufnahme entstand in einem Restaurant in Twentynine Palms. Der Herr bezahlte wie immer mit seiner Kreditkarte.

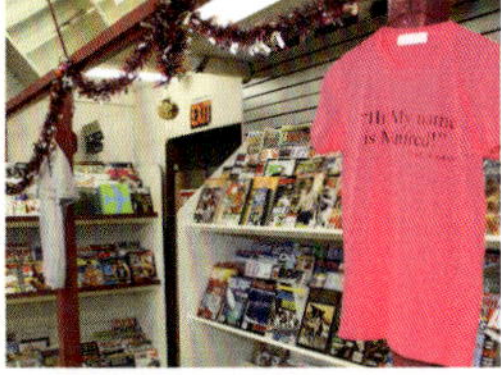

Zwei meiner begehrten *Prof. Winkler T-Shirts* im Adultstore *Circus of Books*, West-Hollywood (leider vergriffen).

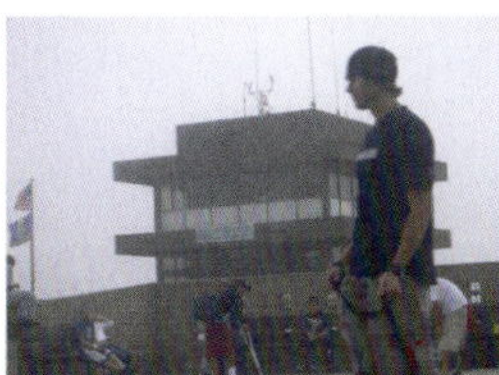

Jugendliche am Stadtrand von Los Angeles (Hermosa Beach).

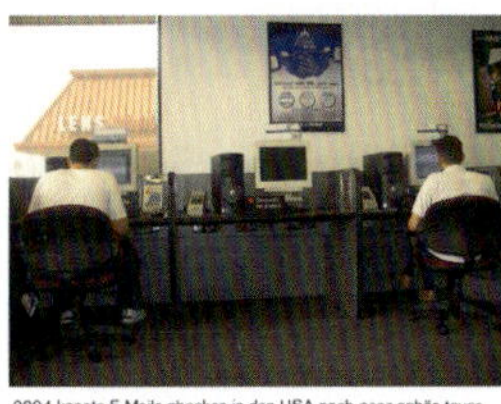

2004 konnte E-Mails checken in den USA noch ganz schön teuer sein.

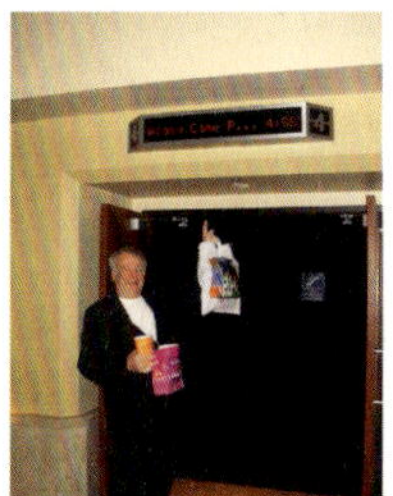

Sonntags gehe ich gerne mit berühmten Musikern ins Kino.

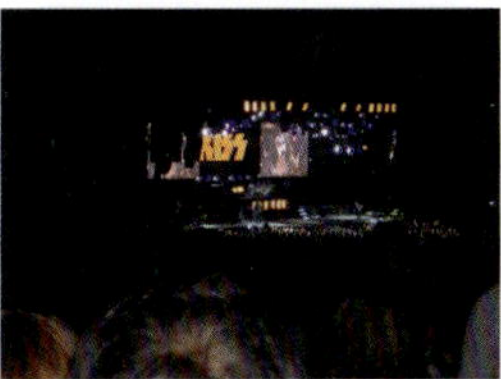

... oder zu *Kiss.*

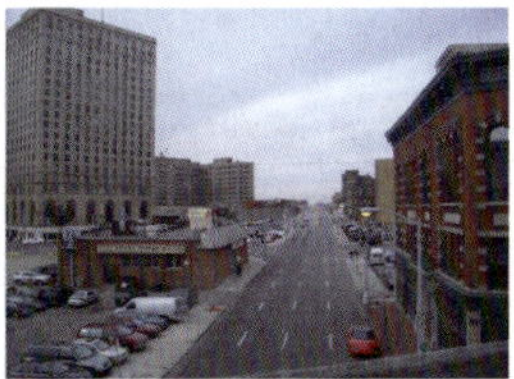

Detroit Rock City, 2005.

Ohne Titel *Untitled* **(20)**
2010
Layout mit 8 Fotos und Untertiteln *Layout with 8 photographs and subtitles*
150 x 200 cm
courtesy Galerie Christine Mayer München *Munich*

Ohne Titel *Untitled* **(21)**
2010
Layout mit 8 Fotos und Untertiteln *Layout with 8 photographs and subtitles*
150 x 200 cm
courtesy Galerie Christine Mayer München *Munich*

teilen, verteilen, trennen

a) ein Ganzes in Teile zerlegen
b) sich aufspalten, in Teile zerfallen
c) etwas, was man besitzt, zu einem Teil einem anderen überlassen
d) gemeinsam etwas nutzen, benutzen, gebrauchen
e) an einer Sache im gleichen Maße wie ein anderer teilhaben
f) nach verschiedenen Richtungen auseinandergehen
g) etwas aufteilen und in einzelnen Anteilen, Portionen o. Ä. vergeben, austeilen
h) auseinandergehen und sich an verschiedene Plätze begeben
i) sich ausbreiten; sich verbreiten
j) etwas Zusammengesetztes, Zusammenliegendes o. Ä. in seine Bestandteile zerlegen
k) Personen, Sachen) in eine räumliche Distanz zueinander bringen, Verbindungen aufheben
l) absondern, scheiden; isolieren, auseinandergehen
m) etwas hergeben, weggeben, nicht länger behalten
n) unterscheiden, auseinanderhalten
o) eine Kluft bilden

divide, distribute, split

a) separate or be separated into parts
b) break up, split up
c) distribute, share
d) cut off
e) mark out into parts
f) specify different kinds of, classify
g) cause to disagree
h) form a fork
i) divide a thing by passing or lying across it
j) cross or cut each other
k) cut or fell by a blow
l) cut tinto small pieces
m) detach or remove a thing from its place
n) break the connection of things, ideas, etc.
o) spread about, scatter

Ohne Titel *Untitled* **(Sieb)**
2011
Öl auf Leinwand *Oil on canvas*
150 x 110 cm
courtesy Galerie Bernd Kugler, Innsbruck
Fotografie *Photograph*: Fabian Schubert

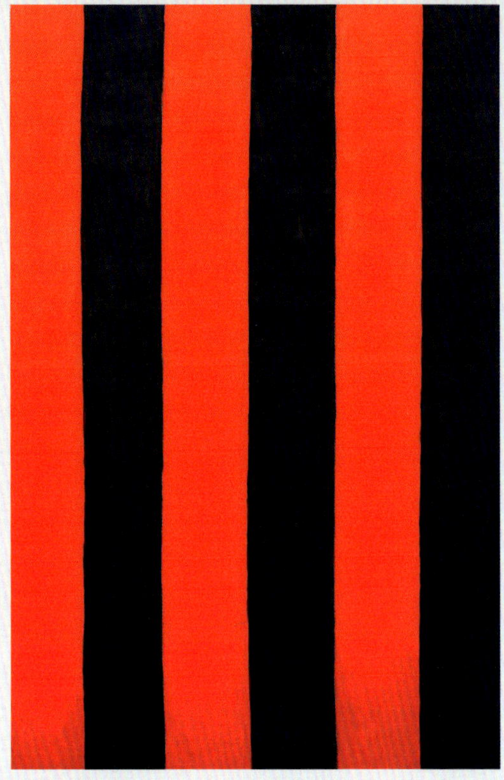

Der Ring der Kraft
2011
Öl auf Leinwand *Oil on canvas*
160 x 110 cm
courtesy Galerie Bernd Kugler, Innsbruck
Fotografie *Photograph*: Fabian Schubert

Ein stummes, unspielbares Klavier. Doch nicht als Verweigerung, vielmehr als Freistellung. Kein Zwang zu Performanz, zu exerzierter musikalischer Ertüchtigung, nur kultivierte *Ent*kultivierung. Ein selten luxuriöser Ausstand und eine enorme Erkenntnismöglichkeit. Man muss nichts mehr tun, es wird still. Was bleibt? Ruhe oder konzeptuelle Gedanken beim Blick auf Tapeten und abstrakte Bilder? *A silent, unplayable piano. Yet, not as denial but as exemption. No forced performance, no more musical exercises, only accomplished uncultivatedness. A luxuriously rare state of cognition. There is nothing one must do. All calms down. Still, what remains – silence or conceptual thoughts on wallpapers and abstract paintings?*

Ulrich Wulff

geboren *born* 1975 in Kempten

Klavier
2012
Holz auf Rollen *Wood on Wheels*
137 x 150 x 55 cm
courtesy Galerie Bernd Kugler, Innsbruck
Fotografie *Photograph*: David-Christian Delius

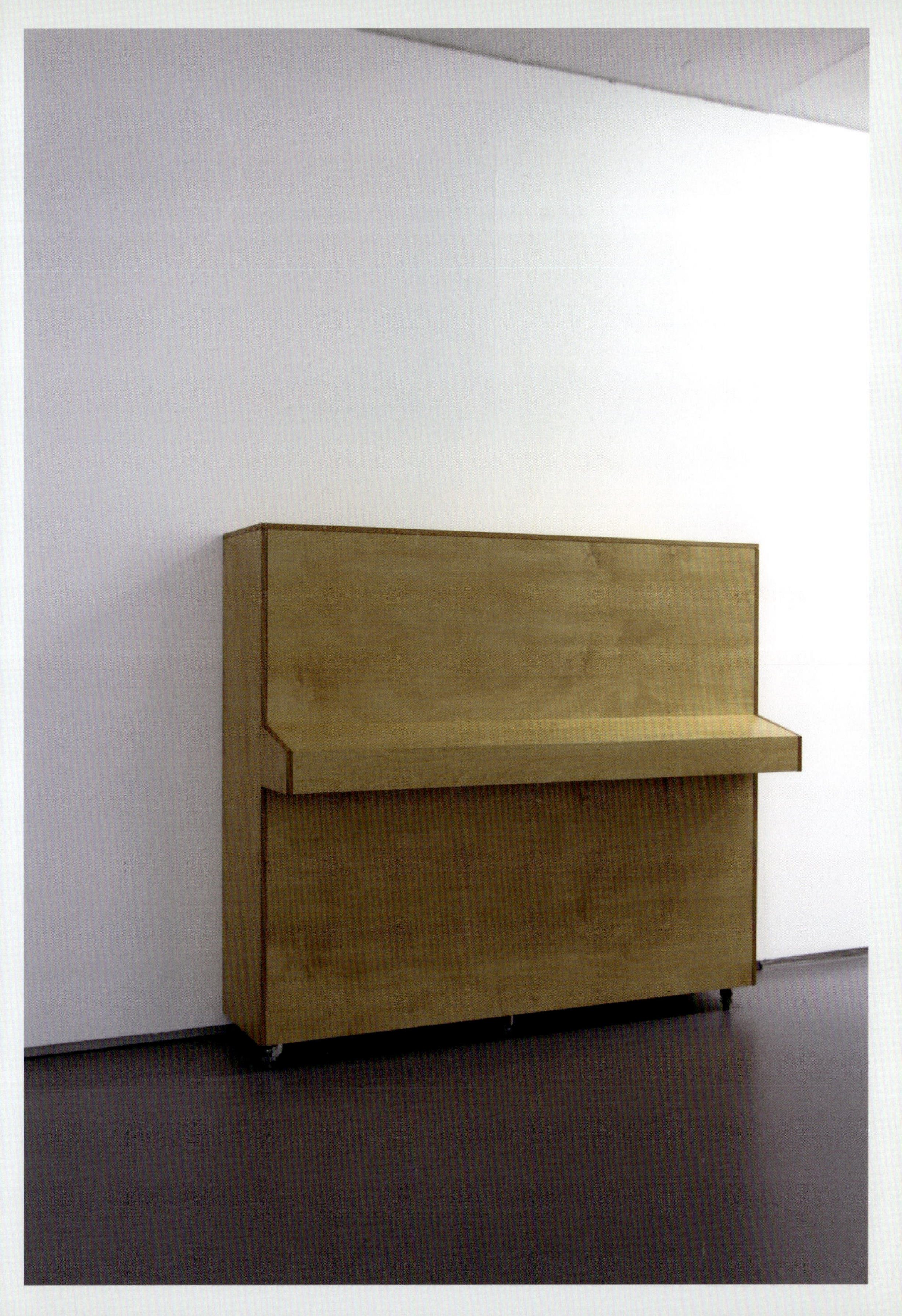

zuschließen
a) einen Raum o. Ä. mit einem Schlüssel versperren, zuschließen
b) wegschließen, verschließen
c) von etwas, jemandem absondern, trennen
d) mit etwas enden, aufhören, einen Abschluss finden, zu einem Ende bringen, etwas abbrechen
e) etwas unpassierbar oder unzugänglich machen

lock
a) keep out by locking the door
b) submit to a lockout
c) shut a lid, box, book, door, room, house, etc.
d) bring or come to an end
e) be shut

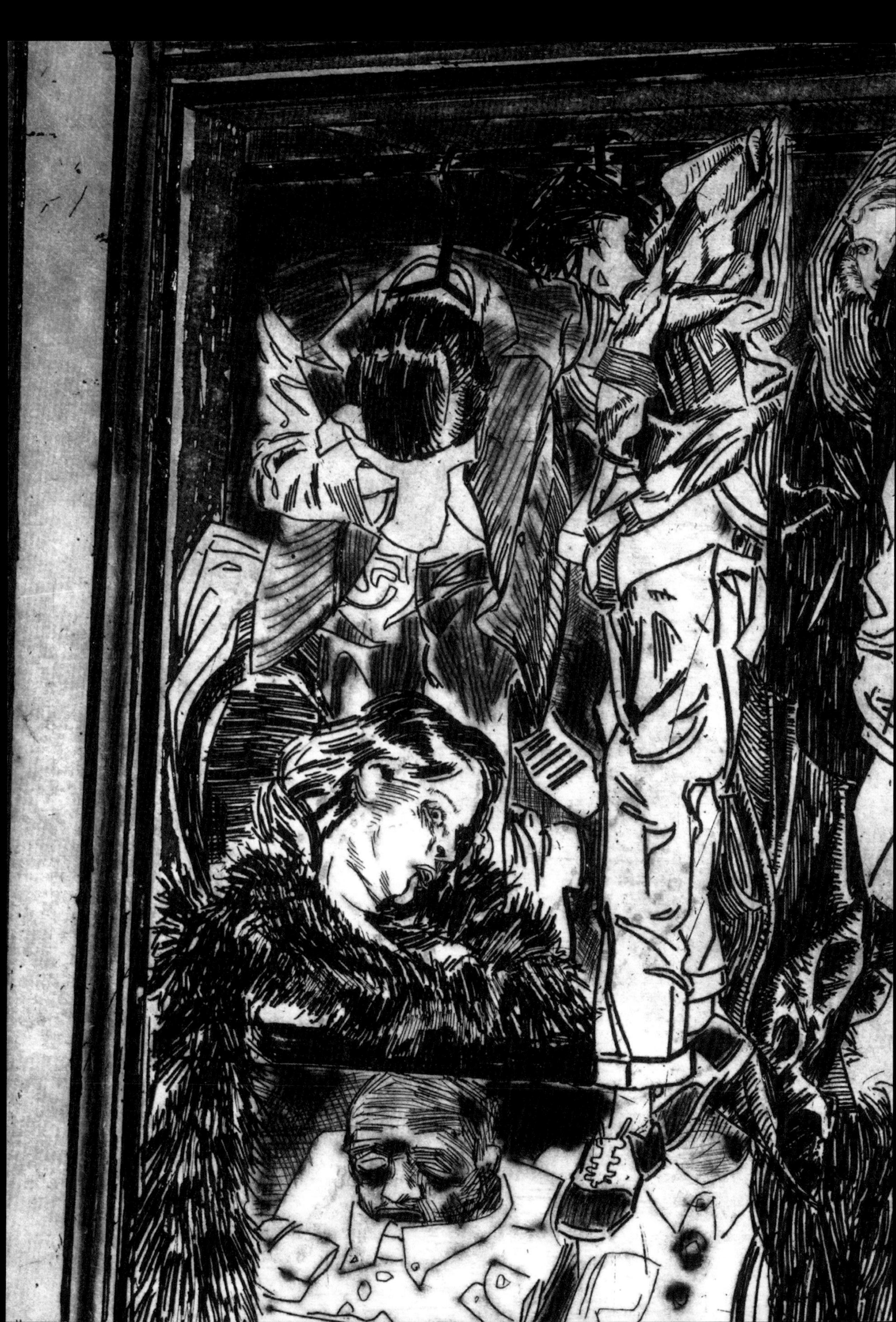

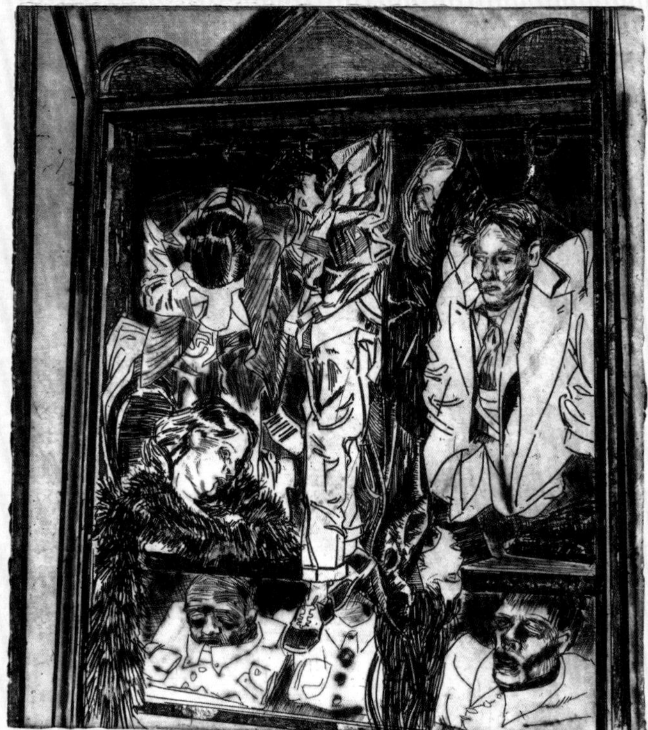

Ohne Titel *Untitled*
2009
Radierung *Etching*
22 x 19 cm (Druckplatte *Printing plate*),
Papiergröße variabel *Variable paper size*
Auflage *Edition*: 7
courtesy der Künstler und *the artist and*
Aurel Scheibler, Berlin

Eine Welt von Gespenstern: Kannibalen und Kopfjäger, Prostituierte, verstümmelte Leiber, schillernde Vögel, Serienmörder oder Medizinmänner. Ein archäologisch hingeblättertes Gemenge. Welt und Vision verschwimmen. Wie sonst nur das Unbewusste brechen aus heimischen Schränken, Kellern und Eisschränken adrett wie Sonntagsgarnitur und Tuchwaren zusammengelegte Leichenteile hervor. *A world of phantoms. Cannibals and headhunters, prostitutes, mutilated bodies, shimmering birds, serial killers or witch doctors. An archeologically spread out batch. World and vision blur. As elsewise the unconsciousness, neatly folded up corpses erupt from domestic cupboards, cellars and freezers.*

Michael Wutz
geboren *born* 1979 in Ichenhausen

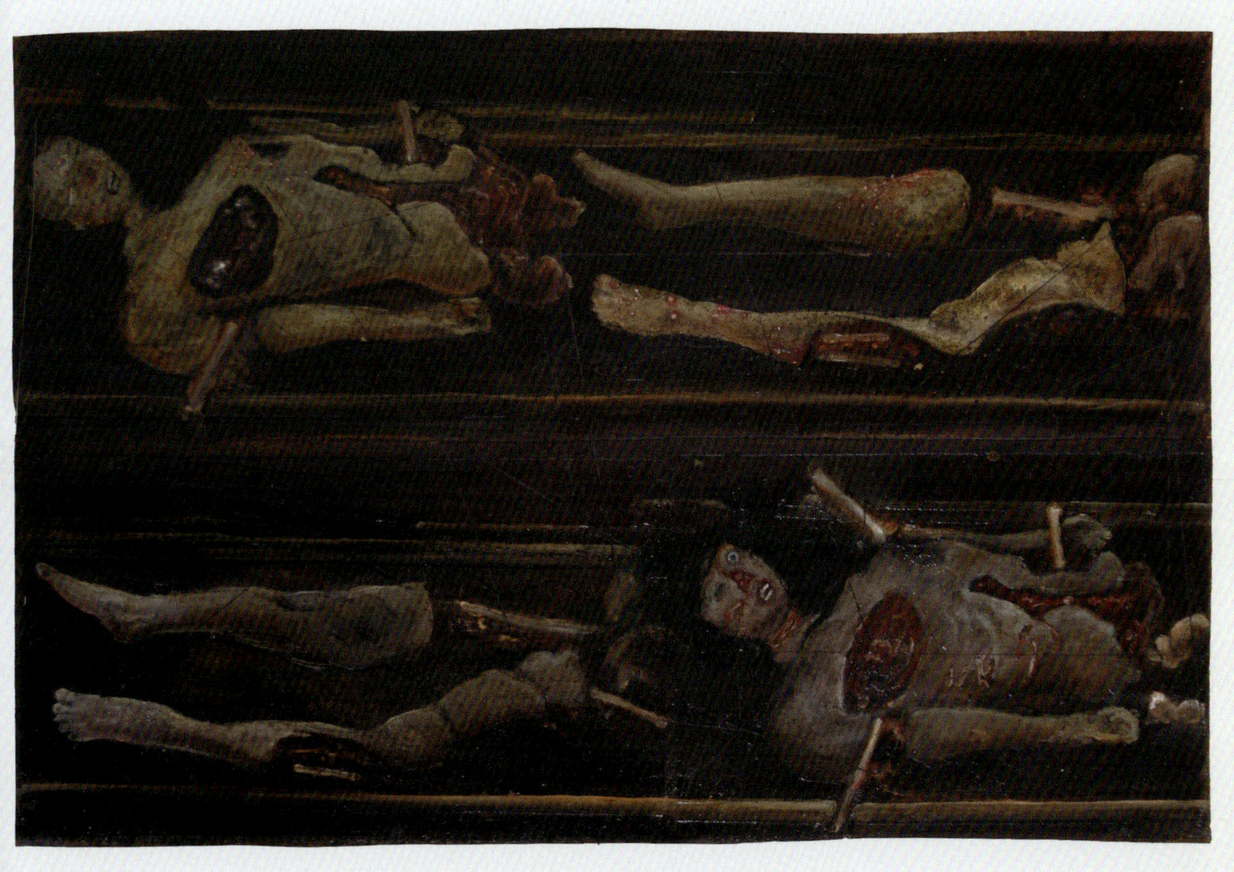

Reconstructing Hissei's Girl
2008
Graphit, Öl, Tusche auf Papier *Graphit, ink, oil on paper*
19 x 26 cm
Privatsammlung *Private collection*, Berlin
courtesy der Künstler und *the artist and* Aurel Scheibler, Berlin

Leihgeber *Lenders*

Adamski Gallery, Berlin
Archiv Franz West, Wien *Vienna*
Aurel Scheibler, Berlin
Collection DEVOTOART
Contemporary Fine Arts, Berlin
FPMcollection, Viersen
Galerie Bernd Kugler, Innsbruck
Galerie Börgmann, Krefeld
Galerie Christian Nagel Köln / Berlin / Antwerpen
Galerie Christine Mayer München *Munich*
Galerie Frank Elbaz, Paris
Galerie Guido W. Baudach, Berlin
Galerie Hammelehle und Ahrens, Köln
Galerie Linn Lühn, Düsseldorf
Galerie Matthias Jahn, München
Galerie Max Hetzler, Berlin
Hermann Vaske's Emotional Network
Klosterfelde, Berlin
loop – raum für aktuelle kunst, Berlin
Privatsammlung *Private collection*
Privatsammlung *Private collection*, Bonn
Privatsammlung *Private collection*, Köln Cologne
Produzentengalerie, Hamburg
Irmelin Nohal
Sammlung *Collection of* Markus Oehlen, München *Munich*
Sammlung Haubrok, Berlin
Sies + Höke, Düsseldorf

Herzlicher Dank an alle beteiligten Leihgeber. Ihr Vertrauen und ihre uneingeschränkte Unterstützung lässt die Ausstellung Wirklichkeit werden. Danke! *We express our greatest gratitude to all involved lenders. Their trust and absolute support makes the exhibition come true. Thanks!*

Darüber hinaus sei aufrichtig gedankt *Furthermore, sincere thanks are given to*

Wolfram Aue, Rene Bange, Ivan Baschang, Herbert Basilewski, Stephan Besson, Claudia und *and* Henning Boecker, André Butzer, Lorena Carràs, Ursula Dauth, Veit Görner, Katrin Günther, Martina Harzendorf, Alexander Hattwig, Barbara und *and* Axel Haubrok, Frank Hauschildt, Philipp Haverkampf, Berit Homburg, Albrecht Hornbach, Judith Neubauer, Gerd Jonscher, Ben Kaufmann, Christof Kerber, Daphné Kossmann, Laura Krankenhagen, Martin Kwade, Miriam-Alexa Leyser, Meyer Kainer Wien *Vienna*, Nathan Moore, David Müller, Irmelin und *and* Reinald Nohal, Markus Oehlen, Roberto Ohrt, Florian Peters-Messer, Klaus-Peter Plehn, Florian Rehn, Madlen Schering, Lisa Sintermann, Nina Stainer, Andrea Stappert, Carolin und *and* Michael Stricbich, Anthony Taylor, Johanne Tonger-Erk, Ines Turian, Manuel Quirin, Andrea Überbacher

Textnachweise *Bibliographic references*

Theodor W. Adorno, »Asyl für Obdachlose«, zitiert mit freundlicher Genehmigung des *quoted with kind permission of* Suhrkamp Verlag nach *after:* Theodor W. Adorno, *Minima Moralia. Reflexionen aus dem beschädigten Leben*, Suhrkamp Verlag, Frankfurt am Main 2001, S. *pp.* 55-59.

Bruno Hillebrand, »Kunst – Form und Theorie. Für eine Ästhetik des Sensuellen«, zitiert mit freundlicher Genehmigung des Autors in gekürzter Form nach *quoted in abbreviated form with kind permission of the author after:* Bruno Hillebrand, *Was denn ist Kunst? Essays zur Dichtung im Zeitalter des Individualismus*, Vandenhoeck & Ruprecht, Göttingen 2001, S. *pp.* 202–209.

Robert Kudielka, »hin und her«, zitiert mit freundlicher Genehmigung des Autors aus einem größeren Auszeichnungskonvolut *quoted from a larger text convolute with kind permission of the author:* Robert Kudielka, *Notizen zur Laudatio auf Cristina Iglesias anlässlich der Verleihung des Großen Berliner Kunstpreises im März 2012*

Hendrik Lakeberg, Albrecht Hornbach, »Selbermachen. Ein Gespräch « – Originalbeitrag *Original contribution*

Volker Pietsch, »Das Fenster zum Nichts « – Originalbeitrag *Original contribution*

Andi Schoon, »You may think it's the Sound of Nature. Klangtapeten in Geschichte und Gegenwart« – Originalbeitrag *Original contribution*

Klaus Theweleit, »Kreuz, Kreuzspinne, Kreuzschlitzschraube«, zitiert mit freundlicher Genehmigung des Autors nach *quoted with kind permission of the author after:* Klaus Theweleit, *Buch der Könige; Band 2y: Recording angels' mysteries. Zweiter Versuch im Schreiben ungebeteter Biographien, Kriminalroman, Fallbericht und Aufmerksamkeit*, Stroemfeld/Roter Stern, Frankfurt am Main 1994, S. *p.* 174.